소통의 잡설

소통의 잡설
— 박상륭 꼼꼼히 읽기

초판 발행 _ 2010년 9월 30일

지은이_ 채기병
펴낸이_ 홍정선 김수영
펴낸곳_ ㈜문학과지성사
등록_ 1993년 12월 16일 등록 제10-918호
주소_ 121-840 서울 마포구 서교동 395-2
전화_ 02)338-7224
팩스_ 02)323-4180(편집) 02)338-7221(영업)
전자우편_ moonji@moonji.com
홈페이지_ www.moonji.com

ⓒ 채기병, 2010. Printed in Seoul, Korea.
ISBN 978-89-320-2078-5

* 이 책의 판권은 지은이와 ㈜문학과지성사에 있습니다.
  양측의 서면 동의 없는 무단 전재 및 복제를 금합니다.

소통의 잡설

박상륭
꼼꼼히
읽 기

채기병 지음

문학과지성사
2010

머리말

　박상륭의 모든 작품을 압축하고 또 압축하여 한마디로 표현한다면, 그것은 '몱'론이라 할 수 있다. '몱'이란 무엇인가? 그것은 '몸' '말' '맘'(몸+말+맘)을 한 음절로 합성한 것으로, 작가 자신이 만든 조어(造語)이다. '몱'론이란 간략하게 말하면, 모든 유정(有情)은 '몸의 우주'에서 '말씀의 우주'를 거쳐 최종적으로 '마음의 우주'로 진화한다는 것이다. '몸'은 진화를 위한 절대 필수 조건이다. 그런데 짐승들은 몸을 갖고 있을 뿐이며, 신(神)들은 몸을 갖고 있지 못하다. '몸-말-맘'의 우주를 모두 갖고 있는 유정은 '인간'뿐이다. 인간만이 '몱'을 갖고 있다. '몱'의 우주는 인간의 우주이다. 가장 문화화된 동물이며 불순한 신(神)인 '인간'만이 진화의 최종 목표인 '마음의 우주'에 이를 수 있다. '몸-말-맘'의 세 우주를 하나의 음절 '몱'으로 합성한 것은 그냥 말장난이 아니다. '몸-말-맘의 우주'는 서로 분리된 별개의 우주가 아니라, 하나의 우주임을 나타내기 위한 것이다. 박상륭이 제시하는 새로운 우주론은 '몱'의 우주론이다.

박상륭의 사유에서 수미일관된 주제는 '인간'이다. 작가는 인간의 가장 본질적인 문제, 즉 한 생명으로서의 인간의 삶과 죽음의 문제, 인간의 구원의 문제를 궁구한다. 작가가 다른 주제, 즉 생명, 자연, 진화, 시간, 신, 종교 등의 문제를 다룰 때에도 그 중심에는 언제나 인간이 자리 잡고 있으며, 이러한 다른 주제는 인간의 문제를 보다 넓고 깊게 탐구하기 위한 필연적 주제라 할 수 있다. 이러한 인간의 본질적인 문제는 필연적으로 종교와 만나게 된다. 작가의 글쓰기의 주된 목적은 어떻게 한 생명이 육신적·정신적 진화를 통해 해탈에 이르게 되는가를 탐색하는 것이라 할 수 있다. 이를 위해 작가는 생명의 진화를 축으로 하는 매우 정교한 자신의 우주론을 구축한다. 이러한 우주론은 한편으로는 힌두교와 기독교를 비롯한 동서양의 다양한 종교와 신화를, 다른 한편으로는 연금술과 음양론(陰陽論), 체용론(體用論) 등을 토대로 하고 있다. 그의 사유는 우주적이고 구도(求道)적이며 매우 혁신적이다. 요컨대 박상륭은 언어를 통해 생명의 진화를 축으로 하는 한 벌의 새로운 우주를 구축하고자 한다.

박상륭의 작품은 종교와 예술, 혹은 형이상학적 담론(실학〔實學〕적 담론)과 문학적 상상력(시학〔詩學〕적 담론)의 혼융이라 할 수 있다. 그의 작품은 (종교적) 형이상학과 문학의 경계를 넘나든다. 형이상학이 그의 작품에 뼈대를 이룬다면 문학은 그의 작품의 살과 피가 된다. 작가는 고도의 형이상학적 관념들을 수많은 비유와 상징으로 풀어내고 있다. 작품의 구조와 작중 인물들의 행위, 신화와 동화, 그리고 수많은 종교적 상징물까지 포함해서 그의 작품은 온통 상징과 비유라 해도 과언이 아니다. 작가에게 있어서 비유와 상징은 현실 세계(프라브리티 우주)와 그 너머의 세계(니브리티 우주)를 이어주는 통로가 된다. 작품에 나타나는 수많은 신화와 동화의 상징적 의미, 그리고 잠, 꿈, 해골, 처용, 신발 등등의 상징적 의미를 이해하지 않고는 그의 작품을 읽어내기가 쉽지 않다. 어떤 의미에서 박상륭의 작품을 이해한다는 것은 그가 사용하는 상징과 비유의 의미를 풀어낸다는 것이다.

한편 작가의 우리말 사용과 관련해서, '돪'이란 조어는 많은 것을 시사한다. '돪'은 우리말 사전에 나와 있지 않을 뿐 아니라, 이것이 우리말 어법에 따를 때 하나의 음절로 가능한 것인지도 의문이다. 그러나 재미있는 사실은 이 말을 자판으로 칠 때 아무런 문제가 없다는 것이다. 이러한 사실은 우리말의 활용 가능성을 다시 생각하게 한다. 왜 우리는 기존의 우리말·어법에만 만족해서 우리말의 활용 가능성을 제한하고 있는가. 또한 왜 우리는 주옥같은 고어(古語)와 방언(方言)들을 사전 속에서만 잠들게 하고 있는가. 우리말이 대단히 과학적이고 뛰어난 문자임에 이의를 제기할 사람은 없겠지만, 또한 많은 취약점도 가지고 있다. 우리말은 술어가 항상 문장 맨 마지막에 오기 때문에, 모든 평서문은 대부분 '~다'로 끝나며, 의문문의 경우는 대부분 '~가?'로 끝나게 된다. 이런 이유로 우리말은 운율을 살리기 어렵고 매우 단조로운 느낌을 주는 것이 사실이다. 이것은 우리말의 종결어미와 토씨가 지나치게 제한되어 있기 때문이다. 또한 우리말은 서양어처럼 다양한 접속사나 관계사가 개발되어 있지 않기 때문에 복합적인 내용을 한 문장 속에 담아내기가 쉽지 않다. 우리는 박상륭의 작품을 읽으면서 작가가 이러한 우리말의 취약성을 극복하기 위해 얼마나 공을 들이고 있는가를 볼 수 있다. 박상륭의 문체는 매우 독특하고 혁신적이다. 또한 박상륭의 문장은 자신의 말대로 "대단히 토속적이고 시적(詩的)"이다. 일반 독자들에겐 매우 낯선 수많은 어휘, 끊임없이 나타나는 쉼표, 서양어의 복문과도 흡사한 매우 길고 복잡한 문장, 때때로 우리말 어법을 파괴하는 혁신적인 표현, 이러한 것들이 독자의 접근을 어렵게 만드는 것도 사실이지만, 그러나 자세히 살펴보면 문장 하나하나의 의미가 대단히 명료할 뿐만 아니라, 작가의 이러한 문체가 얼마나 그 내용에 적합한가를 알게 된다. 다만 그 의미의 명료함과 문체의 아름다움을 이해하기 위해서는 독자의 상당한 노력이 필요할 뿐이다. 작가는 자신의 글을 열 번 이상 고쳐 쓴다고 한다. 그래서 그의 글에 우연 같은 것은 없다고 작가는 말한다. 한편, 박상륭은 자신의 사유를 적절하게 효과적으로 전달할 수만 있다면 어떤 것에도 구애받지 않고 우리말 표현의 새로운 시도를 감행한다. 그는 때때로 우리말 어법을 파괴하면서까지 다양한 종류의 실험을 통해 우리말 활용의 새로운 가능성을 모색한다.

 이 글의 목적은, 박상륭 작품 전반에 걸쳐 작가의 사유 세계(혹은 작가의 우주론)와 상징, 그리고 문체를 가능한 한 보다 총체적이고 체계적으로 이해해보고자 하는 데 있다. 박상륭의 작품 하나하나에 대한 각론이 아니라, 박상륭의 작품들을 전체적으로 조망할 수 있는 큰 그림을 그려보고자 하는 것이다. 이 글은 평론이 아니라, 연구 보고서 혹은 독서 노트에 가깝다. 따라서 이 글에는 박상륭의 사유를 넘어서서 필자의 생각을 제시하는 내용이 거의 없다. 또한 이 글에는 어떤 저명한 다른 저자의 주장을 근거로 해서 박상륭의 작품 세계를 밝혀보려는 시도가 나타나 있지 않다. 이러한 방법이 박상륭 작품의 경우에는 적절해 보이지 않기 때문이다. 작가 자신도 자신의 글의 논리적 토대를 위해 다른 작가를 들먹이는 일은 하지 않고 있다. 작가는 다만 동서양의 몇몇 경전, 신화, 동화의 내용을 자신의 글의 재료로 사용하고 있을 뿐이다. 이 글은 순전히 박상륭 작품에 근거해서만 씌었다. 그러므로 이 글의 모든 내용의 전개는 '작가에 따르면'이라는 말이 전제되어 있는 셈이다. 이런 이유로 필자는 글의 전개에 있어서 작가의 텍스트 원문을 참고할 필요가 있다고 생각되는 부분마다 그 부분과 관련된 텍스트 원문을 발췌하여 미주에 수록해놓았다.

2010년 9월
채기병

| 차례 |

머리말 5

제1부 우주론
1. 프라브리티와 니브리티 17
2. 시간 26
3. 생명, 자연/문화 37
4. 신(神)과 인간 47
5. 진화('熟'론) 62

제2부 상징
1. 잠과 꿈 117
2. 해골 131
3. 신발 141
4. 처용 149

제3부 문체
1. 작가와 글쓰기 161
2. 작가의 어휘 사용 165
3. 시적 문체 190
4. 복합문체 201

미주 208

일러두기

1. 이 책의 연구 대상은 『열명길』『죽음의 한 연구』『七祖語論』『평심』『산해기』 『神을 죽인 자의 행로는 쓸쓸했도다』『잠의 열매를 매단 나무는 뿌리로 꿈을 꾼다』『小說法』『雜說品』 등 현재까지 출간된 작가의 전 작품을 포괄한다. 또한 여러 매체에 수록된 작가의 대담을 참고로 하였다.
2. 『죽음의 한 연구』는 1986년 한 권으로 출간되었으며, 이후 1997년 두 권으로 분권되어 출간되었다. 이 책에서는 1986년판 텍스트를 사용하였다.
3. 『七祖語論 1』로 표기된 것의 원 제목은 그냥 『七祖語論』이다. 『七祖語論』 2, 3, 4권과 구분하기 위해 편의상 『七祖語論 1』로 표기하였다.
4. 인용 부호 사용
    - 원문 인용의 경우, 1~3개 단어의 인용인 경우는 '작은따옴표'를 사용하였고, 문장이나 비교적 긴 인용의 경우는 "큰 따옴표"를 사용하였다.
    - 인용문 안에 따옴표가 있는 경우는 읽기의 불편함을 덜기 위해 따옴표를 생략한 경우가 있고, 원문 인용이 아닌 경우에도 필자가 강조하기 위해 '작은따옴표'를 붙인 경우도 있다. 원문의 인용 부호와 이 글에서 사용한 인용 부호가 반드시 일치하는 것은 아니다. 독서의 편의를 위해 원문의 〈 〉 { } 등의 인용 부호는 모두 '작은따옴표'로 대체하여 사용하였다.
5. 주(註)에서 숫자로 표시한 것은 미주를 나타낸다. 미주는 본문 내용과 관련된 박상륭 텍스트 원문을 발췌하여 수록해놓은 것이다.

제 1 부
우주론

박상륭의 작품들은 대체로 소설의 형태를 취하고 있지만 기존의 일반적인 소설의 틀을 많이 벗어난다. 그래서 작가는 자신의 글을 '잡설(雜說)'이라 부르는데, 이것은 '소설과 경전의 사잇글'이란 뜻이라고 한다. 또한 그는 자신의 글쓰기를 '법륜(法輪) 굴리기'라고 말한다. 그의 글쓰기는 어떤 경전을 목표로 하고 있다는 말이다. 그의 글쓰기의 주된 목적은 어떻게 한 생명이 육신적·정신적 진화를 통해 해탈에 이를 수 있을까를 궁구하는 것이다. 이를 위해 작가는 생명의 진화를 축으로 하는 매우 정교한 자신의 우주론*을 구축한다. 박상륭의 우주론은 음양론, 체용론 그리고 연금술을 토대로 하고 있으며, '몸의 우주→말씀의 우주→마음의 우주'의 진화 과정, 즉 생명의 진화 과정을 나타내는 '삶'론을 주된 내용으로 하고 있다.

---

* 여기에서 '우주론'이란 '과학적 우주론'이 아니라, '형이상학적·종교적 우주론'을 말한다. 박상륭은 삼세(三世), 즉 '몸의 우주' '말씀의 우주' '마음의 우주'를 휩싸고 있는 한 세계를 이를 때 '우주'라는 어휘를 사용한다고 한다.

또한 작가는 '맑'론의 토대로서 '프라브리티(Pravritti, Skt. 色界)와 니브리티(Nivritti, Skt. 空界)' '시간' '자연과 생명' '신과 인간' '종교' 등에 관한 고도의 형이상학을 펼친다. 작가의 우주론을 구성하는 이러한 주제들은 서로 유기적인 관계를 맺고 있어 통합적인 이해를 필요로 한다. 박상륭 우주론의 중요한 특징 중의 하나는 '횡적/종적' 개념을 상정하는 것인데, '프라브리티 우주의 구조와 운행'과 관련해서 '횡적 우주/종적 우주'란 개념은 사용하고 있으며, 시간과 관련해서는 '횡적 시간/종적 시간'을, 진화와 관련해서는 '횡적 진화/종적 진화'라는 개념을 사용한다. 또 하나의 중요한 특징은 '양극을 갖는 타원형'이란 개념인데, 이것은 '프라브리티 우주' '생명' '시간' 등의 원형 혹은 상징으로 사용된다. 박상륭의 우주론에 접근하기 위해서는 우선 '프라브리티'와 '니브리티'의 개념을 이해하는 것이 필요하다.

1. 프라브리티와 니브리티

'프라브리티'와 '니브리티'는 박상륭의 우주론에서 가장 기본이 되는 개념이다. 유사한 개념으로 색계(色界)와 공계(空界), 차안(此岸)과 피안(彼岸), 상사라와 니르바나 등 일반적으로 널리 사용되는 용어가 있지만, 보다 정교한 논리로 자신의 우주론을 펴기 위해 그는 프라브리티와 니브리티라는 용어를 사용한다. 작가는 자신의 작품 『평심』에서 이 용어들을 다음과 같이 정의하고 있다.

– 프라브리티(Pravritti, Skt.) : 진행(進行), 감춰진 것(非化現)을 밝혀내기(化現). 진화(進化), 동(動), 위(爲).
– 니브리티(Nivritti, Skt.) : 프라브리티에 역(逆)한다고 하여, 역류(逆流), 퇴행(退行) 등의 의미를 띤다고 해석되어지고도 있으나, 필자의 관견에는, 저것은 정지(靜止), 천공과 같은 절대적 정지의 개념을 갖고 있어 보인다. 그러니까, '프라브리티'가 '상사라'를 '체(體)'로 삼은 '용(用)'의 개념이라면, '니브리티'는 '니르바나'를 '용'

으로 삼은 '체'로 이해된다는 얘기다. (『평심』, p. 118)

프라브리티의 우주는 화현된 우주, 시간 속의 우주(혹은 통시태적 우주), 동(動)의 우주를 말하는 것으로, 색즉시공(色卽是空)이라 할 때 '색계(色界)' 혹은 '상사라'와 유사한 개념으로 이해할 수 있다. 한편 니브리티의 우주는 공계(空界)의 우주, 비화현(非化現)의 우주, 시간을 벗어난 우주(혹은 공시태적 우주), '인과율(因果律)'에서 벗어난 우주, 즉 절대적 정지(靜止)의 우주를 말하며 때로는 니르바나, 선(禪), 공(空), 불(佛)과 같은 개념으로 사용된다. 이제 작가에게 있어서 '프라브리티 우주'와 '니브리티 우주'란 어떤 것인가에 관해 좀더 상세하게 살펴보기로 하자.

1-1. 프라브리티 우주

'프라브리티 우주'는 운동과 변화가 끊임없이 일어나는 동적(動的) 우주를 말한다. 여기에서는 생성과 소멸, 창조와 파괴가 끊임없이 반복된다. 프리브리티 우주에서 운동과 변화가 일어나는 것은 서로 상반되는 두 힘, 즉 '중력(重力)과 반중력(反重力)'으로 이루어진 '상극적 질서 체계' 때문이며, 또한 "'動'은 相剋에 의지해서만 가능"(『七祖語論 1』, p. 160)하기 때문이다. 운동과 변화는 시간을 태어나게 한다. 시간은 운동과 변화를 통해서만 파악되기 때문이다. 그래서 프라브리티 우주는 또한 '시간 속의 우주,' 또는 '통시태적(通時態的) 우주'라 할 수 있다. 작가에 따르면, 프라브리티 우주의 상극적 질서 체계 속에서 시간은 한없이 한쪽 방향으로만 진행되는 것도 아니며, 또한 시작도 끝도 없는 원운동을 계속하는 것도 아니다. 시간은 '양극을 갖는 타원형'의 궤도를 따라 한 방향으로 흘러가다가 양 극점에서 다시 뒤집혀 흐른다.

프라브리티의 띠는, 중력(重力)과 반중력으로 이뤄진 듯하다. 까닭에, 오르는 것은, 끝없이 오르는 것이 아니라, 어느 한계점에서, 다시 말하면, '시중'이라는, 무성화(無性化)의 방에 들면, 다시 내리는 것인 것. 확장도 그러하고, 흐르는 것도 그러할 테다. 〔……〕 그래서 프라브리티 우주를, 원운동으로 이해하는 이들이 있는데, 그것은 시작이 끝이며, 끝이 시작이거나, 시작도 끝도 있는 것이 아니어서, 운동 자체가 휴지(休止)의 개념과 별로 다르지 않아, 자칫 잘못 넘으면 용수보살적 척도를 들이대기 쉬울 테다. 그래서 그런 원을 허원(虛圓)이라고 치부해버리고, '양극을 갖는 타원형'을 상정하는 이가 있다. 시작이 있으면 끝도 있다고, 그런데 그 시작과 끝에는, '시중'이라는 무성(無性)의 방이 있어, 그 방을 통과하기에 의해, 끝이 다시 시작화한다고, 거기서 우주라는 '모래시계'가 뒤집힌다. 그런데 그것은 시간, 운동(프라브리티)의 띠며, 유정(有情)과의 관계에서는, 저 같은 띠가, '살욕(殺慾)과 생식욕(生殖慾)'이라는 이름으로 바뀌어진다는 것은, 알려진 바대로인 것. (『神을 죽인 자의 행로는 쓸쓸했도다』〔이하『神을 죽인 자』〕, pp. 293~94)

반복되지만, 프라브리티 우주는 '시간 속의 우주'이며, 운동과 변화가 끊임없이 일어나는 동적 우주, 인과율에 지배되는 우주이다.

프라브리티 우주에서는 생성과 파괴가 반복되기 때문에 시간은 한쪽 방향으로 한없이 진행되지 않는다. 그렇다고 시작도 끝도 없는 원운동을 계속하는 것도 아니다. 시작도 끝도 없는 원운동이란 "운동 자체가 휴지의 개념과 별로 다르지 않아" 시간이 정지해 있는 것과 크게 다르지 않다. 프라브리티 우주란 생성과 파괴가 끊임없이 일어나는 동적 우주를 말하는데, 시간이 시작도 끝도 없는 원운동을 반복한다는 것은 프라브리티 우주 자체를 부정 혹은 무화(無化)시키는 결과를 초래하게 된다. 이것은 마치 '색(色)의 우주'를 '공(空)'의 척도로 파악하는 것, 즉 프라브리티(色界) 우주에 '니브리티(空界)의 척도'(이것을 작가는 '용수보살*적 척도'라 부르기도 한다)를 들이대는 것과 다를 바 없다. 그래서 시작도 끝도 없는 원운동을 계속하는 "그런 원을 허원이라고 치부해버리고," 작가는 '양극을 갖는 타원형'의 운동을 상정한다. 프라브리티에서 상극적 질서체계는 '중력(아래로 끌어내리는 자연의 운동)'과 '반(反)중력(위로 솟구치는 생명의 운동)'의 상호작용 때문이다. 오르는 것은 끝없이 오르는 것이 아니라 어느 한계점에 이르면 다시 내려오게 되는 것처럼, 시간의 진행도 한쪽 방향으로 한없이 흘러가는 것이 아니라, 한쪽 방향으로 진행되어가다가 어느 한계점에 이르면 마치 모래시계가 뒤집혀 거꾸로 흘러내리듯 시간은 뒤집혀 흐른다. 이렇게 시간이 뒤집히는 방(시점)을 작가는 '시중(時中)'**이라 부르는데, '양극을 갖는 타원형'과의 관계에서 이 '시중'은 타원형의 양 극점이

---

* 용수보살의 「중관론(中觀論)」의 요체는, 모든 존재가 연기성(緣起性)이기 때문에 그 자체의 고유한 자성(自性)이 없으므로 공(空)이라는 것.
** '시중'에 관해서는 다음 장 '시간'에서 상세하게 언급될 것이다.

될 것이다.

한편, 프라브리티 우주의 '상극적 질서 체계'가 유정(有情)과의 관계에서는 '살욕과 생식욕,' 혹은 '살욕(파괴력)과 성욕(창조력)'으로 나타난다. 이러한 상극적 질서 체계의 극명한 자연현상이 먹고 먹히는 먹이사슬인데, 모든 생명체는 다른 생명체를 죽여 그것을 섭취함으로써만 생존과 번식이 가능하기 때문이다. 인간이라는 유정에 있어서도 사정은 다르지 않다. 성욕과 식욕은 인간의 원초적 본능이다. 이렇게 볼 때, '살욕과 생식욕'은 프라브리티 우주를 지속시키는 원동력이며, 자연의 절대 법칙, 자연의 '도(道)'라 할 수 있다. 이처럼 프라브리티 우주는 살욕과 생식욕을 두 자장(磁場)으로 하는 완벽한 상극적 질서 속에서 운영된다. 이러한 상극적 질서가 '무위(無爲)'인 자연의 '도'라면 그 '도'는 결코 '인(仁)하지 않다.' '仁'함은 오히려 자연의 질서를 교란할 뿐이다.

> 畜生道의 달마는 그래서, '無爲'이다. 사슴은 번식하라, 그래야만 호랑이가 배고프지 않다. 호랑이는, 한번 일으킨 황진기둥 밑에서, 살찐 암사슴의 터진 똥창자와 피 냄새를 왼 들에다 파리 떼처럼 뿌린 뒤에는, 바위보다도 더 무거운 낮잠에 들지어다. 그래야만 들에 和平이 있다. 〔……〕 "道는 仁하지 않다" 〔……〕 ─ '仁'함이 自然의 秩序를 교란함이여, 菩薩들만으로는, 프라브리티 宇宙란, 단 사흘도 유지되지 못함을. 〔……〕 '無爲'의 脊髓(척수)는 '暴力'으로 되어 있다. '道'가 운영하는 秩序에 대해서 말이지만, 이 '無爲'가 교란되지만 않는다면, 天地는 無窮하다. (『七祖語論 3』, p. 292)

먹고 먹히는 먹이사슬의 상극적 질서로 운영되는 프라브리티 우주는 분명 고해(苦海)임에 틀림없다. 그래서 이승(프라브리티 우주)은 "다만 지나가야 되는 곳이지 머무는 곳이 아니"(『七祖語論 3』, p. 315)라고 작가*는 말한다. 그러나 인(仁)하지 아니한 프라브리티의 상극적 질서가 유정들에게 비극적인 것만은 아니다. 만약 호랑이가 없어 사슴이 무한정 번식한다면 저 초원의 풀들은 고갈될 것이고 그러면 자연의 질서는 송두리째 무너지고 말 것이다. 맹수들이 온통 피 냄새를 뿌린 뒤 포만에 겨워 무거운 잠에 들 때 비로소 저 초원에 평화가 찾아온다. 저 평화로운 자연의 '조화(調和)'는 기실 '균형(均衡)을 잡은 상극(相剋)' 이상의 것은 아니다.[1] 한편 유정의 진화와 관련해서, 프라브리티의 상극적 질서 속에서 유정들은 고통을 당하지 않을 수 없지만, 이러한 고통이 없다면 유정(생명)의 진화도 불가능할 것이다. 고통이야말로 진화의 '도약대'가 되기 때문이다. 생명의 진화와 관련해서 볼 때, 육신적 고통과 아픔은 한 유정을 "보다 나은 단계의 삶에로 올려주는 도약대 같은 힘"(「이문재와의 대담」, 『문학동네』 1999년 가을호)이다. 이러한 관점에서 프라브리티 우주는 고통의 장소이면서 또한 은총의 장소가 아닐 수 없다. 이 프라브리티 우주는 '고해'일 뿐만 아니라, 또한 '젖바다'라고 작가는 말한다. 저 황폐한 고장, '유리'의 주인공들('육조'와 '칠조')의 투쟁, 아니 이 땅의 모든 유정들의 고해 헤쳐 나가기의 투쟁

---

* 글의 전개에 있어서 필자가 사용하는 '작가'라는 용어는 물론 박상륭 자신을 가리키지만, 많은 경우에 '작가'라는 말은 '작중 인물'을 대신한다. 박상륭의 작품에서는 작가의 생각과 작중 인물이 하는 말이 혼용되어 있는 경우가 많기 때문에, 작중 인물을 통해 하는 말을 작가의 생각으로 보아 큰 무리가 없어 보인다.

은 "그런 저주의 장소를 어떻게 극복하여 은총의 장소로 바꿀 것인가"[2]를 탐색하는 과정일 것이다.

1-2. 니브리티 우주

프라브리티 우주가 시간 속의 동적 우주임에 반해, 니브리티 우주는 시간에서 벗어난 절대 정지(靜止)의 우주이다. 프라브리티가 화현의 우주라면, 니브리티는 비화현의 우주이다. 프라브리티를 '흐름이 있는 것(變化, 易)'이라 한다면, 니브리티는 '흐름이 없는 것'을 말한다. 니브리티와 프라브리티의 관계는 '무의식과 의식,' 혹은 '하늘과 기후와의 관계'로 비유할 수 있다.[3] 니브리티가 저 창공처럼 무한히 열려 있는 무극(無極)의 공간이라면, 프라브리티는 '엄지손가락' 크기의 '양극을 갖는 타원형' 꼴로 비유할 수 있다고 작가는 말한다. 현실적으로 니브리티 우주를 구체적으로 규정한다는 것은 불가능하다. 우리는 다만 비유나 상징을 통해 니브리티의 모습을 유추할 수 있을 뿐이다. 우리가 현실에서 경험할 수 있는 니브리티와 흡사한 것 중의 하나가 '잠'이다.

잠이란, 〔……〕 니브리티의 눈썹 같은 것이라도 한둘이, 프라브리티에로 떨어져내린 것인가? 프라브리티에 流刑당한 니브리티? 〔……〕 無爲도 有爲 속에 갇혀들 수 있다. 폭풍의 한가운데 또아리쳐 있는, '無風帶'라는 '바람의 눈'을 들여다보아라. 끊임없이 動하는, 大洋의, '活肉을 입은 물(생선)' 속의 '공기 주머니'를 꺼내보아라……〔……〕'잠'이란 물론, '有情'에 제휴해서라야만, 그 '化現'을 성취하는데, 문제는 글쎄, 이 '잠'이라는 '化現'은, 逆化現, 또는 逆進化的이어서, '꿈꾸기'라는 '잠'의 단계를 넘어서기 시작하면, ('꿈 안 꾸는 잠'은 쉬바神의 영역인 것은 잘 알려진 바대로일 것이다.) '잠'이란 '無'라는 記號나, (그것을 쓰면, 쓴 자의 모습이 보이지 않는) '요술 모자,' 또는 '지우개' 같은 것으로 비유될 것이어서, 프라브리티를 지우는 니브리티로 이해되기도 하는바, 그것이 문제라는 것이다. (『七祖語論 3』, pp. 290~91)

여기에서 '잠,' 특히 '꿈 없는 잠'은 프라브리티 속으로 떨어져내린 한 조각의 니브리티에 비유되고 있다. 잠은 프라브리티의 유정(생명)에 제휴해서만 가능하다. 헌데, 프라브리티의 유정에서 발현된 이 '잠'은 "'無'라는 記號나, (그것을 쓰면, 쓴 자의 모습이 보이지 않는) '요술 모자' 또는 '지우개'"처럼 모든 프라브리티 현상을 깨끗이 무화(無化)시킨다. 잠은 '프라브리티를 지우는 니브리티,' '태풍의 눈,' 또는 '물고기 속의 공기 주머니'와도 같이 '흐름이 있는 것' 속의 '흐름이 없는 것,' '動 가운데의 靜'이다. 이렇게 볼 때 '잠'은 니브리티와 매우 흡사해 보인다. 그러나 잠이라는 '무의식(無意識)' 상태는 "프라브리티에 유형당한 니브리티," 즉 생명이라는 화현된 우주 속에 갇혀 있는 비화현의 상태여서, 그 자체로 니브리티인 것은 아니다.[4]

육신을 입고 있는 모든 생명뿐만 아니라, 육신을 갖지 않은 신(神)들까지도 프라브리티 소속이다. 신들이라고 니브리티 소속인 것은 아니다. 프라브리티 우주란 운동과 변화의 우주를 말하는데,

우주적 대력(大力)인 창조의 신들조차 끝없이 창조하고 파괴하는 '우주적 진동(振動)'[5]이기 때문이다. 프라브리티의 우주는 창조의 신의 두 무족(舞足), 즉 성욕(창조력)과 살욕(파괴력)에 의해 끊임없이 파괴되고 끊임없이 창조된다.[6] 창조와 파괴의 춤이 멈추면 화현된 우주(프라브리티)는 소롯이 닫혀 '비화현(니브리티)' 속으로 침몰해버리기 때문에, 이것이 두려워 창조의 신들은 끝없이 '화현의 춤'을 추어야 할 것이다. 그래서 육신을 갖고 있지 않은 우주적 대력(大力)인 신들조차도 프라브리티 소속이다. 신들도 "프라브리티라는 운명을 벗어, 니브리티를 성취하려 하면, 몸을 입어 내려온다는"[7] 것이 우주의 법칙이다. 그것도 '인간의 몸'을 입고 내려와야 한다. 왜냐하면 "프라브리티와 니브리티의 기로"[8]에 서 있는 '인간'만이 종적 진화(니브리티)를 성취할 수 있는 모든 조건을 구비하고 있기 때문이다. 한편, 박상륭의 작품과 관련해서, 『죽음의 한 연구』의 육조 얘기까지로 프라브리티(色界)의 얘기는 끝난 것이고, 『七祖語論』의 칠조 얘기는 '空界(니브리티 宇宙)'에 관한 연구라고 작가는 말한다.[9] 신까지도 포함해서 프라브리티 우주의 모든 유정들의 궁극적 진화의 목표는 프라브리티를 벗어나 니브리티에 이르는 것이다. 이런 점에서 니브리티는 해탈, 선(禪), 불(佛), 공(空)과 같은 의미로 사용되기도 된다.[10]

2. 시간

— 시간에 관한 이론적 토대
— 시간의 구조와 운행
— '시중(時中)'

 박상륭의 사유에 있어서 시간은 우주(혹은 자연)의 구조와 운행, 생명의 진화와 밀접한 관계를 갖는다. 어쩌면 그의 시간관이 우주론의 토대가 된다고 말할 수도 있을 것이다. 박상륭의 우주론과 시간론은 대체로 음양론(陰陽論)과 체용론(體用論), 그리고 연금술에 토대를 두고 있다. '체용론'*은 일반 독자들에겐 익숙하지 않은

---

* '體用論'은 사물을 體와 用의 두 측면으로 나누어 사물을 이해하는 사고방식으로, 일반적으로 체는 사물의 본체, 근본적인 것을 가리키는 것이며, 용이란 사물의 작용 또는 현상, 파생적인 것을 가리키는 개념으로 사용된다. 체용의 논리는 인과의 논리와 대비되는 것으로, 인과론에서는 원인과 결과가 서로 별개의 것이지만 체용론에서는 체와 용이 서로 다른 실체를 가리키는 것은 아니다. 원인과 결과의 관계가 바람과 파도의 관계로 비유된다면, 체와 용의 관계는 물과 파도의 관계로 비유될 수 있다.

개념이지만, 이것은 작가의 사유에 중요한 토대가 되고 있다. 작가는 '체(體)'와 '용(用)'의 개념을 매우 포괄적으로 사용하고 있는데,[11] 무엇인가를 "싸아안는 것은 그것이 무엇이든 體"라고 하며, "무엇인지가 그것을 구획지어 이(利)되게 한다는 것은 用"(『죽음의 한 연구』, p. 142)이라고 한다. 작가는 '체/용'의 개념을 '정(靜)/동(動)' '형식/내용' '기호/의미' '장소/존재' '본체/작용' '기표/기의' '상(像)/능(能)' '루타/아르타' 등의 의미로 폭넓게 사용하고 있다. '체/용'은 '음/양'과 상호 긴밀히 연관되어 있는데, '체'는 '음'에 상응하며, '용'은 '양'에 상응한다. 즉, "음은 체의 성별적 이름"(『죽음의 한 연구』, p. 255)이며, '용'의 성별적 이름이 '양'이다. 한편, 연금술[12]에 관해서는 최소한 '흑(Nigredo) · 백(Albedo) · 적(Rubedo)' 그리고 '독(毒)'의 개념을 이해하는 것이 필요하다. 어떤 질료(Prima Materia)가 '금'으로까지 가기 위해서는 적어도 '세 단계의 전변(轉變)'을 거쳐야 하는데, 우선 그 질료는 죽어서 그 자체의 성질을 잃어버려야 한다. 이 질료의 죽음을 가능하게 하는 것이 '독'이다. 그러므로 이 '독'은 연금술적 진화의 원동력이 되는 셈이다. 원초적 질료의 죽음이 '검은 날개의 까마귀'로 비유되는 '흑'이며, 그 죽음으로부터 나타난 아말감이 '흰 비둘기'로 비유되는 '백'이고, 이 '백'이 전이하여 나타난 금이 '핏빛의 홍옥'으로 비유되는 '적'이다. 박상륭의 사유에서 모든 변화 혹은 진화는 연금술과 밀접한 관계를 갖는다.

박상륭은 시간에 관해서 '횡적 시간'과 '종적 시간'이란 개념을 사용하고 있다. 작가에 따르면, '과거-현재-미래'라는 시간은 수평적으로 흘러가는 '횡적 시간'이다. 이러한 횡적 시간의 '과거-현재-미래'는 '음양'과 '체용'의 개념으로 파악될 수 있다. '과거'는 '체-음'이며, '미래'는 '용-양'이다. 어떤 작용이 가능하기 위해서는, '용'은 '체'를 얻어야 하며, '양'은 '음'을 만나야 한다. '체'와 '용,' 그리고 '음'과 '양'은 그 자체만으로는 어떠한 것도 이루어내지 못한다. '과거'란 현재의 시점에서 보면 이미 끝나버린 시간이며 죽은 시간이다. 즉, '용'을 잃고 '체'만 남은 시간이다. '체'의 성별적 이름을 '음'이라 한다면 '과거'의 시간은 '음'이며 '체'이다.[13] 한편, 현재화하지 못한 '미래'란 아직 '체'를 얻지 못한 '용,' 즉 '음'을 데불지 못한 '양'이다.[14] '체'를 얻지 못한 '용'은, '과거'와 마찬가지로 그 자체로는 아무런 작용도 할 수 없다. 한편, '현재'라는 시간은 '음과 체로서의 과거'와 '양과 용으로서의 미래'가 연접되는 '양성적(兩性的) 시간'이다. 즉 '체'와 '용'이 만나고, '음'과 '양'이 만나는 시점이 '현재'이다. 그러므로 활성화되어 어떤 작용을 일으킬 수 있는 시간은 '현재'뿐이다.

작가에 따르면, 시간의 구조는 횡으로 '과거-현재-미래,' 종으로 '극대의 시간-극소의 시간,' 즉 '오두일체(五頭一體)'를 이룬다고 한다. 일반적으로 시간은 '과거' '현재' '미래'라는 세 개의 얼굴을 갖고 있는 것으로 생각된다. 여기에서 '현재'라는 시점은 매우 애매하다. 어디부터 어디까지가 현재인가? '지금 이 시간'이란 정확하게 언제를 말하는가? 현재는 때론 '오늘'을 말할 수도 있고, '올해' 혹은 '금세기' 혹은 더 큰 범위를 나타낼 수도 있으며, 때론 한순간의 '찰나'를 가리킬 수도 있을 것이다. 엄밀한 의미에서 '현재'라는 시간은 포착될 수 없는 시간이다. 태어남과 동시에 사라져버리는 시간을 어떻게 존재한다고 할 수 있겠는가. 이것은 "막연한 생각 속에만 존재하고, 존재하는 시간은 아닌 것, 그러므로 그것은 '무시간(無時間)'"(『神을 죽인 자』, p. 281)이라고 해야 할 것이다. 작가는 이러한 현재의 시간 속에 '극소의 시간'과 '극대의 시간'이라는 '종적 시간'의 개념을 상정한다.

> 현재는 현재의 시간을 가지면서, 세로줄 형상의 두 시간을 동시에 갖는 것이었다. 다시 말하면 현재의 시간은, 그 시간의 현재 속에, 가장 작은 시간과 가장 큰 시간을 갖고 있었다. 가장 작은 시간이란, 매 찰나의 전이 속에 끼이는, 그 시중(時中)을 말하며, 가장 큰 시간이란, 그 시간의 현재 속에 있으면서 동시에 모든 시간을 감싸고 있는, 그 우주적 시간을 말한다. 그것은 정지의 시간이며, 무의 시간이며, (-)과 같은 체(體)의 시간이다. (『열명길』, p. 401)

'과거-현재-미래'를 '횡적 시간'이라 한다면, 작가는 이러한 횡적 시간으로서의 '현재' 속에 '극소의 시간'과 '극대의 시간'을 상정하여 이를 '종적 시간'이라 부른다. '종적 시간'에서 '극대의 시간'이란 현재라는 운동으로서의 시간이 정지 속에 침몰해 들어간 시간이다. 이것은 정지와 무(無)의 시간, 극대한 과거와 미래, 즉 "현재 속에 있으면서 동시에 모든 시간을 감싸고 있는, 그 우주적 시간"을 말한다. 작가는 이를 '시간의 유계(幽界)'라고도 부른다. 한편, '극소의 시간'이란 '시중'이라고도 불리는 시간으로, "매 찰나의 전이 속에 끼이는" 시간, 매 순간 미래를 현재화하고 현재를 과거화하는 시간, 즉 시간을 태어나게 하는 방이라 할 수 있다. '시중'은 '체의 시간'

을 '용'으로 바꿔 '과거·현재·미래'라는 제 시간을 가능케 하는 시간이다. "이것은, '없음'에 대해서 '있음'의 의미며, '멈춤'에 대해서 '움직임'의, '큼'에 대해서 '작음'의, '아니 함'에 대해서 '함' "(『죽음의 한 연구』, p. 260)을 나타낸다. 이렇게 볼 때, 생명이란 극대한 어둠과 정지의 '극대의 시간' 위에 피어난 한순간('극소의 시간')의 빛 혹은 '섬광적 운동' [15]이라 할 수 있다. '극대의 시간'과 '극소의 시간'과의 관계는 '죽음과 생명', '우주와 개아(個我),' 혹은 '신과 인간'과의 관계에 상응된다. 이렇게 해서 시간의 구조는 횡으로 '과거-현재-미래,' 종으로 '극대의 시간-극소의 시간,' 즉 '오두 일체'를 이룬다고 작가는 말한다.

'시중(時中)'은 박상륭의 시간관에서 매우 독특하고 중요한 개념이다. 여기에 대해서는 좀더 상세한 고찰이 필요할 것 같다. 이 '시중'은 시간의 탄생의 관점에서는 '시간을 태어나게 하는 방,' 즉 매 찰나의 시점이며, 시간의 운행의 관점에서는 '시간이 뒤집히는 방'이다. '시중'은 '체'이며 동시에 '용'이다. 시중은 시간이 흘러드는 방이기 때문에 하나의 '체'이며, 시간을 태어나게 하고 뒤집히게 하는 작용을 하기 때문에 또한 '용'이다.

먼저 전자의 경우, 즉 시간의 탄생의 관점부터 살펴보기로 하자. 시간이 흐른다는 것은 끊임없이 현재의 시간이 태어난다는 것이다. '모래시계'를 염두에 두고 살펴보기로 하면, 모래시계의 위쪽에 쌓여 있는 모래는 '미래'를 나타내며, 아래쪽에 쌓여 있는 모래는 '과거'가 되고, 모래가 통과하는 가운데의 '개미허리' 같은 통로가 '현재'의 시점이 될 것이다. 이 '개미허리' 부분이 '시중'에 해당한다.

위쪽의 모래(미래의 시간)는 '시중'으로 흘러들어 현재의 시간을 태어나게 하며, 다시 현재의 시간은 '시중'을 통과하면서 아래쪽(과거의 시간으로)에 쌓인다. 이렇게 볼 때, '시중'은 시간의 '자궁(子宮)'이며, 동시에 '묘혈(墓穴)'이다. 이것이 자궁인 것은 시간의 미래가 여기에 담기면 시간의 현재를 분만하기 때문이고, 이것이 묘혈인 것은 여기를 통과해버린 시간은 이미 죽어버린 과거의 시간이 되어버리기 때문이다.[16] 또한 이것은 "과거가 된 시간이 흘러빠져(流産)버리지 않게 담아두는 자궁"[17]이다.

다음으로 후자의 경우, 즉 시간의 운행의 관점에서 '시중'을 살펴보자. 시간은 횡적으로 '과거→현재→미래'의 방향으로, 연금술적 용어로는 '흑→백→적'의 방향으로 흐른다. 그런데 시간은 끝도 없이 계속 한 방향으로만 흘러가는 것일까? 그렇다면 계절의 순환은 왜 일어나는가? 앞에서도 간략하게 언급한 바 있지만, 프라브리티(爲界)의 우주는 운동과 변화의 우주인데, 여기에서 오르는 것은 한없이 오르는 것이 아니라 어느 한계에 이르면 반드시 내려오게 되어 있으며, 시작된 것은 언젠가 끝이 있게 마련이다. "프라브리티의 띠는, 중력(重力)과 반중력으로 이뤄"(『神을 죽인 자』, p. 293)져 있기 때문이다. 작가에 따르면, 시간의 운행이 '과거-현재-미래'라는 시간의 축을 끝없이 선조적으로 이어가는 것이 아니라, 생명의 윤회와 마찬가지로 시간도 윤회한다. 시간의 흐름은 한 방향으로 진행되어가다가 어느 지점에 이르게 되면 뒤집혀 다시 돌아온다. 시작과 끝이 맞물려 있다는 것인데, 현재의 시간이 진행하여 미래의 시간을 과거로 만들고, 그 과거의 시간은 다시 미래의 시간으로 뒤집혀 현재화한다. 그러나 이런 시간의 윤회는 시작도 끝도 없는 원운동을 계속하는 것이 아니라, '양극을 갖는 타원형'의 궤도를 따라 윤회한다는 것이다. 시간은 흐름을 지속하다가 어느 지점, 즉 '타원형의 양극의 지점'에서 그 시간은 뒤집혀 흐른다. 이 '양극'이 시작과 끝이 교차되는 지점인데, 이 '양극'에 '시중'이라는 '무성(無性)의 방'이 있어, 그 방을 통과하면서, 끝이 다시 시작의 출발점이 된다. '시중'이라는 방을 '무성'이라 한 것은, 이것은 '체'와 '음'으로서의 과거도 아니며, '용'과 '양'으로서의 미래도 아니기 때문이다. 시간이 뒤집히는 모습도 '모래시계'를 염두에 두면 보다 쉽게 이해될 수 있을 것인데, 위쪽에 쌓여 있는 미래의 시간은 현재화하면서 아래쪽에 쌓여 과거의 시간이 된다. 위쪽에 쌓인 모래가 다 흘러내리면 모래시계를 다시 뒤집게 되는데, 그러면 과거의 시간은 다시 미래의 시간으로 뒤집힌다. 모래시계의 경우, 시간이 뒤집히기 위해서는 누군가가 이 모래시계를 뒤집어야 할 것이다. 그러나 작가의 시간관에서 시간의 윤전(輪轉)은 그 자체 내의 어떤 힘에 의해서 뒤집혀진다는 것이다. 그렇다면 시간을 뒤집는 자체 내의 어떤 힘이란 무엇인가? 그것은 어떤 절대적 힘의 섭리에 의해서가 아니라, '음'과 '양'이 스스로 조화를 이루려는 작용 때문이라는 것이다. 좀더 구체적으로 말하자면, 시간의 흐름과 함께 축적된 '음기(陰氣, 이를 작가는 '유전〔遺傳〕된 음기'라 부른다)가 양성화하기 때문이다. 달리 말하면 "집단적 또는 개별적 음기의 유전의 형이하적 발현"(『죽음의 한 연구』, p. 267) 때문이다. '유전된 음기'란 다른 말로는 '업(業),' 또는 연금술의 '독(毒)'과도 같은 것인데, 거시적인 차원에서 이 '독'의 의미, 즉 '유전된 음기'란 "그 시대를 살고, 그 시대를 고뇌하고 간, 그 시대민의 고통, 그 시대민의 사고, 그 시대민의 풍속, 그 시대민의 경향 등등의 전부와 동일한 것"(『죽음의 한 연구』, p. 268)이라고 작가는 말한다. 이러한 시간의 뒤집힘은, 인간의 이원적인 두 개의 욕망, 즉 '에로스'와 '타나토스'('삶에의 욕망' / '죽음에의 욕망')의 순환과정과 흡사하다(『雜說品』, pp. 180~81 참고). 자연도(축생도)의 균형이 '번식욕과 식욕'이라는 두 축에 의해 조절된다면, 문화도(人世)는 '에로스와 타나토스'라는 두 자장(磁場) 가운데서 '폭력'이 '역(易)'의 역할을 담당한다. 시간의 흐름에 따라 '유전된 음기,' 즉 타나토스가 팽대하면 사람들은 죽고 싶어 하게 되는데, '피학성(被虐性)'의 '죽고 싶은 욕망'은 어느 순간 '가학성(加虐性)'의 '죽이고 싶은 욕망'으로 뒤집힌다. 팽대한 타나토스는 어떤 형태로든 폭발하게 될 터인데, 전쟁은 그중 가장 치열한 폭발의 형태가 될 것이다. 팽대한 "타나토스의 종기를 터뜨려, 얼마쯤의 고름을 짜내는 것"은 역사의 필연적 과정이다. 이런 과정을 통해 타나토스의 욕망(유전된 음기)은 어느 정도 해소될 것이다. 이러한 타나토스의 '폭력'에 맞서거나, 폭력이 휩쓸어간 자리에서 다시 '에로스'가 일어난다. 그런데 이것(에로스) 또한 팽창하여 어느 한계를 지나 포화 상태에 이르면 똑같이 타나토스의 얼굴을 드러낼 것이다. '에로스(평화)'도 음성적 폭력이다. "그것 아래에서, 타나토스가 억압당하는데, 억압당하는 타나토스는, 수시로 무시로, 폭발할 위험성 자체인 것"(『雜說品』, p. 181)이다. 그런데 에로스와 타나토스의 순환은 어떤 외부적인 다른 힘에 의해 일어나는 것이 아니다. 뒤집힘의 역동적 힘은 인간에 내재하는 '타나토스와 에로스'의 추동력 때문이다. 현실에서 어떠한 것도 영구적인 것은 없으며, 모든 것은 항변하는 하나의 '상태'일 뿐이다.[18]

우리가 '영시(零時)'라고도 부르는 '자정'은 흐르던 시간이 '시중'에 든 시간이라 할 수 있다. '자정'은 "'오늘'이 '어제'로 바뀌며, '내일'이 '오늘'로 바뀌는, 그것은 시간 중에서도 이상한 일점"이어서 "시제로 따져 이해키에 어려운 시간"이다. "그런 시각으로는 귀신도 형체가 드러난다고"(『七祖語論 4』, p. 239) 한다. 한편, 빛의 기원과 관련된 힌두교의 한 신화에 따르면, 최초의 빛이 있기 전에 이미 혹암(黑暗)이 있었다고 하는데, "금란(金卵, 히란야갈바)이라고 이르는, 아직 피 맺히지 않은 알"이 "자정(子正)이라고 이르는 그 시중(時中)을 거처 삼아"(『잠의 열매를 매단 나무는 뿌리로 꿈을 꾼다』[이하 『잠의 열매』], pp. 135~36), 거기로부터 최초의 빛이 태어났다고 전해진다.

'심소(心所) 속의 시간' 또한 '시중'이라 할 수 있는데, '심소 속의 시간'이란 현재의 시점에서 횡적으로 흐르는 시간이 아니라 우리의 마음속에서만 이동하는 시간을 말한다. 이것은 하루를 24시간으로 나누는 것과 같은 '평균적 시간'과 대립된다. 예를 들면, "현재에 존재치 않는 시간들, 시간의 과거며 시간의 미래 같은 것들이 현재 속에 유입"(『죽음의 한 연구』, p. 261)되는 경우가 그러한데, 공상이나 상상을 통해서는 우리는 얼마든지 시간을 자유롭게 미래나 과거로 이동할 수 있지만, 실제로 시간이 그렇게 흘러가는 것은 아니다. 그러므로 '심소 속의 시간'에서는, '횡적 시간'은 정지해 있고, '종적 운행'만 이루어진다.

시간이 태어나고 시간이 뒤집히는 방이라는 '시중'의 개념이 보다 폭넓게 사용되는 경우, 이것은 어떤 획기적인 변화가 일어나는 시점, 혹은 "한 우주가 폐막하고 한 우주가 개벽하는 시간"(『七祖語論 1』, p. 124)이 된다. 예를 들면 '바르도' '제구시(第九時)' 등이 여기에 포함된다. 모든 유정이 죽음과 재생 사이에서 머물게 된다는 '바르도' 또한 하나의 '시중'이라 할 수 있다. 저 "바르도는, 염태(念態)가, 물질로 이뤄진 몸을 벗어, 물질로 이뤄진 세상을 떠나 체험하는 '곳'*"인데, 여기에서는 공간으로서의 '장소'가 더 이상 필요 없게 될 뿐 아니라, '시간의 오두(과거, 미래, 현재, 극소의 시간, 극대의 시간)'까지도 그 경계를 무너뜨리고, '시중' 속으로 휩쓸려 들어가게 된다.[19] 시간적 차원에서의 '시중'을 공간적 차원에서는 '소중(所中)'이라 부른다. 바르도의 "문을 나서는 시간의 길이는, (인세로 열린 문만을 두고 말하면) 280일이며, 문을 들었다 나기는, 49일이 걸린다고 알려져 있으되, 드는/나는 그 일점은, 장소로는 所中이며, 시간으로는 時中이어서, 같은 곳"(『雜說品』, p. 433)이다. 한편, '기름 부음을 받은 자' 예수가 수난을 겪다가 숨을 거둔 시간, 천지가 일시에 암흑해져버렸던 그 시간을 '제구시'라 하는데,[20] 이 시간 또한 시간의 흐름이 '시중'에 든 시간이다. 이 시간은 기독의 죽음과 부활을 통해 '몸의 우주'로부터 '말씀의 우주'가 개벽하는 시간이다. 또한 인간이라는 유정의 '몸'과 '마음' 사이에 있다고 여겨지는 "무슨 흐르릉한 中間" 영역, 즉 '말의 영역' 또한 '시중'과 다르지 않을 것이라고 작가는 말한다.[21] 보다 우주적으로 확대한다고 하면, 횡적 우주와 종적 우주의 교차점에 위치한 '인세(人

---

* 박상륭 자신이 만든 조어로 '곳'과 '것'을 하나로 합성한 말(뒤에 제3부에서 다시 거론됨).

世, 인간도)' 자체가 우주 내의 '소중/시중,' 즉 '말의 우주'라 할 수 있을 것이다.

우주·생명·진화 등과 상호간에 밀접한 관계를 맺고 있는 이러한 "시간의 문제를 파악해본다는 일은 유전(流轉)의 법칙을 이해해본다는 일과도 맞먹으며," 우주의 질서, 생멸의 법칙, '신의 역사하심'을 이해한다는 것과 다르지 않을 것이라고 작가는 말한다.[22]

3. 생명, 자연/문화

— 생명이란?
— 생명의 비극성
— 생명의 모태 자연(대지)
— 자연/문화, 축생/인간

생명이란 무엇인가? 박상륭의 생명에 대한 사유는 그의 시간관과 밀접한 관계를 갖는다. 시간과 마찬가지로 작가의 생명에 대한 이해는 '음양론' 혹은 '체용론'에 토대를 두고 있다. '음'과 '체'로서의 과거와 '양'과 '용'으로서의 미래가 만나는 시점에서 어떤 작용을 일으킬 수 있는 현재가 탄생하듯이, 한 개체로서의 생명은 '체'인 '음'과 '용'인 '양'의 만남으로 탄생된다. 기독교 신화에 따르면, 신은 흙으로 사람의 형상을 빚어 거기에 자신의 생기(生氣)를 불어넣어 아담이라는 한 생명체를 창조한다. 이때 흙으로 빚은 형상이 '체-음'이며, 신의 '생기'가 '용-양'이 된다. 이 '생기'가 곧 '생명'이며,

이는 '빛'으로, 또는 '말씀'으로도 불리며, 힌두교 신화에서는 '지바 Jiva'로, 또 다른 이름으로는 '혼(魂)' '정(情)' '푸라나' '영(靈)' 등으로 불린다. '체-음/용-양'의 관계는 '암컷/수컷'의 관계이다. 여기에서 '체-음'인 "암컷은 생명이 아니라, 수컷의 의지를 수용하고, 그 의지의 발효를 돕는" 용기(容器)가 된다. 한 생명체의 형태는 "어디 토기장에서 구어지는 (다양한 종류의) 옹기그릇들처럼, 이 세상 어디엔가 병렬해 있는데, 생명이 바람처럼 떠돌다, 그 무(無)를 당해 이(利)로서 나타나는 것"(『죽음의 한 연구』, p. 135)으로 비유할 수 있다. 모든 개별적 생명체는 그것 자신의 '업(業)'에 따라 운명적인 어떤 몸을 입게 된다. 한 생명이 일단 어떤 형태를 입게 되면 그 생명은 그것 자체의 근본과는 상관없이 그 형태가 갖는 특정한 운명에 처하게 된다.

한편, 시간의 흐름이 한 방향으로 진행되어가다가 어느 지점에 이르게 되면 뒤집혀 다시 돌아오는 것처럼, 한번 태어난 생명은 소멸되지 않고 끊임없이 윤회를 되풀이한다. 생명의 모태가 되는 '대지(大地)'는 우주적으로 확대된 암컷, 수컷인 생명이 심겨드는 거대한 '자궁(子宮)'이다.

大地(地球)란, 宇宙라는 한 존재의 몸에서, '子宮'이라는 기관이 되어서 그런 것이다. 그것 속에 한번 울려진 '말씀'이여, 비춰든 '빛'이여, 심어진 '생명'이여, 그것을 벗어나지 못하면, 아으, 한 마리 가여운 情蟲이여, '무덤' 속에 들기가, 새로 '母胎'에 담기며, '母胎'를 벗어나기가, 다시 '무덤' 속에 들기인 것을. 다만 生成만이 있는 곳에서는, 죽음이 불가능하다. 〔……〕 '세 따님'이 治理하는, 이 '子

宮'은, 시간으로 壁(帶)하고, 運命으로 천정했으며, 運動으로 바닥을 했다 — 프라브리티. (『七祖語論 3』, p. 156)

대지라는 자궁에 심어진 생명은 " '무덤' 속에 들기가, 새로 '모태'에 담기며, '모태'를 벗어나기가, 다시 '무덤' 속에 들기인 것"이어서, '생명→죽음→재생'의 끊임없는 순환을 계속할 뿐이다. 대지는 "다만 생성만이 있는 곳"이어서 "죽음이 불가능"한 곳이다. 한 생명이 무덤에 드는 것은 다만 몸이라는 옷을 갈아입기 위한 것일 뿐이다.

박상륭의 우주론 한가운데에는 '양극을 갖는 타원형'이 자리 잡고 있다. 앞에서 본 바와 같이 '양극을 갖는 타원형'은 시간의 운행 궤도일 뿐만 아니라, 생명의 원형 혹은 상징이 된다. 그런데 이 '양극을 갖는 타원형'이란 형태는 어디에서 비롯된 것일까. 『죽음의 한 연구』의 주인공(六祖)은 살인에 대한 죗값으로 마른 늪에서 고기를 낚아내야 하는 형벌을 받게 된다. 이 형벌의 과정에서 주인공은 실제의 고기를 낚는 대신 생명의 원형 탐구에 나선다. 그는 모든 물고기들의 상사점을 추출하는 것으로 시작하여, 물고기의 보편적 형태는 '양극을 갖는 타원형'이라는 결론을 얻게 된다. 한 걸음 더 나아가, 그는 물고기뿐만 아니라 모든 생명체의 보편적 형태는 '양극을 갖는 타원형'이라는 결론을 도출한다. 이렇게 해서 '양극을 갖는 타원형'이 생명의 상징이 된다. 그렇다면 생명과 관련해서 이 '양극을 갖는 타원형'이란 어떤 것인가.

이것은 참으로 이상스런 원(圓)이었다. 이해할 수 없는 것은, 그것이 달고 있는 두 개의 뿔〔角〕인데, 만약에 뿔을 제외하고, 순수한 원만을 두고 본다면, 그 원을 성격 짓는 일이란 그렇게 어렵지는 않을 것이었다. 그것은 완전히 둥글어, 시작이 없으니 끝이 없고, 끝이 없으니 시작이 없어, 영원히 돌아오는 듯하나 영원히 머물고 있는 듯해, 선현들이 우주의 법도를 그런 눈으로 이해도 해 왔을 법하지만, 그러나 홍기가 없으니 쇠망이 있을 수 없고, 쇠망이 없으니 작용 또한 있을 수 없어, 그것은 허(虛)하여, 세월로 따져 말한다면, 이미 흘러 버린 과거의 시간 같은 것, 색깔로는 검은 것, 체며 음, 그리고 멈춘 흐름(靜)——그것은 그것대로 완전무결하지만 그래서, 이름 붙여 허원(虛圓)이라고나 해도 될지 모른다. 〔……〕 '생명'이 '상징'을 입을 수 있다면, 그러나 저 '양극을 갖는 타원형' 말고 다른 무엇이 있을 수 있을지는 나만은 모른다. 그것은 머문 듯하여도 머물지 않으며, 움직이는 듯하여도 움직이지 않으며, 빈 듯하여도 비어져 있지 않으며, 채워져 있는 듯하여도 채워져 있지 않으며, 산 듯하여도 살고 있지 않으며, 죽은 듯하여도 죽어 있지 않으며, 형태인 듯하여도 형태가 아니며, 형태가 아닌 듯하여도 형태이며, 성별로 이름 붙여 줄 듯도 싶으나 성별이 없고, 성별이 없는 듯하나 없는 것이 아니다. 가장 작은 듯하여도 또 가장 큰 것이 그것처럼도 보인다. 그것은 그래서, 금(金)이나 불(佛)처럼, 순수하지도, 완전하지도 못한데, 그런 탓에 그것은 진원(眞圓)이라고 불리워져야 될 것인지도 모른다. 그리하여 나는, 생명이란 그런 것이라고 알기 시작한다. 죽음의 바다에서 헤엄치는, 한 마리의 물고기. (『죽음의 한 연구』, pp. 142~44)

우선 '양극을 갖는 타원형'이란 '양극을 갖지 않는 순수한 원'과 어떻게 대비되는가? 먼저 후자인 '순수한 원'은, "선현들이 우주의 법도를 그런 눈으로 이해도 해 왔을 법하지만," 그러나 이러한 완전히 둥근 원은 시작과 끝이 없으며, 또한 "흥기가 없으니 쇠망이 있을 수 없"어, 여기에서는 흐름조차도 멈춤과 다름이 없기 때문에 어떤 '작용(用)'도 일어날 수 없는 형상이다. 이것은 이미 흘러가버린 과거의 시간과도 같이 '용'을 잃고 '체'만 남은 모습이어서 텅 비어 있는 '무(無)'와 같이 '허(虛)'하다. 이처럼 양극을 갖지 않는 순수한 원은 '음-체-정(靜)'의 텅 빈 원이다. 그래서 작가는 이 순수한 원을 '허원'이라 부른다. 한편 '양극을 갖는 타원형'은 양극을 기점으로 흥망성쇠가 나타나는 형상을 보여주고 있다. 이것은 또한 생명과 관련해서 남성과 여성의 성기 모양을 상기시키는데, "그 밖을 보기로 하면 '링가(남성의 성기)'의 형태인데, 그 안을 들여다보기로 하면, '요니(여성의 성기)'의 형태"(『七祖語論 3』, p. 312)로 나타난다. 이러한 모습이 '생명'과의 관련을 자연스럽게 만드는데, 이것은 마치 운동으로서의 현재의 시간과도 같이 '음'과 '양'(혹은 '체'와 '용')이 함께 어우러져 살아 움직이는 형상으로 파악된다. 이 '양극을 갖는 타원형'은 '음'이면서 또한 '양'이고, '체'이면서 또한 '용'이며, '정(靜)'이면서 또한 '동(動)'이다. 그래서 작가는 '순수한 원'인 '허원'과 대비해서 이 "순수하지도, 완전하지도 못한" 양극을 갖는 타원을 '진원'이라 부른다. 이렇게 해서 작가는 '진원'인 '양극을 갖는 타원형'을 생명의 상징 혹은 원형으로 파악한다. 인간을 포함해서 "팔만 유정의 팔만 형태도 어쩌면 한 원전(原典)의 개성적 개변(改變)에 불과"(『죽음의 한 연구』, p. 136)할 것이다.

한 개체로서의 생명은 어떤 형태의 몸을 갖는다. 물고기는 물고기의 형태로, 지렁이는 지렁이의 형태로, 뱀은 뱀의 형태로, 인간은 인간의 형태로 모든 개별적 생명체는 운명적인 어떤 특정한 몸을 입고 있다. 몸을 입고 있는 모든 생명은 프라브리티 우주의 '먹고/먹히기'라는 '상극적 질서' 속에서 생로병사의 고해를 헤쳐나가며 살아가야 하며, 윤회의 고리 속에서 죽지도 못하고 끝없는 '생명→죽음→생명'의 순환을 반복해야 한다. 그래서 생명의 모태가 되는 "대지는 살 입은 생명에 대해 저주인 것!"(『雜說品』, p. 267)이다. "基督敎的으로는, '生命'과 함께하게 된 '죽음'이 '原罪'였지만, 佛敎的으로는, '生命' 자체가 '原罪'인 듯하다"(『七祖語論 4』, p. 461)고 작가는 말한다. 이렇게 볼 때, 생명은 분명 비극적인데, 본질적으로 한 개체로서의 생명이 비극적인 것은, 그것이 생명의 본원(本源)에로 녹아들지 못하고 있기 때문이다.

오늘, 새롭게, 나름의 자비심을 갖고, 촛불중이 내어다보게 된 '물고기'는, 물이 그 壁을 허물어주지를 안해, 그것의 本源에로 녹아들지를 못하고 있었다. '물고기의 형태'가 '물고기'가 아니라, 물이 그것을 가둔 '물壁의 형태'가 그러니, '물고기'인 것이고, '물고기의 형태'의 '流謫'이, '물고기'인 것이다. '물고기'는 어떻게 되어 그런 '流刑'을 당했는지, (아으, '生命'이란 어찌하여 시작되었다는고?) 그것은 모르되, 그것들은 그 本源에로의 환원을 성취하지 못하는 한, '苦海 가운데 저주받은 물'이며, '물속의 섬(島)으로서의 물'의 운명을 벗지는 못할 것이다. 그 고통을 어떻게 헤아리랴? 아으, 그 고통을—
(『七祖語論 4』, pp. 278~79)

한 개체로서의 생명이란 무엇인가? 그것은 생명의 본원으로부터 유배되어 어떤 형태 속에 갇혀 있는 존재이다. 수많은 생명체들이 살고 있는 이 우주는 하나의 거대한 생명, 하나의 거대한 유기체라 할 수 있다. 물고기를 둘러싸고 있는 저 넓은 바다 또한 하나의 거대한 생명이다. '물/물고기'의 관계는 '전체/개체'의 관계, 즉 '전체로서의 생명/한 개체로서의 생명'의 관계이다. 물고기를 둘러싼 물이 본원으로서의 생명이라면, 물고기 또한 물이지만 어떤 형태의 감옥에 갇힌 물이다. 물고기는 생명의 본원인 '물'이 그것을 가둔 '물벽(壁)의 형태,' 즉 "'물고기의 형태'의 '유적(流謫)'"이 물고기인 것이다. '물'이 전체로서의 생명이라면, '물고기'는 한 개체(혹은 부분)로서의 생명이다. '물고기'는 "그 본원에로의 환원을 성취하지 못하는 한, 먹고 먹히는 '고해 가운데 저주받은 물'"이다. 모든 생명체는 그것 자신의 '업(業)'에 의해 어떤 형태의 감옥에 갇히게 된다. 이런 점에서 '형태'는 '존재'의 감옥이다. 한 생명체의 형태, 즉 그 '몸'은 그것 자신의 '업'이다.[23] 저 물고기가 자신의 '물벽'을 허물고 '본원에로의 환원'을 성취하여 자유를 얻게 되는 것이 곧 '해탈'의 의미일 것이다. 생명이 몸을 입고 있다는 것은 이렇게 '저주'이지만, 또한 그것은 크나큰 '은총'이 아닐 수 없다. 한 생명체가 입고 있는 '몸'은 진화를 위한 절대 조건이며, 한 개체로서의 생명의 비극은 그것이 입고 있는 '몸'을 통해서만 극복될 수 있기 때문이다.

한편, 박상륭의 사유에서, 모든 생명의 모태가 되는 '자연(혹은 대지)'이란 어떤 것인가? 자연은 끊임없이 생명을 삼키고 토해놓는다. 생명의 탄생과 죽음이 끊임없이 반복되는 곳, 자연은 생명의 거대한 무덤이며 자궁이다. 여기에서 모든 생명은 태어나고 죽고 다시 태어난다. 한 생명체가 몸을 벗는다고 해서 생명이 소멸되지는 않는다. 그러므로 생명이 한번 태어나면 해탈을 이루기 전까지는 죽음조차도 가능하지 않다. 몸을 벗은 생명은 그 자신의 업에 의해 새로운 형태의 몸을 입게 될 것이다. '자연(대지)/생명'의 관계는 '음/양'의 관계이다. '음'인 대지와 '양'인 생명의 관계에서 끊임없이 새로운 생명체가 태어난다. 자연은 모든 생명의 어머니, 저 "어만님은 저승 암캐"이다.

> 어만님은 저승 암캐─그 뒷두리는 황천에 잠과놓고, 제 자식의 창자를 빨대로 이승을 빨아, 자기의 자궁에 기름을 쌓는 자식놈의 암컷. 자식께 배고픔을 뱃속에 배부르게 처넣어놓고, 그 몸부림을 통해, 저만 덕지덕지 기름을 얹는 암컷. 그 자식은 그렇게 하여, 그 어미년의, 자급자족의 종교를 위해, 끝없는 순교만을 감행해야 하는 운명인 것읾. (『七祖語論 1』, p. 9)

미얀마제비의 암컷이 교미의 절정에서 수컷을 씹어 삼켜 그것을 양분으로 하여 새로운 생명을 탄생시키듯이, 자연(혹은 대지)이라는 이 거대한 저승 암컷은 끊임없이 이승의 생명들을 삼켜 그것의 자궁에 쌓아놓은 후 다시 새로운 생명을 탄생시킨다. 먹이사슬의 자연도(自然道) 속에서 모든 생명체는 다른 생명체를 섭취함으로써만 살아갈 수 있다. 한 생명체는 끊임없이 '배고픔'에 시달리며 다른 생명체를 먹어야 하고, 그러고는 끊임없이 새로운 생명체를 탄생시킨다. 축생도로 대표되는 이 자연도는 '날것→썩기'[24]를 축으로 하여, '살욕'과 '생식욕'이라는 본능에 의해 운영되는 '무위(無爲)'의 '도(道)'이다. 배고픈 호랑이가 사슴을 잡아먹는 자연의 질서까지도 '무위'이다. "이 '無爲'가 교란되지만 않는다면, 天地는 無窮"(『七祖語論 3』, p. 292) 할 것이다. "축생도는, 殺慾과 生殖慾을 두 磁場으로, 완벽한 상극적 질서에 의해 운영"(『七祖語論 1』, p. 18)되기 때문이다. 모든 생명은 이 거대한 '암컷-어만님'의 자식들이다. 축생도의 모든 생명체에 대해 이 거대한 암컷(자연)은 생명을 자급자족하는 강력한 신이다. "그 자식은 그렇게 하여, 그 어미년의, 자급자족의 종교를 위해, 끝없는 순교만을 감행해야 하는 운명"에 처해 있다. 이렇게 자급자족하며 운영되는 저 자연은 모든 생명에 대해 가장 강력한 종교이다. 자연은 "아직도, 아메바로부터 코끼리까지의 종교"이며, "一官有情(에켄드리야)으로부터 四官有情(차투린두리야)의 寺院"*이다. 그러나 축생도를 벗어나 '문화'를 이룩한 '인간(오관유정-판켄드리야)'이란 유정에게, 자연은 절대적 종교도 아니며 거대한 '사원'도 아니다. 인간 또한 자연의 산물이지만, 인간은 다른 유정(축생)들과는 뚜렷이 구분되는 특별한 존재이다. 인간에게 자연(大地)이란, "수복할 것이거나, 도달하거

---

* 자이나교(B.C. 6세기경에 바르다마나 Vardhamna가 당시의 정통 베다[초기 힌두교] 의례에 반대해 창설한 인도의 종교이자 철학)의 경전에는 진화 단계에 있는 有情이 구비하고 있는 감각기관의 수에 따라 유정을 구분하고 있다. 하나의 감각기관을 구비한 유정을 에켄드리야, 둘을 드빈드리야, 셋을 트린드리야, 넷을 카투린드리야, 다섯을 구비한 유정을 판켄드리야라고 부른다.

나 머물러야 할 곳이 아니라, 표표히 떠나야 되는 곳인데, 다음 단계에로 닿는 발판이나, 징검다리 삼아 디뎌 내뛰어야 되는 곳"(『七祖語論 1』, p. 199)이던 것이다. 그리고 현재까지 이 우주에서 그것을 가능하게 한 유정은 꼭 하나뿐인데, 그 이름은 '인간'이라는 것이다. 이런 점에서 박상륭의 자연관은 '무위자연'을 내세우는 '도가(道家)'의 입장과 뚜렷한 차이를 드러낸다. '무위자연'으로의 회귀는 인간에서 다시 축생(자연)의 상태로 '역진화' 하는 것일 뿐이다. 인간만이 '해탈'에 이를 수 있는 유일한 존재인데, 왜 인간이 '축생도'의 다른 이름인 '무위자연'으로 되돌아가야 하겠는가고 작가는 묻는다.[25]

4. 신(神)과 인간

— 신은 어떤 존재인가?
— 신의 창조와 인간의 창조
— '외재적(外在的)' 신/ '내재적(內在的)' 신
— 인간은 어떤 존재인가?
— 인신(人神)
— 신과 인간과의 관계

　박상륭의 작품 속에는 수많은 신(神)들이 등장한다. 기독교의 유일신 여호와, 힌두교 신화의 수많은 신들(시바, 비슈누, 브라흐만 등)로부터, 신비스러운 암컷(玄牝)이라고 부르는 '곡신(谷神),' 어떤 한(恨)이 있어 바르도에 들기를 거부하고 이승을 떠도는 귀신(鬼神)들, '각 지역의 '촌신(村神)'들, 그 밖의 수많은 잡신(雜神)들에 이르기까지 그 종류는 매우 다양하다. 또한 횡적 우주의 六道(자이나Jaina敎에서 차용한 용어로, '地獄道-餓鬼道-畜生道-人間道-

阿修羅道-提婆〔神〕道') 중 최상위 단계인 '제바도(提婆道)'는 신들의 영역이다. 박상륭의 사유에서 신은 어떤 존재인가? 저 수많은 종류의 신들을 하나로 규정해서 신은 어떠한 존재라고 말하기는 어려울 것이다. 작가에 따르면, 신은 크게 두 종류로 구분된다. '외재적 신'과 '내재적 신'이 그것이다. 신과 인간과의 관계에서, 신이 인간 밖에 있는 초월적 존재인가, 아니면 이미 인간 안에 내재하는 존재인가에 따라, 즉 '외재적 신'인가 아니면 '내재적 신'인가에 따라 신에 대한 인간의 생각과 태도는 달라질 수밖에 없다. '외재적 신'의 경우, 신들은 대체로 시간과 공간을 초월해서 거대한 능력을 갖고 있는 영적(靈的)인 존재, 즉 '우주적 대력(大力)'을 가진 인격체이다. 신이 내재적인 경우, 신과 인간은 근원적으로 하나이며 모든 유정의 본체는 신이기 때문에, "神이란, 유정의 끊임없는 진화를 통해, 도달해야 하는, 어떤 하나의 궁극"[26]이 된다. 기독교의 유일신 여호와와 불교의 붓다는 각각 '외재적 신'과 '내재적 신'을 대표한다고 할 수 있다.

먼저, '외재적 존재로서의 신'에 대해 살펴보기로 하자. 인간의 능력이 미치지 못하는 거대한 초월적 힘, 즉 '우주적 대력'을 갖고 있는 저 신들은 어떠한 존재인가? 외재적 신들 중 가장 강력한 신들은 기독교의 '여호와'나 힌두교 신화의 '비슈누'처럼 우주 만물을 창조한 신들이다. 기독교의 신은 인간을 포함한 천지 만물을 창조하였고, 힌두교 신화에 따르면 "우리들의 이 한 우주는, 비슈누의 배꼽에서 돋아난, 한 송이 蓮"이며 "비슈누가 잠에 들면, 한 우주가 소롯이 닫긴다"[27]고 한다. 그러면 신들의 우주 창조는 어떻게 이루어지는가?

먼저 神이 있었다. 그는, '있기' 시작하자마자, 너무도 많은 '뜻(로고스)'이 일어나, 비등하는고로, 토해버리고 싶어, '말'을 하려 하면, '뜻'에다 形態(記號)를 입혀 뱉아내게 되곤 했다. 그는 肉聲으로 말이 하고 싶었으되, 하지 못한 것이다. '사물과 존재'는 그리고 그것들의 총체로서의 한 '우주'는, 그렇게 化現한 것이었다. 그러나 존재들에 대해 이 한 우주는, 어떻게든 判讀되어지지 않는다면, 解夢되지 않은 꿈처럼, 있으되, 아직은 '잠(非化現)'의 소속일 뿐이다. 존재하는 당자들까지도, '非化現'에 소속된, 흐리꾸리한 夢態일 뿐이다. 無明의 胎褓에 휩싸여 있는 우주, 읽혀지지 않은 텍스트— (『七祖語論 4』, p. 444)

신들은 육신을 갖고 있지 않기 때문에 자신의 뜻을 육성으로 발설할 수가 없다. 그래서 창조주인 신들의 언어는 '존재와 사물'로 화현(化現)된다. 신들이 자신의 뜻을 나타내려 하면 바로 '존재와 사물'을 드러내게 되는데, 이렇게 해서 사물과 존재로서의 한 우주가 화현된다. 사물과 존재로 화현된 이 우주는 그러니 '신의 언어'인 셈이다. 이렇게 볼 때, 이 우주는 '창조자의 언어로 씌어진' 거대한 한 권의 '책'이다. 인간 또한 신이 발설한 '한 언어'이다. 특히, "'人間'이라는 한 종류의 有情은, 그것 자체가, 한 권 한 권씩의 冊"(『七祖語論 4』, p. 402)이며, 인간 하나하나가 하나씩의 소우주인 것이다. 성서에 따르면, 여호와가 인간을 지을 때 흙을 빚어 자기의 형상대로 지었다고 한다. "記號를 못 입은 어떤 意味"인 신은 그 의미에 기호(육신)를 입혀 자기 자신을 성취한다. 인간은 신 자신의 '의지를 성취해준 한 언어,' 즉 인간은 신의 의지의 육화(肉化)이며, 인간의 모습은 신 자신의 모습이다. 그래서 작가는 "人間은 神의 나르시시즘!"(『七祖語論 3』, p. 28)이라고 말한다. 그런데, 신의 언어로 쓰인 존재와 사물의 이 한 우주는 '무명(無明)의 태보(胎褓)에 휩싸여 있는 우주'이다. 이러한 존재와 사물의 우주는 아직 명명된 것이 아니기 때문에, 인간에게는 '읽혀지지 않은 텍스트'와 마찬가지로 무명에 싸여 있는 우주이다. 이와 같은 신의 창조가 있은 다음, 인간의 텍스트 읽기, 즉 존재와 사물에 '이름 붙이기'[28]가 시작된다. 인간은 신이 창조한 존재와 사물에다 그 특성에 따라 각각의 이름을 붙이게 되는데, 이렇게 해서 존재와 사물은 언어의 형태로 다시 태어난다. 이것이 인간의 창조이다. 그러므로 창조는 신에 의해 완성되는 것이 아니라, 인간에 의해 완성된다.[29] "그런 '이름 붙이기'의 인간의 언어는, 신의, 저 물질적, 구상적 한 우주를 추상화"[30]하게 되는데, 신의 창조가 철저히 '구상적'임에 비해 인간의 창조는 '추상적'이다. 존재와 사물에 대한 인간의 '이름 붙이기'가 끝나면, '밖'의 그 한 우주는 '이름(言語)'의 형태로 고스란히 인간의 '안'쪽으로 이전(移轉)된다. 이렇게 해서 인간의 내면에는 언어로 된 한 벌의 우주가 자리 잡게 된다.

그런데 전지전능한 것처럼 보이는 저 거대한 신들도 소멸한다는 것이다. 신들은 "그 이름들이 불리워지지 않을 때"[31] 사라진다. 이러한 '소멸공포증(消滅恐怖症)' 탓에 신들은 끊임없이 창조하고 파괴한다. 신들은 "영구한 비화현의 공포로부터 도망치기 위해" 끊임없이 '창조의 춤' 또는 '화현의 춤'을 취야만 하는 것이다. 그래서 신들의 운명은 '프라브리티(Pravritti, Skt., 動)'라는 것이다. 신들도 인간과 마찬가지로 끊임없는 변화와 생성의 우주, 즉 프라브리티 우주에 소속되어 있다. 비교적 힘이 약한 '촌신(村神)'들이나 '잡신(雜神)'들이야 말할 것도 없고, 우주 만물을 창조했다는 거대한 신들의 경우도 사정은 다르지 않다. 또한 진화와 관련해서, 유정의 진화는 프라브리티 너머의 우주, 즉 해탈이라는 니브리티를 궁극적 목표로 하고 있기 때문에, 신들이 진화의 최종 목표가 되는 것도 아니다. 그래서 이러한 신들도 스스로 니브리티를 성취하기 위해, 혹은 자신들이 창조한 인간을 구하기 위해 때때로 몸을 입고 이 땅으로 내려온다고 한다. '여호와'의 화신(化身)인 기독(基督)이 그랬고, '화현의 우주'를 주관한다는 비슈누는 현재까지 아홉 번에서 열 번가량 사대(四大, 육신)를 입어 이 땅에 내려왔었다고 이른다.

신들이 니브리티 성취를 위해, 혹은 인간을 구하기 위해 몸을 입고 이 땅에 내려올 때는, "人肉을 입어야 한다"(『七祖語論 1』, p. 357)는 것이다. 왜냐하면 '육신(몸)'은 진화의 필수 조건이며 인간만이 종적 진화를 위한 모든 조건을 갖추고 있기 때문이다. 육도(六道)의 '횡적(橫的) 진화' 과정, 즉 '지옥도(地獄道)→아귀도(餓鬼道)→축생도(畜生道)→인간도(人間道)→아수라도(阿修羅道)→제바도(提婆道)'의 진화 과정에서 가장 높은 단계인 '제바도'는 신들의 영역인데, 이것은 횡적 진화의 마지막 단계일 뿐이지 진화의 최종 목표가 되는 것은 아니다. 진화의 최종 목표가 되는 니브리티(해탈)는 '종적 진화'를 통해서만 가능한데, 횡적 진화와 마찬가지로 종적 진화에서도 '육신'은 진화의 필수 조건이기 때문에 육신을 갖지 못한 '제바도'의 신들은 종적 진화를 이룰 수 없게 된다. 종적 진화는 육신과 정신을 함께 갖고 있는 인간에게만 가능하다.* 그래서 "약간의 積善의 결과로, 어느 有情이, 비록 '提婆界'까지 들 수 있게 되었다 해도, 자제하여, 들지 않는 것이, 그 有情을 위해 좋을 듯"하다고, 그러니 "다시 人世로 돌아오는 것이, 좋을 듯해 보인다"(『七祖語論 4』, p. 370)고 작가는 말한다. 왜냐하면, '축생도→인세→제바계'의 진화 단계는 연금술의 '흑→백→적'의 진화 단계에 상응하는데, "'白(人世)'의 일점은, 모든 곳으로 통하는 갈림길이지만, '赤'은 막다른 길이어서, 거기에서는 언제든, '黑'에로 추락, 침몰할 위험성"(『七祖語論 4』, p. 370)이 크기 때문이다.

한편, 우주적 대력(神)들이 때때로 어떤 대의명분을 위해 인육을 입고 이 땅에 내려온다고 할 때, 신들도 인육을 입었으면 '평균적 인간의 삶'을 살아야지, 스스로의 고난을 극복하기 위해 신의 능력을 이용하려 해서는 안 된다는 것이다.

"神도 四大를 입으면, 四苦八苦에 당한다. 어떠한 고난의 처해서도 그러나, 그 고통을 못 이겨, 神이라고 하여, 그 全能力에 의존해, 그 고난을 극복하는 짓은 금지되어 있다"고 이른다. 〔어리석은 자들이 그러므로 '十字架'에 못 박힌 이를 향해, "그대가 神의 아들이어든, 거기서 걸어 내려와보라!"고 조롱하여 종용한다.〕 저런 말은, 존재의 形而下的 原型이 '양극을 갖는 타원형'이라고 한다면, 形而上的 原格은, '神' 말고, 다른 아무것도 아니라고 이해하는 것을, 가능케 한

---

* 여기에 관해서는 다음 장 '진화'에서 보다 상세히 다루어질 것이다.

다. (『七祖語論 3』, p. 460)

어떤 신이 인육을 입고 이 땅에 내려오는 대의명분이 인류를 구원하는 것이라 할 때에도 사정은 다르지 않다. 작가에 따르면, 인간을 구원한다는 것은 인간의 현실적 삶을 개선한다는 것이 아니라, 인간을 깨달음의 세계로 인도하여 인간의 종적 진화를 돕는 것, 즉 '縱的 宇宙에의 베틀'(『七祖語論 2』, p. 288)을 놓는 것이기 때문이다. 인육을 입은 신들이 어떤 대력(大力)을 발휘하여 현실의 문제를 해결하려 한다면, 이는 인간들로 하여금 그 신을 경외와 두려움의 대상으로 바라보게 하여 그것에 예속되게 할 수는 있겠지만, 그것은 인간의 종적 진화를 돕는 길이 아니다.

그런 大力들이 살(또는 이름)을 입기에는 뚜렷한 大義名分이 있는뎁습지요, 문제는 大力이 人世의 大義名分에 제휴하면 ('大義名分'도 人世에 제휴하면), 이것은 물론, 宇宙라는 그 대국적 견지에서 드리는 말씀인뎁지요, 그 廣義的 絶對性을 잃고, 狹義的 絶對性, 즉슨 相對性을 드러내지 않을 수 없다는 데 있겠습지요. 〔……〕 별 수 없이 地方色, 方言性을 드러내지 않을 수가 없다는, 그런 말씀이겠습지요. (『七祖語論 2』, p. 286)

어떤 대력(神)이 인간들의 현실 문제에 개입하게 되면('人世의 大義名分에 제휴하면'), 그 신은 '절대성'을 상실하고 '상대성'을 드러내지 않을 수 없을 것이며, 편협한 '지방색'을 띠게 되어 하나의 지엽적인 신, 즉 '촌신(村神)'으로 전락하게 될 것이다. 또한, 신이 인간의 현실 문제에 개입한다고 믿어, 인간이 저 '큰 힘'을 스스로의 현실적 이익을 위해 이용하려 든다면, 거기 '우주적 탐관오리(貪官汚吏)'가 생겨날 것이라고 작가는 말한다.[32] '마음의 우주'를 개벽한 불자(佛者)는 '아무 짓도 하려 하지 않으려' 상사라에 왔으며, '말씀의 우주'를 개벽한 기독(基督)은 다만 '죽기 위해서' 삶을 입어왔던 것이다.[33]

다음으로, '내재적 신'이란 어떤 것인가를 살펴보기로 하자. 작가가 부르짖는 '마음의 우주'와 '인신주의(人神主義)'는 '내재적 존재로서의 신'을 전제로 한다. '내재적 존재로서의 신'이란, 신과 인간과의 관계에서, 신은 인간 밖에 있는 별개의 어떤 초월적 존재가 아니라, 이미 인간 안에 내재해 있다는 것이다. 어떻게 신이 인간에 내재하는가? 이를 위해서는 우선 인간이란 어떤 존재인가를 살펴보는 일과, 신과 인간과의 관계를 파악해보는 일이 선행되어야 할 것 같다.

'인간'이라는 유정은 어떤 존재인가? 인간은 "짐승이 본능적으로 욕망하는 것 외에도, 훨씬 더 많은 것을 욕망하고, 그뿐만도 아니어서, 육신적 물질적 이외의 것을, 사실은 더 많이 꿈꾸고, 욕망하고, 생각"(『小說法』, p. 183)하는 존재이다. 인간은 '지혜의 열매' 맛을 알게 된 것이다. 기독교 신화와 관련해서, 최초의 인간 아담은 금단의 열매를 따 먹은 그 순간 지혜의 눈을 뜨게 되었는데, 금단의 열매는 바로 '지혜의 열매'였던 것이다. 인간이 깨우친 최초의 지혜란 '죽음'에의 인식이다. "흙으로 몸 해 입었으니, 흙으로 몸 해입은 것들은 흙으로 돌아간다"는 인식, 즉 "'죽음'에의 인식이며, '大地'

에의 인식인 것. 그래서 대지는 살 입은 생명에 대해 저주인 것!" (『雜說品』, pp. 265~71 참고)임을 인식하게 된 것이다. 이로부터 대지(자연)으로부터 독립을 쟁취하기 위한 인간의 고투가 시작된다. 횡적 진화의 관점에서 본다면, 인간도 몸을 갖고 있는 팔만 유정 중의 하나이지만, 인간은 이미 축생도로부터 "최소한 목까지라도 벗고 나온" '문화화(文化化)'된 존재이다. 인간은 "프라브리티에 대해, 끊임없이, 변절 개종을 도모해오기로, 畜生道를 벗어나"[34] 독립을 쟁취한 존재이다. '축생/인간'의 관계는 '자연/문화'의 관계라 할 수 있는데, 인간은 '자연'에 대해서 '문화'를 성취한 존재이다. 유정의 진화의 관점에서, '문화화'란 "'자연(몸)'을 도약대로 삼아, '자연'으로부터의 자유, 위대한 자유(mahāmirvāna)를 성취"(『小說法』, p. 261)하는 것이며, "유정의 '문화화'의 최정점"이 다름 아닌 '해탈'이라 할 수 있다. 인간의 "자기 상향적 의지를 '神'이라고 하고, 환자연(還自然) 즉, 하향적 의지, 본능 따위를 '獸'"(『雜說品』, pp. 371~72)라고 한다면, 인간은 내부에서 신과 짐승이 공존하는 존재, 혹은 '신과 짐승의 중간적 존재'이다. 그래서 인간은 "매우 문화적 짐승이며, 동시에 매우 불순한 神"(『七祖語論 1』, p. 86)이다. '상반신은 신이고, 하반신은 짐승'인 존재, 동물적 본능을 갖고 있으면서 또한 '자아(自我)'에의 인식을 갖게 된 존재, '중력(흙)과 역중력(빛) 사이에서 찢기는' 존재, 비유적으로 '반은 독수리며, 반은 독사'인 '변종'이다. "독수리 편에선, '흠 없는 어린 양,' 또는 '인신(人神)'이 출현하고, 그 독사 쪽에서는, '붉은 용,' 또는 '짐승의 대왕'"(『雜說品』, pp. 197~98)이 나타날 것이다. 다른 축생들과는 달리, 인간은 의식(혹은 자아)을 가진 존재이다. 그래서 자기의

'안'쪽을 파헤쳐 자신이 입은 기호의 의미를 판독할 뿐만 아니라, 그 의미를 바꿀 수도 있는 존재이다. 인피(人皮)를 입은 유정, '인간'이라는 축생은, "지옥을 싸아안았으되, 동시에 천국은 물론, 해탈의 날개 아닌 날개를 숨겨 갖고 있는 자벌레"(『평심』, p. 206), "그 獸性을 용수철 삼아, 天路를 오르는, 이율배반적 짐승"(『七祖語論 3』, p. 401)이라고 작가는 말한다. '신과 동물의 중간적 존재'인 인간은 "축생도와 提婆界, 此岸과 彼岸, 프라브리티와 니브리티의 기로"에서 횡으로 종으로 찢김을 당할 수밖에 없지만, 인간만이 해탈을 위한 완전한 조건을 구비한 존재이다. 이것이 인간의 비극이고 또한 은총이다.

다시 본류인 '내재적 존재로서의 신'의 문제로 돌아오자. 그렇다면, 인간과 신과의 관계는 어떤 것인가? 신은 인간에게 어떤 존재인가? 기독교(외재적 신)의 입장에서는, "人間이, 아무리 그 마음을 넓힌다 해도, 神은 되지 못한다"(『七祖語論 4』, p. 469). '神은 언제나 神이며, 人間은 언제나 人間일 뿐'이다. '외재적 신'의 경우, 인간과 신 사이에는 뛰어넘을 수 없는 벽이 가로막혀 있으며, 인간의 구원은 전적으로 초월적 존재인 신의 뜻에 달려 있다. 그러나 불교와 같은 '내재적 신'의 입장에서 본다면, "모든 인간은 다 神性을 갖고"[35] 있을 뿐만 아니라, "畜肉身을 입어 있는 모든 有情이, 그 本體는 神"(『七祖語論 4』, p. 477)이다. 생명이라는 존재의 "形而下的 原型이 '양극을 갖는 타원형'이라고 한다면, 形而上的 原格은, '神' 말고, 다른 아무것도 아"(『七祖語論 3』, p. 460)닌 것이다. 그러므로 "畜生道에는, 神들밖에, 다른 존재란 있는 것이 아니"[36]

며, 이 세상(이승)에서의 유정들의 삶이란 본체인 신이 꾸는 꿈에 불과하다는 것이다.[37] 작가가 부르짖는 '인신주의(人神主義)'는 여기에 근거한다. '인신'이란 신과 짐승의 중간적 존재인 인간이 부단한 자기부정을 통해 입어진 수피(獸皮)를 다 벗고 신(神)만 남게 된 상태, 즉 "완성된 판켄드리야"(『雜說品』, p. 346)의 다른 이름이다. 유정의 진화에서 '인신'을 가능케 한 추동력은 판켄드리야만이 갖고 있는 '자아(自我)'인데, '자아'는 인간이 '인신'에까지 이르게 할 수 있는 '진화의 핵'이다. 그러나 '인신' 또한 "프라브리티로카(僞界)의 소속이어서, 그 자체로 프라브리티로부터의 탈출까지 성공시켜놓고 있는 것은 아닐 것"(『雜說品』, p. 346)이다. 유정의 진화의 최종 목표가 되는 니브리티 혹은 해탈에 이르기 위해서는 "이제껏 가꿔온, 진화의 핵이며, 추동력이었던" 그 '자아'는 '분쇄'되어야 한다.*

한편, 힌두교 신화에 따르면, 호동(湖東)의 최초의 사람인 '프라자파티'가 "'신(神)과 악마'들의 이름을 불러내기로써 원초적 비화현(非化現)으로부터 '신과 악마'들을 화현"(『산해기』, p. 134)케 했다고 하며, 신은 어디 저 높은 곳에서 내려온 자가 아니라, "판켄드리야(인간) 안에서, 무량겁의 잠을 떨치고 일어난, 이름으로도 부를 수 없어, '타트'나 '사트'라고 지칭해놓은 어떤 것"이라고 한다. '타트 Tat'란 힌두교에서, "말로써 표현할 수 없는 어떤 本, 源, 人知로써는 잴 수 없는 신비, 불멸의 절대자 또는 神을 일컬을 때"(『七祖語論 4』, p. 447) 사용하는 말이다. 또한, "'신의 영상을 닮

---

* 이 문제 또한 다음 장 '진화'에서 보다 상세히 다루어질 것이다.

게 사람을 창조'한 자는, 그 실에 있어서는 신이 아니라, 사람들 자신"(『산해기』, p. 127)일 것이다. 이렇게 볼 때, 신과 인간은 별개의 존재가 아니라 그 근원에 있어서는 하나이다. 인간을 비롯한 모든 유정은 본체인 신의 다양한 화현의 모습일 뿐이다. 이런 관점에서, 니체의 "神은 죽었다"라는 선언에 대해, '이런 神 죽이기란,' 결국 '초월적 자아 살해'[38]가 아니겠냐고 작가는 니체의 선언을 비판한다. 인간의 본체인 신을 잃은 인간이란 어떤 것이겠는가? 오히려 지금은 인간들이 잃어버린, 혹은 살해한 신을 새로 일으켜 세워야 할 때라고 작가는 말한다. 내재적 신의 입장에서 보면, "신이란, 유정의 끊임없는 진화를 통해, 도달해야 하는, 어떤 하나의 궁극"(『雜說品』, p. 307)인 것이다. 인간은 "어떠한 超越者에 의해서도 救援되어지는 것이 아니"(『七祖語論 4』, p. 468)며, 인간은 "초월해야 하는 어떤 것이기보다, 완성해야 하는 어떤 것"(『雜說品』, p. 117)인 것이다.

우리는 앞에서 기독교의 신을 전형적인 '외재적 신'으로 언급한 바 있다. 인간은 다만 신의 피조물이기 때문이다. 그러나 박상륭은 기독교의 입장에서도 근본적으로 신과 인간은 별개의 존재가 아니라고 설파한다. 왜 그런가?

　道流네 神(여호와)은, 그리고 우주도 포함해야겠지만, '거룩'하여서, 닿을 수 없는 데 있고, 그리하여 神은 언제나 神이며, 人間은, 그리고 다른 팔만 有情도 포함해야겠지만, 언제나 人間에 머물게 되어 있음세. 그럼에도, 그 간극을 메우기 위해서, 神이 人肉을 입어 내려와, '나는 포도나무요 너희는 가지니 저가 내 안에, 내가 저 안에 있으면 이 사람은 과실을 많이 맺나니 나를 떠나서는 너희가 아무 것도 할 수 없음이라. 사람이 내 안에 거하지 아니하면 가지처럼 밖에 버리워 말라지나니 …… 너희가 내 안에 거하고 내 말이 너희 안에 거하면……"(「요한」, 15: 5~7)이라고, 肉聲을 다해 說한 法을 잊을 일은 아님세. '포도나무'는, 그 가지를 '橫'的으로 뻗되, 그 둥치는 '縱'的으로 뻗었으니, 三世의 軸인 것, (그것이 '十字架'일 것, 특히 '生命의 十字架') ─저렇게 說해진 法을 話頭로 삼아, 道流임세, 정진해보게람, 혼신을 바쳐 정진해보게람, (이것이 '人神主義者의 宣言'임세만,) 할렐루야, '基督'은 그러면, 道流 자신 말고, 다른 아무 누구도 아님을 깨닫게 될 것임세! 꼭히 '人身'을 입어 내려온 神이 '基督'인데, '基督'이 우주적 '聖三位'의 '一位'를 이뤄온 당자였느니, 할렐루야, 이 상태에만 이른다면, '人身'을 입은 모두가 '基督'임을 알게 될 것임세. 그리고 '聖三位'란, '一體'의 '三位'거늘, '三位一體'거늘! (『七祖語論 4』, p. 424)

기독교 신화에 따르면, 원래 인간은 신의 피조물이다. 반복되지만, 외재적 신의 경우, "人間이, 아무리 그 마음을 넓힌다 해도, 神은 되지 못한다. 神은 언제나 神이며, 人間은 人間"일 뿐이다. 여기에는 인간과 신이 하나가 되는 '인신주의'가 들어설 자리가 없다. 그러나 기독(神)은 이 간극을 매우기 위해 인육을 입어 내려와, "나는 포도나무요 너희는 가지"라고 외쳤을 때, 그 외침은 이미 신과 인간은 별개의 존재가 아님을 선언한 것이 아니겠는가. "'人身'을 입어 내려온 神이 '基督'"이고, '기독'이 포도나무의 '둥치'이고 인간이 그 '가지'라면, 인간의 본체는 기독, 즉 신이다. '기독'은 우주적 '성삼위(聖三位)'의 '일위(一位)'를 이뤄온 당자이며, '성삼위'가 '일체'임을 깨닫게 된다면, '기독'은 어느 한 특정한 존재가 아니라, "道流 자신 말고, 다른 아무 누구도 아님을 깨닫게 될 것"이라고, "'人身'을 입은 모두가 '基督'임을 알게 될" 것이라고 작가는 이렇게 '인신주의'를 선언한다.

그렇다면 '외재적 신'의 입장은 부정되어야 마땅한가? '외재적 신'이란 인간 밖에 어디엔가 초월적으로 존재하는 인격적 신을 말한다. 인간에게 구체적인 구원의 희망을 제시해주고 인간의 현실적 삶을 보호하고 도와주는 인격적 신이 아니라면, 무명에 싸여 있는 세속의 인간들에게 신은 무의미한 존재가 될지도 모른다. 현실적인 의미에서의 종교란 '내재적 신'보다는 '외재적인 인격신'을 토대로 할 때 보다 보편적인 가치를 지니게 되는 것이 아닌가? 외재적 신이 어떤 형상을 입게 되면 '물신화(物神化)'한다. '성배(聖杯)'나 '기자바위' 같은 것들이 그것이다. '성배' 찾기에 나서는 순교자적 행위나 '기자바위' 밑에서 자식 하나 얻기 위해 간절히 기원하는 저런 행위들은 무의미한 것인가. "왜 인류의 소망에다 재를 뿌릴 일이겠는가?" 성배는 다만 물신이며 이념(理念)일 뿐이고 신은 아니었다 하더라도, '기자바위'는 하나의 '물상(物像)'에 지나지 않는다 하더라도, 저들의 행위는 결코 헛된 것이 아니라고 작가는 말한다. "어떠한 물건을 두고서라도, 사람이 그것에 신심을 갖고 경배키 시작하면, 그것이, 그 사람의 신심과 경배의 넥타르(신들이 마시는 술)를 마셔, 물성(物性)을 신성(神性)으로 바꿔 드러내 보이기"

(『雜說品』, pp. 128~29) 때문이다. '기자바위'가 그 불임의 여성과 교합하여 회임케 하는 것은 아니라 할지라도, 감천(感天)할 정도의 그 신심 속에서는 그것의 물성과 신성이 일원화한다. 이것을 두고 '우상 숭배'나 '샤머니즘'을 운위할 수도 있을 것이다. 그러나 작가는 "종교에도 원형(原型)이 있다면, 천견에는 샤머니즘이 그것 아닌가 하옵니다"(『雜說品』, p. 131)라고 대답한다. 작가는 자신을 '통(通)종교주의자'라고 하는데, 이것은 모든 종교를 하나로 통합해야 한다는 의미가 아니라, "각 종교는 신에 대한 태도가 다를 뿐이지 지향점은 같다고 보기 때문"에 종교는 많을수록 좋다는 종교의 '개방주의'를 의미하는 것이다.

5. 진화('몱'론)

― 몸의 우주
― 말씀의 우주
― 마음의 우주
― 진화의 실천

 박상륭은 어느 글에서 자신을 "'자이니즘(Jaina敎)'을 기초로 한 진화론자(進化論者)"*라고 말하고 있다. '생명의 진화'는 박상륭의 사유에서 가장 핵심적인 주제가 될 터인데, 작가의 '우주론'이나 '시간론' 그리고 '생명론'도 결국은 '진화론'의 토대를 마련하기 위한 것이라 할 수 있다. '진화'야말로 생명의 가장 근본적인 문제, 즉 '생명(인간)의 구원'과 직결된다. 작가에 따르면, '해탈'을 목표로 하는 유정의 '진화'는 '육신적(肉身的)' '정신적(精神的)' 양면으로

---

* 박상륭, 「잡상(雜想) 둘」, 『대산문학』 03여름 재창간호.

진행된다. 전자를 '횡적 진화'라 하고, 후자를 '종적 진화'라고 한다. 횡적 진화란, 몸을 입고 있는 생명이 '횡적 우주(六道)', 즉 '지옥도→아귀도→축생도→인간도→아수라도→제바도'를 순차적으로 진화하는 과정을 말한다. 또한 자이나 경전에 따르면, 육신적 진화는 유정이 구비한 감각기관의 수에 따라 '에켄드리야(一官有情)' → '드빈드리야(二官有情)' → '트린드리야(三官有情)' → '카투린드리야(四官有情)' → '판켄드리야(五官有情)'의 순서로 진행된다.* 대체로 '카투린드리야(四官有情)'는 '축생도'에, 그리고 '판켄드리야(五官有情)'는 '인간도'에 상응한다. '오관유정'이란 모든 축생들이 보편적으로 갖고 있는 '사관(四官)'에 하나의 감각기관을 더 갖고 있는 유정인데, 그 하나의 감각기관이란 '의식(혹은 '자아 인식' '정신')'을 말한다. 육신적 진화는 '판켄드리야(인간)'에서 완성된다. 오관(판켄드리야)까지 구비한 유정은 현재까지 '인간' 하나뿐이며, 그 이상의 감각기관, 즉 "육관(六官)을 구비한 것 같은 것들은, 물육(物肉)을 입은 것들 중에서는, 아직까지는 나타나지 않"(『小說法』, p. 214)았다고 한다. '오관'을 구비한 '판켄드리야'(인간)가 육신적 진화, 즉 횡적 진화의 마지막 단계가 된다. 또한 '육도'의 횡적 진화 과정에서는 '인간도'를 넘어서게 되면 진화의 필수 조건인 '몸'을 가질 수 없게 되어 진화 자체가 불가능하게 된다. 한편 '정신적 진화'란, 횡적 우주에서 판켄드리야(인간도)까지 육신적 진화를 성취한 '인간'이 '종적 우주'의 차원에서 '문화적·종교적'으로 진화

---

* 『小說法』(pp. 212~14)을 참고하면, 에켄드리야는 양력과 난자의 만남, 드빈드리야는 식물, 트린드리야는 물고기와 새, 카트린드리야는 축육, 판켄드리야는 인간에 각각 상응된다.

해가는 과정을 말한다. 유정의 종적 진화는 '몸의 우주'에서 '말씀의 우주'를 거쳐 '마음의 우주'로 진행되며, 종적 진화는 궁극적으로 해탈에 이르는 것을 목적으로 한다. 이러한 종적 진화 과정의 중심에 '자아(自我)'가 있다. '자아'는 종적 진화의 핵이며, 중심축이다. 종적 진화의 과정, 즉 '몸의 우주→말씀의 우주→마음의 우주'의 진화 과정은 '자아 인식 이전→자아 인식 이후→자아로부터의 해방'의 과정이라 할 수 있다.

박상륭은 하나의 생명(유정)이 어떻게 인간에까지 진화하는가, 즉 횡적 진화의 과정에 대해서는 별로 언급하지 않고 있다. 작가의 관심은, 기왕에 '인간도'에까지 횡적 진화를 성취한 인간의 종적 진화, 즉 인간의 정신적·종교적 진화에 집중된다. 그런데, 종적 진화의 단계인 '몸의 우주/말씀의 우주/마음의 우주'는 서로 다른 별개의 우주를 말하는 것이 아니라, 한 우주의 서로 다른 차원을 나타내는 것이다. 이 세 우주의 총화가 인간이다. 인간에게는 이 세 우주가 공존한다. '몸'과 '말'과 '맘'을 모두 함께 갖고 있는 존재는 인간뿐이다. 작가는 이 셋을 합쳐 '뫎'(몸+말+맘을 작가가 한 음절로 합성한 조어)이라 부른다. 그래서 작가는 자신의 '진화론'을 '뫎론'이라 부르기도 한다. 이제 '몸의 우주/말씀의 우주/마음의 우주'의 내용과 의미를 살펴보고, 어떻게 인간의 종적 진화가 '몸의 우주'에서 '말씀의 우주'를 거쳐 '마음의 우주'로 진행되는가를 보기로 하자.

5-1. 몸의 우주

— '몸의 우주'란?
— 상극적 질서
— 식물적 윤회
— 아도니스
— 진화의 절대 조건

축생도로 대표되는 '몸의 우주'는 물질적·육신적·본능적 차원의 우주로, 유정의 종적 진화에서 가장 낮은 차원의 우주, 달리 말하면, 이것은 '문화' 혹은 '의식'이 개입되기 이전의 자연 상태를 말한다. '몸의 우주'는 '상극적 질서' 체계와 '윤회'를 그 특징으로 한다. '몸의 우주'에서 모든 유정은 '생로병사'와 '먹고/먹히기'의 '상극적 질서' 속에서 살아야 하며, '생명-죽음-재생(再生)'의 윤회를 끊임없이 되풀이할 수밖에 없다. 모든 유정의 이러한 삶은 필연적으로 고통을 수반한다. 그러나 한편, '몸'은 진화의 필수 조건이며, '상극적 질서' 속에서 유정들이 겪는 이런 '고통'은 종적 진화의 '도약대'가 된다. 한편, '윤회'는 모든 유정에게 피치 못할 저주이지만 또한 "삶의 모든 희망이며, 福音이며, 恩寵"(『七祖語論 4』, p. 431)이라고 작가는 말한다.

먼저, '상극적 질서' 체계란 무엇인가? 앞에서 이미 간략하게 언급된 바 있지만, 운동과 변화의 '동(動)의 우주,' 즉 프라브리티 우주는 그 질서 체계를 '상극(相剋)'에 두고 있다. "왜냐하면, '動'은 相剋에 의지해서만 가능하기 때문"(『七祖語論 1』, p. 160)이다. 프라브리티 우주는 '性慾(창조력)'과 '殺慾(파괴력)'이라는 저 두 상극적 힘에 의해 운영된다. '먹이사슬'에서 그 극명한 예를 보듯이, 모든 생명은 생명을 죽임으로써만 생명을 이어갈 수 있다. '몸의 우주(축생도, 혹은 자연)'는, "殺慾과 生殖慾을 두 磁場으로, 완벽한 상극적 질서에 의해 운영"(『七祖語論 1』, p. 18)된다. '식욕(殺慾)'과 '성욕(生殖慾)'은 모든 생명의 원초적 본능이다. '몸의 우주'의 질서 체계는 상생상화(相生相和)로 된 것이 아니라, '상극(相剋)적'으로 이뤄졌다는 것이다. 즉, 자연의 질서 체계는 '평화'가 아니라, '폭력'으로 이루어져 있다는 말이다. 프라브리티 우주에서 겉으로 나타나 보이는 '조화'나 '상생' 또는 '화합'은 실제로는 '均衡을 잡은 相剋'(『七祖語論 4』, p. 494)일 뿐이다. 자연의 평화란 '파괴나 살상이 잠시 멈춰져 있는 상태'일 뿐이다. 배고픈 호랑이가 "살찐 암사슴의 터진 똥창자와 피 냄새를 왼 들에다 파리 떼처럼 뿌린 뒤"에야 비로소 저 들에 잠시 '평화'가 찾아오는 것이지, "평화 속에 파괴나 살상이라는 우발이 끼어든 것"(『小說法』, pp. 265~66)은 아닌 것이다. 저 사슴들이 불쌍하다고 여겨 저들을 호랑이로부터 보호하려 들면 초원의 고갈이라는 더 큰 파괴를 불러일으킬 것이다. 그래서 자연의 도(道)는 결코 평화롭거나 '인(仁)하지 않다.' '먹고/먹히기'라는 '상극적 질서' 속에서 살아가는 '몸의 우주'의 유정에게 고통은 필연적이다. 작가는 '몸의 우주'에 처해 있는 사람의 '육신'을 이렇게 묘사하고 있다.

(사람의) '육신'이라는 집은
'죽음'이라는 텃밭에다,
'희망'이라는 주춧돌을 놓고,
'노쇠'라는 기둥과 대들보에,
'병'이라는 벽을 하고,
지붕은,
근심·걱정·불안·원한·슬픔 등등,
천만 가지의 잡초로
이엉을 얹고 있는데
'욕망'이라는 익명을 가진
입이 붉은 '시커먼 개'가
쳐들어 으르렁거리고 있다.
샨티 샨티 샨티 (『산해기』, p. 131)

다음으로, '윤회'란 어떤 것인가? '몸의 우주'에서 모든 유정은 죽어서도 다시 돌아올 수밖에 없는 끝없는 윤회의 달마에 묶여 있다. 윤회의 입장에서 보면, 한 생명의 죽음은 새로운 몸으로 갈아입기 위한 하나의 과정일 뿐이다. '몸의 우주'의 터전이 되는 이 대지는 우주의 자궁이 되는 곳이어서, 여기에서는 다만 생성만이 가능할 뿐, '완벽한 죽음'은 불가능하다. 한 알의 씨앗이 땅에 묻혀 새로운 생명으로 되살아나듯, 한 생명의 죽음이 매장되는 무덤은 새로운 생명의 탄생을 위한 자궁이 될 뿐이다.

게다가 나 차라투스트라는, 종교를, 그것도 해탈의 종교를 찾아

서, 또는 설하기 위해서, 삼세육도를 헤매거늘,—이런 자의 눈에는
그렇다면, 상사라란, '해골의 요니'를 가진 음녀(淫女) 말고, 달리
무엇으로 보이겠느냐. 입이 요니며, 요니가 항문이며, 항문이 동시
에 입인 계집,—이 어미께 한번 임신되어졌다 하면, 자식은 윤회를
벗어나기가 어렵다. 태어나기가 죽기며, 죽기가 다시, 저 요니에다
정수(精水) 뿌리기여서, 죽자마자 자식새끼는, 새로 임신되어지는
데, 윤회의 이 자전(自轉)은 그래서 완벽하다. (『산해기』, p. 150)

생명의 영겁회귀, 즉 윤회 현상은 식물들의 순환과정에서 잘 나
타나고 있는데, 식물들은 봄에 싹 틔우고, 꽃 피우며, 겨울이 오기
전에 열매 맺었다, 겨울에는 죽고, 그리고 다음 봄에 되살아난다.
이러한 생명의 순환을 작가는 '식물적 윤회(植物的 輪廻)'*라 부른
다. '몸의 우주'에 속해 있는 (축생도의) 유정들의 윤회는 '식물적
윤회'의 과정이다. 이러한 윤회의 과정을 가장 실감 있게 보여주는
자연현상이 미얀마제비의 경우인데, 암컷은 교미가 절정에 달했을
때 수컷을 씹어 삼켜 창자에 넣는다. 이렇게 해서 늙은 남편은 젊은
자식으로 환생한다. 이렇게 태어난 자식은 자식이며 동시에 남편이
다. 이때 암컷의 입은 입인 동시에 요니(여성의 성기)가 되며 수컷
의 몸 전체가 하나의 링감(남성의 성기)이 되고, 암컷의 창자는 무
덤이면서 동시에 자궁이 된다.[39] 생명의 모태인 대지는 미얀마제비
의 암컷처럼 무덤이며 동시에 자궁이다. 모든 생명은 '저승 암캐'인

---

* "살에서 살을 키워내"는 '몸의 우주'에서의 윤회를 '식물적 윤회'라 하고, 한편 기독의 죽
음과 부활에서 보듯이 "살에서 靈을 분리해"내는 '말씀의 우주'의 윤회를 '동물적 윤회'
라 한다(『죽음의 한 연구』, p. 240 참고).

대지(자연)의 자급자족의 종교를 위해 끝없이 죽고 끝없이 다시 태어나는 순교를 감행해야만 한다. 몸의 우주에서 한번 태어난 생명은 죽지도 못하고, '생명-죽음-재생'의 끝없는 윤회를 반복할 뿐이다. 이렇게 볼 때, 인간의 '매장속(埋葬俗)' 또한 식물의 '씨앗 묻기'와 크게 다를 바 없다.[40] 사람을 '뚜껑 덮인 질그릇'[41]에 비유해서 질그릇을 '몸'에, 그리고 그 질그릇 속에 담긴 빈 공간을 '생명(영혼)'에 비유한다고 할 때, "그 질그릇 속에 담긴 비임, 즉슨 空間은, 그 질그릇이 깨뜨려졌을 때, 같이 깨어져 없어진 것이 아니라, 그 바깥쪽의 본디의 空間에로 저절로 귀의해버린 것"(『七祖語論 4』, p. 176)이다. 이처럼 한 생명의 육신이 죽는다고 해서 그 생명까지 소멸되는 것은 아니다. 육신의 죽음은 새로운 육신으로 갈아입기 위한 하나의 과정일 뿐이다. 이것이 '몸의 우주'의 윤회의 법칙이다.

작가는 그리스 신화에 등장하는 미소년 '아도니스'가 '몸의 우주'를 개벽했다고 한다. 어째서 그런가? '아도니스'는 '식물적 윤회'가 신화화된 인물이기 때문이다. '아도니스'의 탄생 신화에 따르면, '아도니스'는 딸-아비 간의 '근친상간'에 의해, '나무의 子宮에서 태어난, 사람의 자식'이다.

"딸(스뮈르나) 되는 것이, 자기 친아비(테이아스) 되는 자에게 春情을 느껴, 어둠 속에서, 아비의 精水를 받아, 임신한 것이 저 자식인데, 이 일이 밝혀졌을 때, 아비의 진노에 접하자, 도망치던 중, 神들의 동정을 입어, 저 옌네는 '沒藥 나무'가 된다. 그러니 아도니스는, 이 沒藥나무에 姙娠되어 있는 중인데, 〔……〕 그 딸을 죽이려,

칼을 쥐고 좇아오던 그 아비가, 그 칼로, 그 나무의 껍질을 치자, 아도니스가 태어나온다. 〔……〕 촛불중이 중시하는 것은, '딸-아비' 간의 근친상간, 그리고 '나무의 子宮에서 태어난, 사람의 자식'이라는 것이니, 〔……〕 촛불중께는, 이것은 다름 아닌, '植物的 輪廻'의 神話化인 것인데, 아도니스의 탄생의 신화에는, 그 가장 중요한 매개자 역할을 해야 할 '어머니'가 제외되고, '딸'이 그 자리를 차지해 있다는 것이, 무엇보다도 의미심장하다 해야 할 것이다. 바로 여기에, 촛불중이 보는, '植物的 輪廻'의 관건이 있는 듯하다. 라는 것을 이해하기 위해서는, '토템俗'에의 이해가 따르거나, 전제되어져야 할 것인데, '토템俗'은, '근친상간에의 공포' 탓에 이뤄졌을 것이라는 주장이 있으며, 〔……〕 이런 얘기인즉은, 自然道에서는, 종족을 번식하기 위해서는, '近親相姦'이라는 수단에 의존한다는 것을 부인할 수가 없다는, 그런 얘긴 것이다. 반복되지만, '近親相姦'에 의해서, 自然道에서는, '肉身的 輪廻의 고리(環)'가 이어진다는 것이다."(『七祖語論 4』, pp. 430~31)

인간에게 금기시되어 있는 '근친상간'은 '몸의 우주'를 대표하는 축생도에서는 생명을 이어가는 보편적 현상이다. 한편 축생도에서의 윤회 과정은 식물의 순환과정에서 잘 볼 수 있듯이 '살에서 살을 키워내는' '식물적 윤회'의 과정이다. '딸-아비' 간의 근친상간, 그리고 '나무의 子宮에서 태어난, 사람의 자식'인 아도니스는 '식물적 윤회'의 표본이 되는 신화적 인물이다. 죽어 땅속에 묻힌 씨앗이 새로운 생명으로 다시 태어나듯이, 아도니스는 죽기로써 영구히 젊은 모습으로 재생(再生)한다. 또한 작가가 '아도니스'를 '몸의 우주'를 개벽한 자라고 말하는 것은 문명사적 변화와 무관하지 않다. '아도니스'가 '육체'의 아름다움을 찬미하던 고대 그리스 문명을 상징한다면, '말씀의 우주'를 개벽한 '기독'은 근대 서구 문명의 상징이며, 그리고 '불교'가 '마음의 우주'를 개벽했다고 하는데, 이것은 서구 문명 이후의 문명사적 변화의 방향을 제시하는 것이라 할 수 있다.

그렇다면 '몸의 우주'의 긍정적 의미는 무엇인가? '몸의 우주'에서 육신을 입고 있는 모든 유정은 생로병사와, 먹고-먹히기의 상극적 질서 속에서 끊임없이 윤회의 과정을 되풀이해야만 한다. 그래서 축생도의 삶은 '고해(苦海)'라 이른다. 이러한 윤회의 과정은 고해의 삶을 이어가야 하는 유정에게는 피치 못할 저주이지만, 그러나 한편 '몸의 우주'에서는 윤회가 "삶의 모든 희망이며, 福音이며, 恩寵"[42]이라고 작가는 말한다. 윤회가 복음과 은총이 되는 것은 끊임없이 새로운 생명으로 다시 태어난다는 것뿐만이 아니다. '몸'은 모든 유정이 해탈을 위한 종적 진화를 이루어 나아가기 위한 필수 조건이며, 육신이 겪는 고통이야말로 진화의 원동력이며 진화의 '도약대'가 되기 때문이다.

프라브리티의 相剋的 秩序도, 有情들을 해치기 위해서가 아니라, 돕기 위해 고안된 것을 알게 되고, 그러면 그것은 '誤文'이라거나 하는, 무슨 그런 否定的 椿事라거나 偶發 같은 것은 아닌 것을 알게 된다. 한마디로 말하면 그것은, '跳躍臺'가 아니겠는가. (『七祖語論 3』, p. 255)

더럽고 찐득거리는 世慾이나 物慾이 없이 무엇을 두고 出家한다고 하여 고행할 일이며, 수시로 무시로 출몰하여, 石壁이라도 뚫지 않고는 견딜 수 없어, 땀을 죽처럼 흘리며, 천 번 백만 번 還俗을 결심케 하는 性慾이 없이, 어떻게 肉身을, 즉슨 畜生道를 정복하여 '마음의 우주'에로의 탐색에 오르겠느냐? 까닭에 生來的 고자가 成佛키는 어렵다고 이르는 것. (『小說法』, p. 152)

'몸의 우주'는 종적 진화의 차원에서 가장 낮은 단계이지만, 모든 유정은 진화는 '몸의 우주'로부터 시작되며 '몸'은 진화의 필수 조건이다. '몸의 우주'는 해탈을 향한 종적 진화의 토대가 된다. 진화는 '육신'을 입은 것들께만 가능하다. 그래서 신(神)들까지도 위대한 자유, 해탈이라는 니브리티를 성취하려면, 먼저 육신을 입어야 한다는 것이다.[43] '먹이사슬'이라는 상극적 질서 속에서 모든 유정의 삶은 고통이지만, 유정들이 겪는 이런 '아픔'은 횡적 달마에 묶여 허덕이는 것들을 종적으로 떠밀어주는 종력(縱力)이 된다. 세욕(世慾)이나 물욕, 성욕이 없이 무엇을 두고 '출가('스스로 된 고자' 되기)'한다고 할 것이며, 축생도(육신)를 정복하여 '마음의 우주'에로의 탐색에 오른다고 할 것인가. 그래서 '스스로 된 고자'가 아닌 '생래적(生來的) 고자'는 성불(成佛)하기가 어렵다고 한다. 이렇게 볼 때 "畜生道의, 저런 '죽이기/죽기'가, 그것들 당자들에 대해서는, 반드시 그렇게 참혹한 비극만은 아닌"(『七祖語論 4』, p. 403) 것이다. 모든 유정이 겪는 아픔은 진화를 위한 '도약대'가 되기 때문이다. 인간은 "'獸皮'의 무거움과 가려움 탓에, 그 獸皮 속에서 '날개'"(『七祖語論 4』, p. 127)를 키워내며, 또한 인간은 "沃土에서는 밀알과 감자를 꺼내지만, 荒地에서는, 運命과, 날개"(『七祖語論 2』, p. 306)를 끄집어내는 존재이다. 한 걸음 더 나아가, "자연과 문화 사이에서 갈등하는 인간과 같이 불순한 짐승"(『七祖語論 1』, p. 26) 들이 순화 혹은 진화를 성취하기 위해 타고 올라야 하는 나무, 이른 바 '세상나무' 혹은 '생명의 나무' 또는 '禪木(요가나무)'이라 불리는 그 나무란 바로 유정들이 입고 있는 '몸에 대한 종교적 은유'(『七祖語論 1』, p. 26)일 뿐이다. 이렇게 '몸'은 '저주'이면서 동시에 '은총'이다.

5-2. 말씀의 우주

— '말씀의 우주'란?
— '말(언어)'과 관련
— '자아(自我)'와 관련
— '기독'과 관련

'말씀의 우주'란 어떤 것인가? 유정의 종적 진화 과정에서 "'말씀의 우주'는, '마음의 우주' '살의 우주'를 휩싸아 안으며, 그 가운데 자리 잡아"(『七祖語論 1』, p. 60) 있다. 즉 몸과 마음의 우주를 연결하는 것이 '말씀'이다. 우선, '몸'이 '본능' 혹은 '자연'의 상징이라면, '말씀'은 '문화'의 상징이라 할 수 있다. 여기에서 '말씀'이란 '말(언어)' '자아(自我)' '생명(靈)' '빛' 등의 매우 복합적인 의미를 내포하고 있다.

먼저 '말씀의 우주'라 할 때 '말씀'과 '언어'와의 관계를 살펴보기로 하자. '말씀의 우주'는 일차적으로 '언어(말)의 우주' 혹은 '사유의 우주'를 말한다. 그러므로 '말씀의 우주'는 고차적 언어를 사용하는 '인간도(人間道)'만의 우주이다. 박상륭은 주로 '말씀의 우주'라는 표현을 사용하지만, '몸/말/맘의 우주'라든가 '맒의 우주'라는 표현에서 보듯이 '말의 우주'라는 표현을 사용하지 않는 것은 아니다. '말씀'은 복합적인 의미를 함축하고 있어 다만 언어만을 뜻하는 것이 아니기 때문에, 그것은 '언어+특별한 의미'라 할 수 있다. 그런데 '말씀'에 특별한 의미가 부여되지 않은 채, 순수하게 '언어' 혹은 '사유'의 의미로 사용될 때는 '말씀' 대신 '말'이란 표현이 사용된다. 이 경우 '말씀'과 '말(언어)'은 같은 의미를 갖는다. 작가는 말(언어)을 그 쓰임에 따라 '통화수단'의 언어, '수사학(修辭學)'적 언어, '선(禪)'적 언어 등 세 종류로 구분하는데, 이것은 각각 '몸의 우주' '말씀의 우주' '마음의 우주'에 대응된다.

有情들의 말 씀(말 쓰기)을 두고, 어떤 종류의 가름(分類)이 가능해지는 게 아닌가, 하는 것이 고려된다.
주어보게 된 舍利는 세 종류이다. 그 하나는, '言語를 通話手段'으로서만 빌렸던 자들의 것으로서, 이런 '言語'는 '畜生道'에서도 (같은 종류의 有情들 사이에서는) 通用되고 있은즉, (그러니, 有情의 種數만큼이나, 方言의 數도 많을 것이다.) 이 말 뼈(語舍利)는 '몸의 우주'에 소속된 것이라 할 것이다. 그 둘째번 것은, '修辭學'이라는, 混成 紡織의 言語'의 뼈인데, 이런 言語를 쓰는 자들은, 그것을 쓸 때마다, 어떤 靈媒接神症을 드러내지 않을 수가 없는바, 한 우주가, 홑(한)겹보다 많아지기 시작했으니, 그것을 일러 '말씀의 우주'라고 해오는 것인 것, 이 말숨리는 그러니, '말씀의 우주'의 목뼈던 것이다. 그리고, 그 마지막 것은, 눈썹을 주의하기로 하여, 그 語骨의 이름이나 밝혀두고, 다른 말은 생략하기로 할 일이겠다. '禪,' ―그렇다, 그것이 정 語숨利의 이름이다. '마음의 우주'의 말, '말(言語)'을 타, 此岸에서 彼岸에로, 건너뛰어버리려는 말-아닌-말. (『七祖語論 4』, p. 471)

작가는 언어를 그 쓰임새에 따라 세 종류로 구분하는데, 첫번째 '통화수단'의 언어는 '의사소통의 수단'으로서만 사용되는 언어이다. 인간뿐 아니라 축생도의 모든 생물은 저들 나름대로의 의사소통 방법을 갖고 있다. 모든 의사소통의 신호는 큰 범주에서 일종의 언어(말)라 할 수 있기 때문에 이런 종류의 언어는 축생도의 유정의 종류만큼이나 많을 것이다. 첫번째의 '통화수단'의 언어는 '몸의 우주(축생도)'에서 통용되는 언어가 될 것이다. 두번째 언어는 작가가 '수사학(修辭學)적 언어'라고 부르는 그런 언어인데, 이것은 몸을 갖고 있는 것들 중에서 가장 진화된 유정, 즉 인간(판켄드리야)만이 사용하는 언어이다. 이것은 어떤 '추상적, 관념적, 초월적 어떤 힘, 또는 원리'를 인식할 수 있는 언어로, 인간(판켄드리야)이란 유정이 개발하여 사용하는 언어이다. '수사학적 언어'는 하나의 기호가 다만 하나의 의미 혹은 대상만을 지칭하지 않는 비유적, 상징적 언어를 말한다. 작가가 말하는 '수사학적 언어'가 '말씀의 우주'에서 통용되는 언어이다. 세번째의 '선(禪)적 언어'란 언어의 범주에 넣기 힘든 그런 말인데, 말을 뛰어넘는 '말-아닌-말,' 염화시중의 미소와 같은 말, 그러니 '선(禪)'이나 '불(佛)'과 다름없는 그런 말을 말한다. 이 언어는 '마음의 우주'에서 통용되는 언어라 할 수 있다. 요컨대 '말씀의 우주'의 '말씀'은 일차적으로 작가가 '수사학'적 언어라 부르는 그런 언어인데, 이것은 인간만이 사용하는 언어이다. 따라서 '말씀의 우주'란 '인간도(人間道)'만의 우주이다. 그러나 '말씀'은 언어만을 의미하지 않는다.

다음으로, '말씀'이란 '자아(自我)'의 의미를 갖는다. 오관유정(五官有情) 판켄드리야까지 진화를 성취한 '인간'은 '다섯번째 기관인 내관(內官),' 즉 '자아에의 인식'을 통해 자신의 내면을 들여다볼 수 있는 능력을 갖게 된다. 인간은, "자기의 안을 들여다보기에 의해, '위에 있는 것은 아래에도 있다'든가, '여기에 있는 것은 저쪽에도 있으며, 여기의 없는 것은 아무 데도 없다'"(『神을 죽인 자』, p. 95)는 것을, 즉 밖의 한 우주가 자신의 내면에도 고스란히 들어 있음을 인식하게 된 것이다. '자아'가 개발되기 이전을 '몸의 우주'라 한다면, '말씀의 우주'는 '자아'가 개발된 이후의 우주가 될 것이다. 이러한 관점에서, '몸의 우주/말씀의 우주'의 관계는 '에덴동산에서 금단의 열매를 따먹기 이전의 아담/열매를 따먹고 지혜의 눈을 뜬 후 에덴에서 추방당한 아담'으로 비유될 수도 있을 것이다. 작가는 유정의 진화 과정, 즉 '몸의 우주→말씀의 우주→마음의 우주'를 한 유정이 지니고 있는 생명의 차원에 따라 '아니마→지바→불(佛)'의 과정으로 요약하기도 하는데,[44] 여기에서 '아니마'는 모든 유정에 편재하는 것으로 아직 그것만의 별개성(別個性), 즉 자아를 갖기 이전의 생명을 말한다. 한편 '지바Jiva'는 그것만의 별 개성, 즉 자아가 형성된 생명을 말한다. 여기에서 '지바'가 '자아' 혹은 '말씀'에 상응한다. 종적 진화의 과정에서 '자아를 인식'한다는 것은 무엇보다 신과 자기 자신과의 관계를 인식한다는 것이다. 다시 말하면, 인간에 내재하는 '불멸의 순수 자아,' 즉 '신성(神性)'을 깨우친다는 것, "만물은 금성(金性)을 갖고, 사람은 신성을 가졌다"는 것을 인식한다는 것이다. 요컨대, '말씀의 우주'란 '자아에의 인식'을 갖게 된 판켄드리야(인간)만의 우주를 말한다.[45]

'말씀의 우주'는 보다 직접적으로 '기독(基督)'과 관련된다. 왜냐하면 '말씀의 우주'는 '기독'에 의해 개벽되었다고 하기 때문이다. 이때 '말씀'은 '생명' '빛' '불멸의 자아' 등의 의미를 갖는다. 기독교 신화에 따르면, "태초에 말씀(Logos, 우주적 말씀)이 있었다"고 이르며, 이 '말씀'이 천지 만물을 창조했다고 하는데, 창조주인 신은 특히 인간(아담)에게만 그 자신의 '생기(生氣)'를 불어넣었다고 한다. 신의 숨결인 그 '생기'가 필멸할 육신 속에 심겨진 '불멸의 자아'이며, 이것이 곧 '말씀'이다. 그래서 이 '말씀'은 '하나님' '생명' '빛' '정(情)' 등의 의미를 내포하고 있다.[46] '말씀'이 인육(人肉)을 입고 이 세상에 나타난 자가 '기독'이다. 기독은 '말씀'의 '성육신(成肉身)'이다.

"基督은, 우리들 必滅할 肉身 속의, 不滅의 自我"의 상징이라고 하여, 바로 우리들 '自我'인뎁습지, 우리들의 이 '不滅의 自我'는, 우리들 필멸할 육신 속의 '말씀'으로도,— 이 '말씀'은 곧 — '하나

님'으로도, '生命'으로도, '빛'으로도, 여러 이름을 입습지."(『七祖語論 1』, p. 60)

'말씀'은 암흑에 휩싸인 '몸'에 비추인 '빛'이며 '생명'이다. '말씀'의 '성육신'인 기독은 '살의 우주'를 빌어 이 땅에 내려와, 스스로 죽음과 부활을 통해 '인간'에 내재하는 '불멸의 자아,' 즉 '신성(神性)'을 일깨워준 것이다. 이렇게 해서 '말씀의 우주'는 기독에 의해 개벽되고, 기독에 의해 완성된다. 구약의 고정관념 탓에 일반적으로 신과 인간을 별개의 존재로 생각하는 경향이 있지만, 이는 올바른 이해가 아니라고 작가는 말한다. 기독은 '사람의 아들(人子)'을 자처함으로써 신과 인간이 서로 분리된 별개의 존재가 아니라 하나임을 일깨워준다. 그러므로 기독은 "보디사트바(보살)였기뿐만 아니라, 붓다*이다. '말씀의 宇宙를 개벽한 佛'"47)이다. '말씀'을 통해 인간은 '몸의 우주'를 극복하고 '말씀의 우주'로 진화한다. '몸의 우주'를 초석으로 하여 기독에 의해 개벽된 '말씀의 우주'는 '중생(重生, 靈으로 거듭 낳기),' 부활 혹은 영생을 목표로 한다. '말씀의 우주'에서의 진화 과정은 "有情들의, 그 입어진 '獸皮'를 질료로 하여, 그 '獸皮'를 완전하게 벗겨 내리려는 것을 목적"으로 한다.

'살(畜生道)의 우주'에 대해, 그것을 초석으로 한, '말씀의 우주'가 개벽한 것이다. 이 새로 개벽한 우주는, 그 우주 내의, 有情들의,

---

* 보디사트바(보살)와 붓다(佛): "'佛'은 '마음의 우주'의 익명이며, '菩薩'이란 '살의 우주'를 돕는 者"(『七祖語論 1』, p. 60)

그 입어진 '獸皮'를 질료로 하여, 그 '獸皮'를 완전하게 벗겨 내리려는 것을 목적으로 하고 있어, (그 獸皮를 다 벗고 난 完純함은, '어린 羊'의 모습으로 상징화되어 있을 것이다. 그리고, "반은 獸皮를 벗고, 반은 못 벗고 있는 상태"는 '애 밴 여자'의 암호를 입고 있을 것이며, '못 벗은 반의 獸皮,' 그 하반신은 '붉은 龍'의 이름에 불리워질 것이다.)
(『七祖語論 1』, p. 202)

'말씀의 우주'의 진화 과정은 '붉은 龍→애 밴 여자→어린 羊'으로 상징된다. 입어진 수피를 완전히 벗어버린 상태, 즉 신(神)과 짐승의 중간적 존재로부터 신만 남게 된 상태가 '어린 양'으로 상징되며, 이를 '완성된 판켄드리야' 혹은 '인신(人神)'이라 부른다. 그러므로 '말씀의 우주'에서는 수피를 벗기 위한 '자기부정' 혹은 '자기희생'이 강조된다. 그러나 '어린 양-인신'의 상태가 유정의 진화의 최종 목표가 되는 것은 아니다. '인신' 또한 여전히 프라브리티(僞界) 소속이어서, 니브리티를 성취한 것은 아니기 때문이다. "淨土까지도 苦海 가운데의 한 섬 같은 것, 심지어는 고해 자체"(『雜說品』, p. 346)라고 하지 않는가. '말씀의 우주'에서는 '자아'가 진화의 핵이며 추동력이었다. 진화의 최종 목표가 되는 '마음의 우주,' 즉 '니브리티'에 이르기 위해서는 그 '자아'마저도 '분쇄'되어야 한다.[48] '몸과 말씀의 우주'를 비상하던 대붕(大鵬)들, 이를테면 도스토옙스키나, 괴테, 니체 등과 같은 '뛰어난 정신들'도 그 '자아'라는 둥지를 벗어나지 못해 결국은 다시 '자아'로 되돌아올 수밖에 없던 것이다. 저 대붕들에 대해, 작가는 이들은 찬탄의 대상은 될지언정 '경배'의 대상은 아니었다고 말한다.[49] '마음의 우주'에 이른다는 것은 '자아'로부터 해방된다는 것이다.

5-3. 마음의 우주

— 마음이란?
— '몸/말씀/마음의 우주' 상호관계
— 마음의 우주란?
— 해탈
— 무위(無爲)

반복되는 말이지만, 유정의 종적 진화는 '몸의 우주'에서 '말씀의 우주'를 거쳐 최종적으로 '마음의 우주'로 진행된다. '마음의 우주'는 진화의 최종 목표이다. 먼저, '마음의 우주'라고 할 때 그 '마음'이란 도대체 어떤 것인가? '몸의 우주'에는 '몸'이라는 실재적 대상이 존재하고, '말씀의 우주'에서는 '말, 로고스 혹은 생명의 빛' 등의 추상적 대상이 존재하지만, '마음의 우주'에서 '마음'이라는 대상은 과연 있는 것인가, 아니면 아예 그런 것은 있는 것이 아닌 것인가? "있다고도, 또는 궁극적으로 없다고도 하는" 그 '마음'이란 어떤 것인가? '마음'은 어떠한 형체를 갖고 있는 것도 아니며, 그 어느 특정한 곳에도 존재하는 것이 아니지만, 그럼에도 그것은 공기처럼 편재해 있어 '한 우주의 기반'이 되어 있는 것이라고 작가는 말한다.[50] 우선, '체용론(體用論)'의 관점에서 '마음'이 어떤 것인가를 보기로 하자. '마음'은 '체'인가, '용'인가? '존자(혹은 신수)의 게송'과 '육조(혹은 혜능)의 게송'을 통해 이 문제를 살펴보기로 하자.

① 몸이 보리수이니
마음은 밝은 거울 틀과 같네
때때로 부지런히 털고 닦아서
먼지며 티끌 못 앉게 하세
  (존자의 게송, 『죽음의 한 연구』, p. 67)

② 보리에 본래 나무가 없고
밝은 거울 또한 틀이 아닌데
본래 한 물건도 없는 터에
어디에 먼지며 티끌 앉을까
  (육조의 게송, 『죽음의 한 연구』, p. 67)

존자는 '마음'을 '밝은 거울 틀'에 비유하고 있다. 즉, '마음'을 '체'로 파악한다. 한편 육조는 '밝은 거울'이 '틀'이 아닐 뿐만 아니라 아예 그런 것은 있지도 않다고 말한다. 육조는 존자의 게송을 비판하면서, "마음이 體라면 존자여, 그 마음에 끼이는 먼지며 티끌을 털고 닦아내는, 그 함〔爲〕의 용(用)은 어디서 빌려 오는 것인가?"라고 묻는다. 여기에서 '체'는 어떤 '틀'을, '용'은 그 틀에 가하는 '작용'을 말한다. '몸/마음'의 관계가 '체/용'의 관계라면, '마음'이라는 '용'이 있어야 '몸'이라는 '체'에 어떤 작용을 행할 수 있는 것이 아닌가. '마음'이 '체'라 한다면 '마음'이라는 '밝은 거울 틀'을 털고 닦기 위해서는 어떤 '용(작용)'이 있어야 할 것인데, 과연 그것이 무엇일 수 있겠는가? 그러므로 '마음'은 '체'가 될 수 없다는 것이다. 그렇다면 '마음'은 '용'인가? 마음이 '체'가 아니라면 어떻게 번뇌나 수심이 거기에 끼일 수 있겠는가? '체'가 없는데 어떻게 '용'이 작용할 수 있겠는가? '체'가 전제되지 않는 '용'은 생각할 수 없다. 그렇다면 '마음'은 '체'인가, '용'인가? '마음'은 '체'이면서 동시에 '용'이라고 해야 할 것이다. '마음'은 "중단 없이 변용하는 구름이나, 끊임없이 흐르는 물"처럼 그 '체'가 동시에 그 '용'이며, '용'이 또한 '체'가 되는, '체'와 '용'이 합일된 상태이다.[51] 그래서 번뇌나 수심은 '체'에 끼이는 먼지나 검은 구름으로 비유되기보다는 "(연금술에서) 유황이나 수은을 금으로까지 변화시키는, '독(毒)'"과 같은 것, 질료의 변질을 촉발하는 매체 같은 것이라고 작가는 말한다.[52]

한편, 작가는 '마음'을 두 종류로 구분할 수 있다는 가설을 제시한다. '통시태(通時態)적 마음'과 '공시태(共時態)적 마음,'[53] 혹은 '작은 마음'과 '큰 마음'(『七祖語論 3』, p. 307)이 그것이다. 이것은 비유적으로 말한다면, 한 바다를 마음에 비유하여, 끊임없이 변하는 수면 위의 '물결'과 전체로서의 '바다'에 비유될 수 있을 것이다. '통시태적 마음'이란 시간에 따라 끊임없이 변하는 마음의 상태를 말한다. "이 통시태적 마음이라는 것은, 늘 잡념에 묶이는데, 눈은, 고운 것에 묶이고, 혀는 호식을, 귀는 지혜 있는 말을 호식으로 탐"(『小說法』, p. 199)하는 것으로 볼 때, 이러한 '통시태적 마음'은 그 존재를 부정하기 어려울 것이다. '통시태적 마음'은 '큰 마음'에 대해서 '작은 마음'이라 부르기도 한다. 한편 '공시태적 마음'이란 '통시태적 마음'의 대적인 것으로서 '큰 마음'이라고도 불리는 것으로, "흔들린다거나, 흔들림이 없다거나 할 것은 아닌 것인 듯하여, 사실 그런 것이 있는지조차 의문"스러운 그런 마음으로, 부분에 대해 전체를 의미하는 우주적 차원의 마음을 말한다. 이러한 견지에서 해탈에 이르는 과정은 '작은 마음'을 '큰 마음'에 합일시키는 과정이라 할 수 있는데, 이를 위해서는 "그저, (작은 마음에) 붙매이지 않고, 자꾸 변절하고, 자꾸 받아들이고, 자꾸 떠나는 일밖엔 없다"(『죽음의 한 연구』, p. 21)는 것이다. '작은 마음'이 '큰 마음'에 합일되어 '안/밖'도 없는 '한마음'을 이루게 되면, "그 눈에 보이는 세계는, 그 '마음'의 풍경"일 뿐이며, "이 우주 간 어떤 사물이나 존재 모두가, 그냥 무슨 거울(마음의 거울)이 비춰내는 그림자[影]나 허깨비[幻]"(『雜說品』, p. 59) 같은 것으로밖에 보이지 않게 된다. 즉, 마음의 거울에 비춰진 현상세계는 하나의 '환(幻)'에 불과한 것이 된다— '큰 마음'의 관점, 혹은 '마음의 우주'의 눈으로 볼 때(이를 작가는 '下向式 觀法'[54]이라 부른다) 그렇다는 것이지, 현상세계의 모든 것이 실다움을 갖고 있지 않다는 것은 아니다. " '몸'이나 '말씀의 우주'에 머물고 있는 한, 그가 앓고 있는 상고(傷苦)는, 실재적, 너무도 실재적이라는 것"(『雜說品』, p. 61)이라고 작가는 말한다. 이러한 '큰 마음'은 이미 '공(空)'화되어 있어, 그것을 두고 있다거나 없다거나 할 것은 아닌 듯하다.

그러면 '마음의 우주'란 어떤 것인가? '마음의 우주'를 구체적으로 나타낸다는 것은 불가능할 것이다. '몸/말씀의 우주'는 프라브리티(色界)의 우주이며 '마음의 우주'는 니브리티(空界)의 우주인데, 니브리티인 '마음의 우주'를 프라브리티의 언어로 나타낸다는 것 자체가 가능하지 않을 뿐만 아니라, 또한 프라브리티 우주를 지배하는 법칙은 '인과율(因果律)'이라 할 수 있는데, 니브리티 우주, 즉 '마음의 우주'는 인과율의 법칙을 벗어나 있기 때문이다. '마음의 우주'는 다만 비유나 상징을 통해 암시되거나, 또는 '몸의 우주' 그리고 '말씀의 우주'와의 관계를 통해 간접적으로 유추될 수 있을 뿐이다. 여기에서는 다양한 관점에서 '몸/말씀/마음의 우주'의 상호 관계를 살펴봄으로써 '마음의 우주'를 유추해보고자 한다.

첫째, '인식'과 관련해서 '몸/말씀/마음'의 관계는 '무의식(無意識)/의식(意識)/초의식(超意識)'에 상응한다. '몸'이 '무의식'이라면, '말'은 당연히 '의식'의 국면을 담당한다. '바르도/역바르도'(생명-죽음-재생)의 윤회를 반복할 뿐인 몸은 '밖'이며, '무명(無明)'이며, '무의식' 자체이다. 존재의 내면인 '안'을 들여다볼 수 있는 '의식'은 '말(씀)'이다. 말씀은 몸의 의미를 깨우쳐준다. '마음의 우주'는 의식의 차원을 넘어서, 인간의 논리나 이성으로 설명될 수 없는 '초의식'의 국면이다. '동물적 본능의 차원/의식의 차원/언어-의식을 넘어선 초의식의 차원'이 '몸/말씀/마음'의 우주에 상응한다.

두번째로, 이미 앞에서 언급된 바 있지만, 통용되는 '언어'와 관련해서 '통화수단의 언어/수사학적 언어/선적 언어'가 각각 '몸/말씀/마음'의 우주에 상응한다. "山은 山이고, 江은 江이다"라는 화두를 통해 '몸의 우주'로부터 '말씀의 우주'를 거쳐 '마음의 우주'로 진화하는 과정이 어떻게 변화되는가를 보기로 하자.

畜生道〔몸=signifier〕와, 마음의 우주〔마음=signified〕는 언제든

그렇게, 같은 모습을 취해 드러나지만, 그것은 그럼에도, '色不異空, 空卽是色'의 '色/空'의 관계거나, 禪的 辨證法的 단계〔깨우치기 전에는, 山은 山이고, 江은 江이다가, 〔……〕 깨우치고 난 뒤에는, 山은 다시 山이고, 江도 다시 江이다.〕인 것이지, 二元論的인 것은 절대로 아니다. (『七祖語論 4』, p. 289)

'몸의 우주'에서 통용되는 '통화수단의 언어'는 동일한 종류의 축생들 사이에서 통용되는 언어인데, 그런즉 이런 언어는 유정의 종류만큼이나 그 언어의 수도 많을 것이다. 이러한 언어에서는 어떤 기호의 의미는 홑겹이어서 복합적인 의미를 갖지 않는다. "山은 山이고, 江은 江이다"라는 화두에서 '산'은 언제나 다만 '산'일 뿐이고 '강'은 언제나 '강'일 뿐이다. 본능이 지배하는 '몸의 우주'에서 어떤 대상(기호)은 언제나 단일한 의미를 갖기 때문에 언제나 '밖'으로 드러난 모습을 볼 뿐이다. 그러나 인간과 같이 문화화(文化化)를 치른 유정들은 다만 '밖'으로 드러난 것을 보는 데에 만족하지 않고 그 '안'에 보이지 않는 것들을 보고자 한다. 그래서 어떤 기호의 의미는 홑겹에 머물지 않고 여러 겹을 갖게 된다. 상상력이나 비유, 상징 등이 사용되는 '말씀의 우주'의 '수사학적 언어'는 단일한 의미로만 해석되지 않는다. 여기에서는 '산'은 다만 '산'으로만 보이지 않고 '강'은 다만 '강'으로만 보이지 않는다. 그러다가 '마음의 우주'에 이르면 "山은 다시 山이고, 江도 다시 江"이 된다. '말씀의 우주'에서 사용되었던 비유나 상징이 떨어져나가고 다시 원상태로 돌아온 것이다.[55] '마음의 우주'에서 통용되는 '선적 언어'란 말로 설명하기가 불가능한 그런 언어일 텐데, 작가는 이것을 "'말(言語)'

을 타, 此岸에서 彼岸에로, 건너뛰어버리려는 말-아닌-말"이라 표현하고 있다. '몸/말씀/마음'의 우주 어느 차원에서건 겉으로 드러나는 '산'과 '강'의 모습은 여일하다. 그러나 각각의 차원에서 "山은 山이고, 江은 江이다"라는 화두의 의미는 또 저렇게 다르다. '몸의 우주(色)'와 '마음의 우주(空)'가 저렇게 다르긴 하지만, 몸과 마음은 결코 이원화되어 있는 것이 아니다. '몸→말씀→마음의 우주'의 종적 진화는 이원론에 토대를 둔 변증법적 진화를 말하는 것이 아니라, '色不異空, 空卽是色'에서 '色/空'의 관계 속에서의 진화이거나, 혹은 '禪的 관계 속에서의 진화'를 말한다.

세번째로, '몸/말씀/마음의 우주'가 어떻게 보편적인 문화 현상으로 나타나는가, 즉 '화리(化理)적 측면'과 관련해서, '몸/말씀/마음의 우주'는 각각 '예술/철학/종교'에 대응한다고 작가는 말한다. 그렇다면, 작가가 생각하는 예술, 철학, 종교란 어떤 것인가? 먼저 예술과 종교와의 관계를 보기로 하자.

　　저런 小說이란, 알려져온, 한 바람직한 '삶의 네 단계' ─카마, 아르타, 달마 그리고 목샤 ─ 중에서, 그 前半의, 俗屬이랄 두 단계에 속한 求道라는 것을 생각하게도 됩습지. 〔……〕 이 俗屬의 삶까지도, 그것이 文化化를 치러버린 때로부터 시작해, '畜生道-自然'으로부터, 그 半身쯤을 뽑아내고 있어, 그 햇볕 비낀 쪽의 삶을 촌승은 '예술'이라고 이해하고, 그 달빛 비추이는 쪽의 것은, '巫'라고 이해합습지. 〔冥界에 또아리쳐 있는, 半身의 文化化─巫!〕 〔……〕 어떤 有情들이, '獸皮'를 벗어 위쪽에로 오르는 종교의 이름은 그런즉 '예술'이며, 〔그 반대로, '흙의 살'을 벗어, 아래쪽으로 파고드는 종교의 이름은 '巫'일 것.〕 그런 뒤, '文化'로부터 다시 解脫을 성취하는 藝術은, 더 이상 藝術이라고 이르지 않으며, '宗敎'라고 일러온다는 말씀은 드린 바 있습지. (『七祖語論 1』, p. 138)

유정이 '수피(獸皮)'를 벗어 진화하는 과정에서 인간이라는 유정은 '축생도-자연'으로부터 훨씬 벗어나 이미 문화화(文化化)를 치른 존재인데, '예술'은 인간이라는 유정이 "축생도를 극복한 그 총계"[56]라고 작가는 말한다. 그러나 이러한 '예술'이 인간이 갇혀 있는 '인세(人世)'를 벗어나 있는 것은 아니다. '예술'은 판켄드리야(인간)라는 유정이 이룩해낸 문화의 꽃이라 할 수 있지만, "'날것〔自然·畜生道〕'을 '질료〔원초적 질료〕'로 하여, 〔저 '母胎' 속에서〕 '익힌 것〔文化化·藝術化〕'이어서,"[57] 즉 그 뿌리를 '대지-자연'에 두고 있기 때문에 '몸의 우주'의 화리(化理)가 된다. '대지-자연'은 종적 진화의 토대가 되는 것이지 진화의 목표가 되는 것은 아닌 것이다. 작가에 따르면, 예술은 "추상적(抽象的) 아이디어abstract idea의 구상적(具象的) 이미지concrete image化," 즉 '몸의 욕망'의 구상적 표현이다. 진화의 과정에서 작가가 가장 경계하는 것은 '허무주의'로 빠져버리는 것인데, "사실주의와 허무주의는 같은 한 門의 안/밖의 관계," 즉 동전의 양면과 같은 것이어서, 모든 구상적 이미지나 물질적 사실주의는 결국 허무주의로 전락하기 쉽다는 것이다. 그리하여 "대지를 뿌리에 무겁게 달고, 날아오르려 했던"(『雜說品』, p. 215), 예술가의 꿈은 결국 '이카루스Icarus'가 되고 만다는 것이다. 그래서 예술 또한 '허무주의의 다른 뺨'이라고 작가는 말한다. 예술이 그 차원을 한층 더 높이게 되면 종교와 만나게 될 터인데,

'속속(俗屬)'인 '문화'로부터 다시 '성속(聖屬)'인 "解脫을 성취하려는 藝術은, 더 이상 藝術이라고 이르지 않으며, '宗敎'라고" 부른다. 작가에 따르면, 예술과 '무(巫)'는 동격이다. '예술'이 인간의 양지(햇볕 비낀 쪽) 쪽의 '문화화'의 모습이라면 '무'는 음지(달빛 비치는 쪽) 쪽의 '문화화'의 모습이다. 예술의 반대편에 '무'가 있으며, '무'는 "冥界에 또아리쳐 있는, 半身의 文化化"라고 작가는 말한다. 한편, 작가에 따르면, '철학'은 '예술'보다 한층 더 진화된 것이라 할 수 있는데, 예술이 '추상적 아이디어의 구상적 이미지化'인 반면, 철학은 인간에게만 통용되는 고차원의 '수사학적 언어'를 사용하여 '구상적 이미지'를 '추상적 아이디어化'하기 때문이다. 그래서 철학은 '말의 우주'의 화리(化理)가 된다.

그렇다면 '마음의 우주'의 화리가 되는 '종교'란 어떤 것인가? 박상륭이 생각하는 '종교'란 어떤 것인가? 작가에 따르면, 어떻게든 한번 시작된 생명은 해탈을 성취할 때까지는 죽지도 못하고 고통 속에 윤회만을 거듭할 뿐이다. 그래서 모든 유정은 고해를 벗고 해탈에 이르려는 하나의 목적을 가지고 길고도 먼 천로(天路)에 올라 있다. 이렇게 길고도 먼 천로에 오르는 '사닥다리'가 곧 '종교'이며, 천로에 오르는 과정이 또한 모든 유정의 진화의 과정이다.[58] 모든 유정은 육신을 통해서만 진화를 성취할 수 있기 때문에, 천로에 오르는 사닥다리란 바로 육신이며, 따라서 육신을 가지고 살아가는 '유정의 삶 자체'가 종교이다. 그래서 "八萬有情이 宗敎를 갖고 있"(『七祖語論 4』, p. 143)으며, "한 우주가 송두리째 한 寺院" 혹은 '修道場'이고 "畜生 하나하나가 또한 하나씩의 庵子"[59]인 것이다. 그러므로 "몸 입어, 프라브리티라는, 相剋的 秩序 속에 처하기 자체가 '宗敎的 苦行'"(『七祖語論 4』, p. 468)이라는 것이다. 이와 같은 작가의 종교관으로 볼 때, 종교란 어떤 특정인이 어떤 특정한 신을 신앙하는 것을 넘어서서, 모든 유정이 본래부터 가지고 있는 보편적 현상이다. 작가는 어느 인터뷰에서 자신을 '통(通)종교주의자'라고 말하고 있다. 이 말은 모든 종교의 통합을 의미하는 것이 아니라, 종교의 개방주의를 지향한다는 말이다. "각 종교는 신에 대한 태도가 다를 뿐이지 지향점은 같다고 보기 때문"이다. 그래서 종교는 많을수록 좋은데, 어떤 종교가 폐쇄적이고 배타적 성격을 갖게 되면, 그러한 종교의 신(神)은 지엽적인 '촌신(村神)'으로 전락하게 된다. 이런 점에서 "자기의 신도들이 원하는 모습으로 스스로 변하는 힌두교의 '시바'신이야말로 가장 신다운 신"이며, "'몸·말·맘' 다시 말하면 '삶'을 다 싸안은" 힌두교가 가장 개방적인 종교라고 작가는 말하고 있다. 또한 작가는 기본적으로 육신을 갖고 살아가는 유정의 삶 자체가 종교라면 "뭣 때문에, '살기' 이외의 다른 宗敎가 필요하겠는가"(『七祖語論 4』, p. 468)라고 묻는가 하면, 출가(出家)하여 수도에 정진하는 행위만이 종교가 아니라, "집 이뤄, 애써 살기의 도(道)닦기에 열심인, 그것이야말로 참종교는 아니었겠는가?"(『평심』, p. 129)라고 말한다.

네번째로, '연(蓮)'과 관련해서, 작가는 '몸/말씀/마음'을 각각 '수렁/연뿌리/연꽃'에 비유하고 있다. 이러한 비유는 진화의 각 단계는 전(前) 단계를 토대로 해서만 가능하다는 것을 보여준다.

('蓮꽃'에 대해서 '蓮뿌리'란, '마음'에 대해서 '말씀'과 같은 관계이며지요. '蓮꽃'에 대해서 '수렁'이란, '마음'에 대해서 '몸' 같은 것

이겠습지요. '蓮뿌리'에 대해서 '수렁'이란, '人世'에 대해서 '畜生道'와 같은 것이멥지요. '蓮뿌리'에 대해서 '蓮꽃'은, '프라브리티〔色〕'에 대해 '니브리티〔쫀〕'과 같은 것이겠습지요. 그리고 수렁'에 대해서 '蓮뿌리'란, 〔'수렁'이라는, 重力과 관계된 '깊은 잠' 속에서 익은〕上昇에의 '꿈' 같은 것이며입지, '수렁'에 대해서 '蓮꽃'이란, '활짝 깨어진 꿈' 또는, 〔重力을 잃어〕 꿈도 없는, 궁극적 잠' 같은 것이겠습지요.) (『七祖語論 2』, p. 288)

'몸/말씀/마음'은 연(蓮)과 관련해서 '수렁/연뿌리/연꽃'에 비유된다. 본능, 무명(無明), 중력(重力)에 묶여 있는 깊은 잠, 혹은 무의식의 육신 덩어리인 '몸'은 마치 연꽃을 피우기 위해 수렁이 필요하듯이, 활짝 깨우친 '마음'을 개화하기 위해 반드시 필요한 토대가 된다. 한편, '연뿌리'는 무의식의 깊은 잠 속에서 깨어난 의식, 혹은 수렁의 깊은 잠 속에서 익은 '上昇에의 꿈' 같은 것으로, 수렁(몸)과 연꽃(마음)을 이어주는 매개체, 즉 '몸의 우주'와 '마음의 우주'를 이어주는 '말씀의 우주'에 상응한다. '연꽃'은 '활짝 깨어진 꿈' 또는 '〔重力을 잃어〕 꿈도 없는 궁극적 잠,' 즉 '마음의 우주'에 비유된다.

위와 같은 다양한 비유나, '몸/말씀/마음'의 상호 관계를 통해 우리는 어렴풋하게나마 '마음의 우주'를 유추할 수 있게 된다. 한편, '마음의 우주'와 근접한 개념으로 작가는 '평심(平心)'이란 말을 사용하고 있는데, '평심'이 '마음의 우주'와 동일한 것은 아니지만 '평심'에 관한 작가의 설명을 통해 우리는 또한 '마음의 우주'를 유추해

볼 수 있다. 작가에 따르면, 평심은 '소승적 평심'과 '대승적 평심'[60]으로 구분된다. 전자는 "어떤 개인이, 어쩌다가 한 번씩 그 상태에 잠기는, 그런 어떤 '평온한 마음'"과도 같은 상태를 말하는데, 이러한 '소승적 평심'은 '도(道)' 혹은 '마음의 우주'와는 거리가 멀다. 후자인 '대승적 평심'은 모든 '개심(個心)' '심편(心片)'들에 대해, '집단적 마음' 혹은 '전심(全心)'이라 할 수 있다. 마음을 바다에 비유한다면, "마음들의 흔들림을, 풍랑이 있는 날의 한 바다로 보고, 그러니까 한 주름 주름의 물살, 물결, 물여울, 물방울, 거품들"을 "모든 개심, 또는 흔들리는 심편, 몽편(夢片)"이라 한다면, "바람이 잠들기로 고요해진 바다는, 저런 개심, 심편들에 대해, 집단적 마음, 전심," 즉 '대승적 평심'이라 할 수 있다. 이러한 '대승적 평심'은 '우주적 마음'인 것이어서 '도(道)'와 크게 다르지 않다. 이렇게 볼 때, '대승적 국면에서의 평심'은 '마음의 우주'와 매우 흡사해 보인다. 하지만 이와 같은 대승적 '평심'이 곧 '마음의 우주'인 것은 아니다. '몸의 우주'와 '말씀의 우주'가 색계(色界, 프라브리티)에 소속되어 있다면, '마음의 우주'는 공계(空界, 니브리티)의 소속인데, '대승적 국면에서의 평심'도 아직은 프라브리티를 벗어나 니브리티에 이른 것은 아니기 때문에 '마음의 우주'를 성취한 것은 아닌 것이다.

이제 '마음의 우주'를 간략하게 정리해보기로 하자. 작가에 따르면, '몸/말씀/마음'의 우주는 각각 '아도니스/基督/佛者'에 의해 개벽되었으며, 또한 각각 '영겁회기(윤회)/부활 혹은 重生/해탈'을 주제로 한다. '마음의 우주'는 '佛者(석가모니)'의 의해 개벽되는데, 그는 " '니브리티'나 '니르바나'를, 한마디로는, 삼천대천세계를,

'마음〔心〕' 속에서 개벽해버린 것이다". 그래서 "'佛'은 '마음의 우주'의 익명"(『七祖語論 1』, p. 60)이라고 하며, 이때 '마음'이란 육안으로는 볼 수 없는 '원초적(原初的) 빛!'이라 이른다. 요컨대, '마음의 우주'에 이른다는 것은 '프라브리티 우주(색계)'에 대해 '니브리티(공계) 우주'를 개벽하는 것이며, '자아(自我)'로부터의 해방되어 "저 '되돌아옴이 없는,' 완벽한 죽음을 성취하는 것," 그리하여 윤회의 굴레에서 벗어나 '니르바나(적멸, 해탈)'에 이르는 것, "'자연(몸)'을 도약대로 삼아, '자연'으로부터의 자유, 위대한 자유 mahāmirvāna를 성취"하는 것이라 할 수 있다. 이렇게 볼 때, '마음의 우주'는 '불(佛)' '공(空)' '해탈'과 크게 다르지 않다는 것을 알게 된다.

박상륭의 작품 속에는 '춤추는, 바즈라요기니vajra-yoginii'라는 만다라가 자주 등장한다. 작가의 작품 『七祖語論 3』의 표지화로도 사용되고 있는 저 만다라는 여러 곳에서 조금씩 변주되어 나타나는데, '세 개의 눈'을 갖고 있으며, "송장의 가슴을 디디, 활짝 벗고 춤추는" 저 무시무시한 모습의 성숙한 처녀는 '몸·말씀·마음'의 우주를 상징적으로 형상화하고 있다.

한 얼굴에, 눈을 셋씩이나 해서 부릅뜨고, 오른손엔 날이 시퍼런 낫을 쥐어 제년의 머리 위로 처들어 올렸는데, 그 왼손엔, 사람의 더운 피가 철철 흘러넘치는 人頭骨을, 제년의 젖가슴에 받치고서, 오른다리를 구부려 처들어 올리고, 왼발은, 송장의 가슴을 디디, 활짝 벗고 춤추는, 성숙한 동정녀, 열여섯 살, 머리 장식은 다섯의 마른

人頭骨로 했으며, 피를 뚝뚝 흘리는, 쉬흔 개의 人頭骨을 끈에 꿰어서는 목걸이를 하고 있는 년. 그러자 검은 송장의 하초가, 그 춤에 좇아 뼈등히 꼲려올라, 저 舞女의 요니를 뚫어오름. 송장 먹는 암캐. "상사라와 니르바나가 둘이 아님! 다르지 않음." 해가 지고 있었던갑? 저 빨솜한, 두 이파리짜리 붉은 蓮이 오므라들고, 그러자 어스름해지는뎁숩지, 그 달려들고 있는 蓮 속에서, 빨려들어간 송장이 당즙을 빨리고 있음. 이빨 달린 요니(Vagina Dentata). 그래서 저 처녀인 어머니는, 자기의 남정이며 자식을 씹어먹어 새로 남정이며 자식인 것을 잉태하는갑, ―완벽한 자급자족. (『七祖語論 1』, pp. 20~21)

세 눈배기, 열여섯 살 먹은 舞女, '송장(橫的 우주)'을 디뎌 '춤추는 계집, 송장으로부터, 뼈등한 根을 꼲려 세우다(縱的 우주)'! 橫的 우주의 세로로 질러, 縱的 우주가 개벽하였돕다. 그래서 보건대, '橫帶'는, (아예 그 輪廻까지 합쳐놓고 보기로 하면,) '일어남(스러짐)/바르도/스러짐(일어남)'으로 되어 있는데, '縱軸'은, '참(神)/不純/거짓(魔)'이라는 식으로 되어 있음을 알겠는 것이다. '사람'의 현주소는 그러자, 허기야 또 어디겠는가, '바르도'와, '不純'함이 교차하는 일 점임이 자명해진다. (『七祖語論 4』, p. 94)

첫번째 인용문에서 보듯이, 저 만다라는 끊임없이 생명을 삼키고 태어나게 하는 우주적 어머니, 즉 대지-자연 혹은 끝없이 윤회하는 '몸의 우주'를 상징적으로 나타내고 있다. '송장 먹는 암캐,' '이빨 달린 요니'를 갖고 있는 "저 처녀인 어머니는, 자기의 남정이며 자식을 씹어먹어 새로 남정이며 자식인 것을 잉태"함으로써 스스로 완벽하게 자급자족는 대지-자연-윤회의 상징이라 할 수 있다. 또한 이 만다라는, 두 번째 인용문에서 보듯이, 횡적 우주를 세로로 질러 종적 우주가 개벽되는 모습을 상징적으로 보여준다. 이 춤추는 계집은 송장으로부터 뼈등한 근(根)을 꿀려 세우는데, 작가 자신의 註(『七祖語論 3』, p. 450)에 따르면, 여기에서 송장은 '橫的 우주, 無明, 상사라, 幻'을 나타내며, 뼈등히 꿀려 세운 根은 '縱的 우주'를 상징한다고 한다. 또한 '홍옥'은 연금술의 '金(赤),' '세 개의 눈'은 '제3의 눈'이라고 하는 '마음의 눈'이 포함된 것, '피를 뚜둑이는, 쉰 개의 人頭骨'은 서장 사람들(티베트인)의 알파벳의 숫자로 '말씀'의 상징이라고 한다. 이렇게 볼 때, 우리는 저 만다라가 '몸·말씀·마음'의 우주를 상징적으로 형상화하고 있다는 것을, 그리고 작가가 왜 그렇게 자주 이 만다라를 떠올리게 되는가를 이해할 수 있다.

그러면, '몸/말씀/마음의 우주'는 '인간'과 어떤 관계에 있는가? 앞에서도 이미 언급한 바 있지만, 진화의 각 단계인 '몸/말씀/마음의 우주'는 서로 독립된 별개의 우주가 아니라, 한 우주의 세 차원의 국면을 말한다. '몸/말씀/마음의 우주'의 총화가 '인간'이라는 유정이다. 몸을 갖고 있으면서 또한 말씀과 마음의 우주를 동시에 싸안고 있는 존재는 인간뿐이다. 신(神)들은 '몸'을 갖고 있지 않고, 축생은 '말씀/마음'을 갖고 있지 못하다. '육도(六道)'의 횡적 우주와 '몸/말씀/마음'의 종적 우주에서 십자로 교차된 우주적 일점에 놓여 있는 존재가 인간이다.[61] 인간은 종/횡으로 찢겨질 비극적 운명에 처해 있지만, 또한 해탈(마음의 우주)을 위한 모든 조건을 갖추고 있는 존재는 인간뿐이다. 이것이 인간의 비극이고 또한 은 총이다. '몸/말/맘'을 하나로 싸아안고 있는 유정이 인간이다. 이로부터 작가는 '뢊'이라는 조어를 만들어내는데, 이것은 다만 '몸·말·맘'을 하나의 단어로 합성하고 있다는 것뿐만 아니라, '몸'과 '말'과 '맘'이 하나라는 것을 보여주고 있다. 인간은 '뢊'의 우주이다.

이제, 유정(인간)의 종적 진화의 궁극적 목적이 되는 '해탈'에 대해 살펴보기로 하자. '마음의 우주'에 도달한다는 것은 곧 '해탈'에 이른다는 것이다. 그렇다면 '해탈'이란 무엇인가? 해탈은 박상륭의 작품 속에서 불(佛), 공(空), 견성(見性), 선(禪), 니르바나, 니브리티 등등의 여러 이름을 입게 된다. '마음의 우주'와 마찬가지로 '해탈'의 상태가 어떤 것인가를 구체적·사실적으로 나타낸다는 것은 불가능할 것이다. 해탈은 다만 비유나 상징을 통해 암시 혹은 유추될 수 있을 뿐이다. '해탈'과 관련해서 작가가 제시하고 있는 몇 가지 예를 보도록 하자. 우선 '해탈'은 '프라브리티 우주(色界)'를 극복하고 '니브리티(空界)'를 성취한다는 것이다. '마음의 우주'는 '불자(佛者)'에 의해 개벽되었으며 '해탈'을 그 궁극적 목표로 한다면, 또한 "'佛'은 마음의 우주의 익명"이라고 한다면, '해탈'과 '佛'은 다른 것이 아니다. '색불이공 공즉시색(色不異空 空卽是色)'을 깨우친 상태, 즉 '니르바나와 상사라'가 다르지 아니함을 깨우친 상태, 또는 '소아(小我, Atman, '아들')'가 '대아(大我, Brahman, '아버지')'[62)]에 합일되는 상태, 이러한 경지에 이르게 되면 유정의 진화가 완결되어 '위대한 자유,' 즉 해탈에 이르게 된다. 또한, '말쏨의 우주'에 이르기까지 진화의 '핵'이 되어왔던 '자아(自我)'가 분쇄된 자리에 '마음의 우주'가 개벽되는데, 자아의 분쇄가 완벽히 이루어져 그 '핵'까지 없어진 상태, 윤회의 굴레를 벗고 저 '되돌아옴이 없는' 완벽한 죽음을 성취하여 '공(空)'에 이르는 것, 그것을 '해탈'이라 한다. 이렇게 볼 때, '해탈'은 또한 '공'과 다르지 않다. 한편 '견성(見性)'과 관련해서, 작가는 "저 한 文章의 프라브리티를 한눈에 다 읽어, 그 뜻을 깨우치"(『七祖語論 2』, p. 293)게 되면, 그것이 '견성'이라고 한다. 다른 비유로 말한다면, "한 빗방울이, 한 大洋에 合流"하는 것, "모든 '빗방울'들이, 떨어져내리는 그 짧은 한 삶을 통해, 저 마지막 상태, '비가 물이며, 물이 동시에 비'라는 그것만 성취할 수 있다면, 그것이 '見性'"이라고 작가는 말한다. 이렇게 '무명(無明)'을 깨우친 눈을 '내안(內眼)' 혹은 '제3의 눈'이라 부른다. 달리 말하면, 견성은 무명(無明)인 '자기의 밖'을 모두 깨워내기이며, '상(相)'에 대해 '본(本)'을 깨우친다는 것이다. 견성이 이루어졌을 때 유정의 진화는 완결되며, 위대한 자유가 획득된다. 이러한 상태에 이르면, '일깨워진 밖(色)'은 '공(空)'화 해버리기 때문에 '色'과 '空'은 다르지 않게 되고(色不異空 空卽是色), "'남(他)'이라고, '밖(他)'이라고 여겨왔던 것들과, '자기(自)'라고, '안(自)'이라고 해왔던 것들과의 사이에서, 경계가 없어져"버리게 된다. 한편, 작가는 해탈의 상태를 '하늘'에 비유하여, "빛에 가득 찬 하늘은, 그래서 그것 자체가 解脫"[63]이라고 말한다. 들이나 바다를 내어다볼 때와는 달리, '빛에 가득찬 하늘'을 내어다보는 자는 그 텅 빈 하늘, 그러나 빛으로 가득찬 하늘 속으로 빠져들게 되는데, 이때에는 '밖'을 '내어다보기'가 '안'을 '들여다보기'가 되어, 마치 뫼비우스의 띠처럼 '안/밖'의 구분이 없게 되기 때문이다. 요컨대, '해탈'은 유정의 진화가 완결된 상태를 말하는데, 이것은 '불(佛)' '공(空)' '니브리티' '견성(見性)' 등의 여러 이름을 입을 수 있다.

그러면, '해탈'과 '선(禪)' '도(道)' '무위(無爲)'와의 관계는 어떤 것인가? 먼저, '선(禪)'과 관련해서 보면, '禪'이란 '佛'을 가지고 동쪽(중원)으로 간 달마보디가 중원의 '道'와 결합시켜 탄생시킨 것, 그래서 '禪'이란 "佛과 道의 야합의 자식"[64]이라는 것이다.

> 패견에는, 변강쇠 달마보디(보디시트바들이란, 우주적 의미에서의 변강쇠들인 것들!)가, 동쪽으로 간 까닭은, 〔……〕 아마도, 중원에 '道'라는 절세가인 옹가년(道의 女性的 국면의 '玄牝'은, 萬雄을 다 싸아안는 恣女거니! 〔……〕)이 있다는 소문을 듣고, 그년 찾아 떠났던 듯하다. 이러자, 그의 '面壁九年'의 비밀이 밝혀진다. 그야 그년 더불어 살림하느라 그랬을 터인데, 그래서 얻은 자식이 '禪'이란 것이었음은, 아는 이들은 안다. 앞서 어디서 인용한 '性卽是心, 心卽是佛, 佛卽是道, 道卽是禪'이 그것인데, 이(禪)는 그래서, '佛과 道'의 야합의 자식이 분명하던 것이다. (『小說法』, pp. 297~98)

'佛'이나 '道'가 만유(萬有)를 제도하기 위한 법인 것과는 달리, '禪'은 "萬有 중에서도, 특히 '五官을 구비한 유정'(인간)을 교화키 위한 방편으로 설해진 것"이지, "野狐나 猪氏들을 제도키 위한 법은 아니라는 것"(『小說法』, p. 299)이다.

한편, 진화론을 신봉하는 작가의 입장에서 볼 때, 도가(道家)의 '무위(無爲),' 특히 '노장(老莊)'의 '무위자연(無爲自然)' 사상은 오히려 진화에 역행하고 있어, 작가는 이에 대해 매우 비판적인 견해를 피력한다.[65] 유정의 종적 진화는 '무위자연'과 합일되는 것이 아니라, 그것으로부터 벗어나는 것이기 때문이다. 진화론자에게 '자연'은 '축생도'의 다른 이름일 뿐이다. 작가는, 같은 어의(語義)를 갖고 있는 천축의 '아상스크리타'와 중원의 '무위'를 비교하면서, "'아상스크리타'는, 대단히 고차적 사유의 결과로 얻어진, 순수히 文化的인 것"으로, 이것은 '니브리티(空)'와 크게 다른 것이 아니어서 진화의 목표가 될 수 있는 반면, 중원의 '무위'는 오히려 '자연'으로 회귀하려는 역진화 현상을 보이고 있다고 말한다. "한편(天竺)에서는, 자연(自然)을 문화(文化)화하고 있으며, 다른 편(中原)에선 문화를 자연화하려고"(『小說法』, p. 287) 한다는 것이다. 도가의 '무위'도 "'니브리티'가 아닌 것은 아니라도, '프라브리티'라는 소용돌이 속에 끼인 '니브리티'," 즉 '태풍의 눈'과도 같은 '니브리티'여서 궁극적 니브리티(해탈)의 상태는 아니며, 이러한 '무위지도(無爲之道)'를 따르게 되면 "有情들의 '進化'가 더디게 되거나, 멈추기가 쉽다"는 것이다. 그러므로 도가의 저 '무위'는 '오도(誤導)된 니브리티'라고 작가는 말한다.[66] 작가는 특히, 노장과 그들의 아손(兒孫)들이 '無爲之道'를 "백성의 생활규범으로까지 삼으려 하기 뿐만 아니라, 치세도(治世道)로까지 확장"[67]하려는 것에 대해 매우 비판적이다. '道'의 사상 그 자체는 매우 훌륭한 것이지만, 자연의 법칙으로 '道'라는 것이 있다는 상정만으로 충분한 것이지, 그것을 현실에 이용하려 하는 것은 매우 바람직하지 않은 태도라는 것이다.

"중원의 몇 늙은네들(老子)은, 人種이 어렵게 성취한 판켄드리야를, 시간을 되돌려, 카투린드리야, 그리고 그 이전의 상태로 되돌리려"(『小說法』, p. 293) 한다는 것이다. 같은 맥락에서, 인구에 회자하는 장자(莊子)의 '호접몽'의 저 '나비'도 해탈의 상징이 되기는 어렵다고 작가는 말한다. 왜냐하면, 견성 또는 해탈과 관련된 선가(禪家)네 나비는 "天鳥(가루다)라든, 龍"으로 나타나며, 무가(巫家)네 나비로서는 "쇠로 된 부리와 날개와 발톱의 독수리나, 白鳥" 등으로 나타나기 때문이다. 이렇게 볼 때, 장자의 저 '나비'는 '원형성(原型性)'을 획득하고 있지 못하기 때문에 다만 '시학적 해탈(詩學的 解脫)'[68]에 머물러 있다고 작가는 말한다.

5-4. 진화의 실천

— 진화의 토대
— 진화의 과정
— 수행

유정의 종적 진화는, 여러 번 반복되지만, '몸→말씀→마음'의 우주로 진행된다. '몸'은 진화의 토대가 되기 때문에 '몸'이 없으면 진화 자체가 가능하지 않다. "몸이 법종(法種)인 것을! 그것이 싹 틔워 꽃 피우면, 그것이 '말씀'인 것을! 그것이 '마음'이라는 열매를 맺는 것"이다. '마음의 우주'의 눈으로 보면 '환(幻)'에 불과한 '몸'이 '몸의 우주'에서는 그것이 '알맹이'이고, 그것이야말로 '실다움'

이다. "'실다움'이란 그러므로 '몸'인 것을! 바로 이 '실다움'을 통해서만, 유정은, 역설적이게도 알맹이 없는 '마음'에 닿는 것을! '몸'이야말로, 신들과 악마들이 맞서 싸우는 성스러운 전장(戰場) 쿠룩쉐트라(Kuruksetra, Skt.)인 것"(『神을 죽인 자』, p. 132)이다. '몸'의 본능인 '식욕과 성욕' 혹은 '세욕(世慾)이나 물욕(物慾)'은 진화의 과정에서 극복해야 할 대상이지만, 한편 이러한 본능적 욕망이 있기 때문에 진화가 가능한 것이다. "世慾이나 物慾이 없이 무엇을 두고 出家한다고 하여 고행할 일이며," "性慾이 없이, 어떻게 肉身을, 즉슨 畜生道를 정복하여 '마음의 우주'에로의 탐색"에 오른다고 할 수 있겠는가. 유정의 진화는 단계적으로 이루어진다.

그러나 누가, 태어나서 싸인 강보가 '마음'이라고 해서, 태어난 그 당장 그가, 차안 떠난 피안에로 이민해버리고 마는 것은 결코 아닌 것이 아니던가? 그도 젖 빨기(Ékendriya)로부터, 먼저 몸을 키워서 (Dvindriya), 사지를 제법 운용할 만하다 싶으면(Trindriya), 성배탐색(Katūrindriya)의 험로에 올라, 모든 간난신고를 겪으며, 세상의 모든 곳을 둘러보아야 하는 것, (『小說法』, pp. 76~77)

연금술에서, "한 질료가 금이 되기까지는, 열두 번이나 일곱 번의 죽음, 뭉뚱그려 세 번의 죽음"[69]을 완전히 치르지 않으면 안 되는 것처럼, 즉 연금술에서 질료가 금으로 가기까지 '흑→백→적'의 순서를 필연적으로 밟아야 하는 것처럼, 유정의 진화 역시 반드시 '몸→말씀→마음'의 우주의 각 단계를 거쳐야 한다. '몸의 우주'에서 직접 '마음의 우주'로 진화하는 법은 없다는 것이다. 한편, 작가는 이러한 진화의 과정을 '세 번의 동정(童貞) 떼기'[70)]에 비유하고 있는데, 첫번째는, 남근을 구비해 어머니 하문을 나섰을 때이며, 두번째는 한 여성의 자궁에 새로 들기로써 성인제(成人祭)를 치르는 것이며, 세번째는 아비를 거부하거나 살해하기라는 행위를 통해 어미를 마누라 삼기라는 것이다. 여기의 '세번째의 동정 떼기'란, 신(神) 혹은 어떤 절대자와 한 인간과의 관계에서 인간이 모반을 통해 신에 종속된 꼭두각시의 운명에서 벗어나 독립을 쟁취하는 것에 대한 비유라 할 수 있다. '세번째의 동정 떼기'를 통해 비로소 한 인간은 스스로 독립을 쟁취해 '마음의 우주'의 탐색에 오를 수 있게 된다. 이렇게 독립을 쟁취한 인간을 작가는 '재림(再臨)한 人間'이라 부른다. '아담'이 아비인 여호와의 명령을 거부하고 '금단의 열매'를 따먹은 후 지혜의 눈을 뜨게 되는데, "아담이 그렇게 눈이 뜨이고 나서 본 세상은, 왼통 엉겅퀴며 가시쟁이에 덮여 있었다 해도, 그것이 사실은 에덴의 진면목이었다면, 빠르거나 늦거나, 그 금기에의 위반은, 숙명적 과제였었을 것"(『雜說品』, p. 140)이다. 또한, 불치의 병을 앓고 있는 문잘배쉐의 '안포-타즈'라는 한 성배지기의 아들인 '시동'은 그 성의 황폐를 극복하기 위해 아비에 대한 모반을 감행하고 독립을 쟁취하는 '세번째 동정 떼기'를 통해 문잘배쉐의 황폐를 극복한다.

그러면 이제, '해탈'을 위한 진화의 실천 과정을 보도록 하자. 해탈을 위한 인간의 종교적 진화 과정은 어떻게 이루어지는가? 즉, '말씀의 우주'에서 '마음의 우주'로 가는 진화의 과정은 어떠한가. 유정의 진화의 완성, 해탈을 향한 인간의 진화 과정은 끊임없는 '자기부정'을 통한 '자기 초극'의 과정이다. " '마음의 우주'에서 본다면, 有情은, 어떠한 超越者에 의해서도 救援되어지는 것이 아니다"(『七祖語論 4』, p. 468). 유정의 진화는 어떤 초월적 힘에 의해 저절로 이루어지는 것이 아니라, 스스로 치열한 작위(作爲)를 통해 해탈이라는 '무위(無爲)'를 제금(製金)하는 것이다. 그러므로 인간은 "초월해야 하는 어떤 것이기보다, 완성해야 하는 어떤 것"이라고 작가는 말한다. "문지르기라는, 그 아픈 漸修를 통해, 방출이라는 돈오가 성취되는 것"(『小說法』, p. 144)이다. '마음의 우주'에 이르기 위한 진화는 무엇보다 '자아(自我)'로부터 해방을 성취하기 위한 수행의 과정이다. '말씀의 우주'에까지 진화의 '핵'이 되어왔던 그 '자아'가 완전히 '분쇄'될 때 '마음의 우주'가 열릴 것이다. 인세(人世)로부터 더 높은 곳으로, 즉 해탈이라는 마음의 우주로 진화하기 위해서는 끝없는 '자기부정'과 함께 끊임없이 자기를 초극하려는 '역동적 出家'의 고행이 요구된다. 그렇다면 그 '自我'란 무엇이며, '자기부정'은 왜 필요한가?

    그 '自我'란, 순전히 公의 '記憶力'에 의존하는 것으로서, 그 짧은 '記憶力'에 의해 公은, 보다 큰 '自我'(宇宙)로부터, 분리해버린다. 그럼에도 公이, '어제'에의 '記憶'이 없이는, 오늘의 '삶'이란, 별로 의미가 없다고 우긴다면, 수부티여, 公은, 그 '記憶力'을, 前生의 前生의 前生의, 무량겁 전에로까지는 어찌하여, 확대해보려 하지는 않느냐? 그러면 公은, 현재 입은 그 몸이란, 어떤 한 羯磨의 맺힘, 한 망석중이 말고, 公이 公 자신(自我)이라고 믿는 그것과는, 아무 별스런 관계도 없다는 것을 알게나 되잖을라는가? 아으, 그럼에도 그것은 배워지는 것이기보다는, 체험되어져야 하는 것으로, 촌로는 알고 있으므로, 눈썹을 주의해야겠지만, 어쨌든 수부티여, 公이 어느 날, '無意識'이라고 이르는 것은, 무량겁 前生이며, 後生에 이르는 그것 자체이며, 公은 그 '無意識'이라고 이르는 바다에서 한 주름 일어난 물주름, 한 물거품이 아닌가 하는 것을 자각하기 시작하면, 公은 '突然變異'를 위한 '力動性'이라는 날개를 돋과낸 성충이 되고 있는 중일 것이다. 〔……〕 그래서 '無意識'이야말로, 존재들에 대하여, '어머니처럼' 저주며, 동시에 은총'이다. (『七祖語論 1』, pp. 263~64)

우리가 그토록 집착하는 그 '자아(自我)'란 무엇이며, 자아의 '실다움'이란 어떤 것인가. 우리는 '현재 입은 그 몸'을 '자아'라고 생각한다. 한 개인의 자아(個我, 小我)의 형성은 '과거의 기억력에 의존'한다. 한 개아(個我)가 갖고 있는 과거의 기억의 집적이 현재의 자아이다. 그러나 '현재의 자아'란 무량겁을 윤회해온 '어떤 한 갈마(羯磨)의 맺힘,' "'無意識'이라고 이르는 바다에서 한 주름 일어난 물주름, 한 물거품"에 지나지 않는다. 그것은 '우주적 자아(大我, Brahman)'로부터 분리된 '소아(小我)'일 뿐이다. 우리가 그토록 집착하는 그 자아, 한 개아에게 인식되어진 그 자아란 한순간의 덧없는 '환상'에 지나지 않는다. 이러한 자각이 '마음의 우주'로 가는 출발점이다. 본래의 자아, 진정한 자아(우주적 자아)를 인식하기 위해서는 우리의 기억력을 '무의식'의 시간인 저 무량겁의 전생과 후생에까지 확대시켜 봐야 할 것이다. 본질적 자아, 즉 '大我'에 이르기 위해서는 하나의 물거품과도 같은 '小我'는 부정되어야 한다. 현대인의 불행("오늘날 창궐 만연하는, 염세자살이며, 행복하지 못하기, 불만족, 불안, 초조 등")도 실은 "자기를 사랑할 줄 모르기에 의해서가 아니라, 자기를 좀定할 줄 모르는 데 근거하고 있다"고 작가는 말한다. 한 걸음 더 나아가, 한 개아가 이승에서 입고 있는 육신은 "그것을 입고 입는 자의 아집(我執) 자체"이며, 우리가 집착하는 자아란 우리의 편견에 다름 아니다. "돼지는 돼지의 편견(偏見) 때문에, 돼지"라고 작가는 말한다. 그래서 어떠한 종교든 인간을 "보다 나은 우주에로 이끌려 하면, '自己否定'이라는 고행 난행을 說하며, '스스로 된 고자'를 찬양"(『七祖語論 2』, p. 267)하게 된다. '출가(出家)'란 "거세(去勢), 즉 스스로 고자 되기"(『小說法』, p. 153)를 수행하는 것이다. 불가(佛家)에서 '해탈'을 위한 수행 방법은 크게 두 가지로 나뉜다.[71] '신수적(申秀的) 수행'과 '혜능적(慧能的) 수행' 방법이 그것이다. "하나는 살로, 하나는 말로 나타나 있어," 작가는 이를 각각 '온육파' '어선파'라고 부른다. 이들은 서로 수행 방법만 다를 뿐이지, "그 목적은 같고, 닿는 경지가 같다"고 하면, 거기 무슨 우열이 있는 것은 아닐 것이다. 다만 보편적으로 소통될 수 없는 '한 손가락 뻗쳐 올리기'라든가 'Only don't know'라는 투의 설법은 많은 중생들에게는 무의미할 뿐이라고 작가는 말한다.

한편, 해탈에 이르는 과정은 연금술사의 연금 과정에, 또는 동화적으로는 공주를 구하기 위해 찾아 나서는 왕자의 수난 과정에 비유될 수 있다. 연금술에서 저 '金'을 이뤄내기까지는, 또한 저 왕자가 공주를 구출해내기까지는 수많은 장애, '훼방꾼'을 만나게 될 것이다. 진화의 과정에서 나타나는 훼방꾼, '모든 부정적인 힘'의 상징이 '붉은 용'이다. '붉은 용'이란 말은 그 출처를 성서에 두고 있는데,[72] '옛뱀'(하와를 유혹한 에덴동산의 뱀)이 현재에 가담해서 출현한 것이 '붉은 용'이다. 어떤 거대한 부정적 힘이 '종교적 혹은 童話的 상상력' 속에서 태어난 것이 '붉은 용'인데, 이것은 "머리가 일곱이요 뿔이 열"(『잠의 열매』, p. 165)이며, 마치 히드라처럼 죽어도 죽어도 되살아나는 불사(不死)의 존재이다. '붉은 용'은 여러 가지 이름으로 불리는데, 이것을 좋게 부를 때에는 '地主님' '큰비암님'으로 불리기도 하며, 나쁘게 부를 때는 '독룡(毒龍)' '십이충(十二蟲)' 등으로 불린다. 또한 물질만능주의 시대에 '물신(物神)'과도 같이 "붉은 용이 스스로를 신격화하여 나타난 것"을 '몰록moloch'(『잠의 열매』, p. 167)이라 부른다. 이 '붉은 용'은 "해산 하려는 여자 앞에서 그가 해산하면 그 아이를 삼키고자" 벼르고 있는 모습으로 형상화된다. 그런데, 저 '붉은 용'은 어미로부터 분만되는 자식을 집어삼키려고 벼르고 있을 뿐만 아니라, "저 어미를 임신케 한 그 아비 당자"(『평심』, p. 111)도 또한 '붉은 용'이라면, 저 '붉은 용'의 상징적 의미는 그렇게 간단하지가 않다. '붉은 용'은 프라브리티 우주에서 탄생과 죽음을 운영하는 저 거대한 힘, '생명의 윤회' 그 자체의 상징이며, 더 나아가서는 '축생도' 또는 '삼악도(三惡道)' 자체, 즉 '프라브리티의 구조'[73] 그 자체의 상징이라 할 수 있다. 요컨대, "갈마(羯魔)의 의인화"(『잠의 열매』, p. 165)가 '붉은 용'인데, 누구도 '갈마(業)'를 여위지 않는 한 저 '붉은 용'으로부터 벗어날 방법은 없을 것이다. '갈마(羯魔)가 입은 옷,' 즉 육신 자체가 '붉은 용'이기 때문이다. 물론 저 '붉은 용'은 싸워서 극복해야 할 대상이다. 하지만 축생도에서 '먹고/먹히기'의 저 '상극적 질서'가 그렇게 부정적인 것만은 아니듯이, 이 훼방꾼 '붉은 용'은 그냥 장애라거나 저주인 것만은 아닌 것이다. 이것은 연금술에서 금을 이루어내기 위해 반드시 필요한 '연금술적 독(鍊金術的 毒)'과도 같은 것이다. 이 '독'이 없다면 연금 자체가 가능하지 않은 것과 마찬가지로, 저 '붉은 용'이 없다면 인간의 진화 자체가 가능하지 않다. 저것이야말로 진화의 원동력이며 또한 '도약대'가 된다. 한 걸음 더 나아가, 이 '훼방꾼'은 저 "'붉은 金'을 이뤄내는, 鍊金術師 당자"[74]이며, 또한 왕자 "자기가 찾아 나선 '공주'가 다름 아닌, (그 공주를 가둬 넣고 있는) '魔女(붉은 용)'"인 것이다.

이 마을은 그러고 본다면, "길을 잘못 들어, 魔女네 가축우리에 갇힌, 둘째 王子"의 운명을 살고 있음이 분명하다. 자기가 찾아 나선 '공주'가 다름 아닌, 그 '魔女'라고 알 때의, 그 '王子'의 놀라움은 크겠느냐? 그 놀라움을 통해 부디 그 젊은네는 見性커라. 그리고 公은, '모험 찾아 길 떠난, 세 王子'의 얘기를 잘 새겨두거라, 왜냐하면, 見性키 전에, 인간이라는 有情의 苦海 헤치기는, 저렇게 요약되기 때문이다. (『七祖語論 1』, p. 323)

박상륭의 사유에서 "세계는 한번도 二元論的으로 구성되어져 있은 적이 없"(『七祖語論 4』, p. 58)는데, 그러므로 절대적 '사(邪)'나 '마(魔)'란 있을 수 없다. 에덴동산에서 하와를 유혹해 저 최초의 인간들을 쫓겨나게 했던 '옛뱀,' 그 '옛뱀'이 '현재'에 출현한 것이 '붉은 龍'인데, 이 '옛뱀'으로 인해 에덴동산의 인간들은 죽음과 출산의 고해 속을 헤매게 되지만, 이로 말미암아 흙으로 빚어진, "저 '파괴될 성질의,' '완전치 못한,' 그런 조악한 '물질'"(『죽음의 한 연구』, p. 243)로 만들어진 인간에게 '중생(重生)' 혹은 '영생(永生)'의 가능성이 주어진다. 그래서 작가는 이 '옛뱀'이 저 최초의 인간들을 유혹한 것은 그들을 구원하기 위한 신(神)의 의도였으며, 더 나아가서는 이 '옛뱀'이야말로 신 자신이라고까지 말한다. 저 '붉은 용'은 연금술의 '독(毒)'과도 같은 것인데, 물론, "이 '毒'에 의해, 質料의 新生, 또는 重生도 가능해지는 것이지만, 그래서 그것은 필수적인 것이지만"(『七祖語論 4』, p. 443), 그러나 더 많은 경우에 저것은 원초적 질료를 '와해'시킨다. 질료를 '금'이 아닌 '똥'으로 만들어 버리는 것이다.

'몸의 우주'에서 '말씀의 우주'로, 여기에서 다시 '마음의 우주'로 진화하는 과정이 작가가 말하는 '진화론(進化論)'이다. 이러한 진화의 과정을 한마디로 요약한 것이 바로 '가테 가테 파라가테 파라상가테(Gone gone, gone to the other shore, gone beyond the other shore)'라는 주문이다. "이때 '가테-가다'는, '몸의 우주'의 진로며, '파라가테-피안까지 가다'는, '말씀의 우주'의, 그리고 '파라상가테-피안에서도 저 너머까지 가다'는 '마음의 우주'의 그것으로 주석될 수 있다"(『雜說品』, p. 347). 이러한 진화의 과정을 작가는 축소하고 또 축소해서 '(몸+말+맘=)矊論'이라고 명명하고 있다.

그러면 우리는 해탈에 이르는 종적 진화의 실천을 위해 무엇을 할 수 있는가. 물론 가장 적극적인 방법은 '출가(出家)'해서 수행을 쌓아가는 일이 될 것이다. 그러나 그런 일은 생활에 얽매어 있는 범부들이 할 수 있는 일은 아니다. 작가에 따르면, "유정은 하나의 목적, 고해를 벗어나려는 하나의 목적을 갖고, 해탈에로 이르는 길고도 먼 천로(天路)에 올라"있다. 그런 점에서 유정의 삶 자체가 이미 종교이며, "한 우주가 송두리째 한 寺院"(『七祖語論 4』, p. 143)이다. 근본적으로 유정들의 모든 행위는 '종교적' 행위이다. 작가는 "한 가정을 꾸미고, 꾸려나간다는 일은, 종교적 고행과도 맞먹음이 분명하다"(『평심』, p. 135)고 말하는가 하면, "출가(出家)치 않으려거든, 집 이뤄, 애써 살기의 도(道)닦기에 열심인, 그것이야말로 참종교는 아니었겠는가?"(『평심』, p. 129)라고 말하기도 한다. '출가해서 道닦기'나 '애써 살기의 道닦기'가 근본적으로는 다를 바가 없다는 것이다. 특정한 구도 행위만이 종교가 아니라고, "여기에 없는 것은 아무 데도 없으며, 저쪽에 있는 것은 여기에도 있다"(『평심』, p. 136)고, 그래서 '출가해서 道닦기'나 '애써 살기의 道닦기,' 즉 '구도적 수행과 일상적 삶'은 다른 것이 아니라고 작가는 말한다.[75] 인간은 해탈에 이르는 길고도 먼 천로(天路)에 올라 있다는데, 그러면 보다 구체적으로 어떻게 그 천로에 오를 것인가. 작가는 그 천로에 "'오르는 힘'은 '사랑'"이라고 말한다.

그리하여 늙은네는, 그 '사랑'을 질료로, '菩薩心(보디시타 Bodhicitta)'를 鍊金했으면 했던 것이다. 가능하다면, '사랑'에서, 함량되어 있을 수도 있는 불순물을 제거해내기를 통해서 말이지. (이 '불순물'이 뭣이나 될지는, 허기는 말하고 있는 당자도 잘은 모른다.) 이 늙은네 믿음에는 헌데, 저것(사랑)이야말로, '空'을 '色化'해낸 원동력(空卽是色! —그렇다면, 畜生道를 요연하게 하는, 그 힘도, 이 '사랑'이던 것?)일 뿐만 아니라, 동시에, 重力을 임신한 것들 중에서도, 이것의 힘을 어떻게 운용하는지, 그것을 아는 모든 것들을, 非重力,

또는 無重力의 고장에다 되쏘아 올려주는, 그 힘도, 이것(사랑)이던 것이다. 그렇다면, 이 '사랑'이야말로, 神들이며, 보살들이, 衆生을 돕기 위해, 重力을 입어, 내리는 층계이기도 하며, 동시에, 우리들 아래쪽 세계의, 고통받는 有情들 앞에 놓여진 天路이기도 한데, 위험한 것은, 저 나라카의 魔力들이, 天力들과의 권력 투쟁을 위해, 人世라는 戰場엘 오르는데도, 이 같은 길을 쓴다는 것일 것이다. (『七祖語論 1』, pp. 367~68)

신(神)들이 이 땅에 그토록 풍요로운 생명을 요연하게 한 것도, 중력(重力)에 묶여 있는 중생(衆生)을 돕기 위해 중력을 입어 내려오는 그 층계도 사랑이고, 또한 이러한 중생들을 저 비중력(非重力)의 해탈에 이르게 하는 천로(天路)도 사랑이다. 사랑은 '空을 色化해낸 원동력'이며 동시에 '色'을 '空化'하는 원동력이라고 작가는 말한다. 사랑은 인간을 종적(縱的)으로 떠올려주는 힘의 원천이다. 사랑의 또 다른 이름은 '자비(慈悲)'이며 '선(善)'이다. 다만 선을 갈망하기만으로도 묶은 악업(惡業)이 모두 중화된다고 하니 '선-사랑'의 힘은 얼마나 강력한 것인가. "魔가, 못 먹는 음식이 있다면, 그것은 善이라고, 또는 '사랑'이라고"(『七祖語論 1』, p. 351), 세상의 온갖 부정적·파괴적 힘들을 중화하고 용해하여 세상을 살 만한 곳으로 만들 수 있게 한 그 힘 또한 사랑이라고(『잠의 열매』, p. 257 참고), 그래서 "그 '사랑'을 질료로, '菩薩心(보디시타Bodhicitta)'을 鍊金"하는 것이 종적 진화의 실천이라고 작가는 말한다. 그런데 이러한 사랑의 연금술은 필연적으로 고통을 동반한다. "'사랑'이라는 金은 왜냐하면, 自己否定을 통해서밖에,

달리는 어떻게도 이뤄지지가 않기 때문"(『七祖語論 1』, p. 353)이다. 이러한 '사랑의 연금술'을 작가는 '자비의 법륜(法輪) 굴리기'라고 말한다. 촛불중 '칠조'의 자기 부정을 통한 사랑의 연금술, '자비의 법륜 굴리기'는 이렇게 나타난다.

> 衆生이 당하는 모든 고통과 惡이 내게(移轉하여)서 익고 있는 동안,
> 내가 누려야 하는 法悅과 法德은, 부디 저들 속에서 익을 지어람.
> 아으,
> 모든 有情들께, 나의 得法과, (魔羅와의 싸움에서 거둔) 승리를 바치나니요,
> 당신네들이 입은 손상과 패배는 내가 취하리오.
> 다, 다, 다!
> 번뇌의 불길에 그을린 촛불중은, 재였다. 재 속에서 뿌지직 일어난 촛불중은 髑髏였다. (『七祖語論 4』, pp. 45~46)

저 촛불중의 고통을 동반한 사랑은 '앓음답다.' 이 '앓음답다'는 말은 고통이 수반된 아름다움을 나타내기 위해 '아름답다'는 말과 '앓다'라는 말을 합성하여 작가가 만들어낸 말이다. 저 '앓음다운' 사랑은 이승과 저승의 경계를 넘어서까지 교류된다. "이승에서 저승으로 피는 꽃," 무덤 위에 핀 '할미장꽃'의 '앓음다운' 사랑을 작가는 이렇게 나타내고 있다.

사랑은 슬픈가? 할미장꽃의 까닭을 그래서 알겠구나, 저승에서

흐르는 사랑의 눈물을 받으려고, 그래서 그것은 숙어서 핀다네. 이승에서 저승으로 피는 꽃, 아으, 사랑은 그래서, 참으로 슬픈가?
(『七祖語論 4』, p. 321)

무덤 위에 핀 할미장꽃이 땅 쪽으로 고개를 숙여 피어나는 것은 "저승에서 흐르는 사랑의 눈물을 받으려고" 그렇게 피어나는 것이다. 그것은 "이승에서 저승으로 피는 꽃"이다. "무덤에까지 가져갈, 그렇게나 귀중한 것이 있다면, 또는 꼭 놓아두고 갈 소중한 것이 있다면, 그것은 사랑일 것"이라고 작가는 말한다.

'해탈'이란 연금술에서 '금(金)'을 만들어내는 것만큼이나 지난한 일이 아닐 수 없다. 연금술사들에 있어서 '금'은 그들의 목적이지만, 그 목적의 달성은 불가능에 가깝다. 그래서 그 '금'은 '목적'인 것으로부터, '과정'으로 변모치 않을 수 없게 될 것인데, '순수한 영혼'을 연금하려는 연금술사들에게 순수한 영혼이라는 '금'에 도달하려는 그들의 고행이 '앓음답'듯이, 해탈을 향한 인간의 자기부정과 끊임없이 자기를 초극하려는 이러한 고행 자체가 '앓음다운' 것이라고 작가는 말한다.[76]

제 2 부
상징

박상륭의 작품은 온통 상징과 비유라 해도 과언이 아니다. 작품의 구조와 작중 인물들의 행위들, 수많은 신화와 동화, 그리고 작가가 사용하고 있는 상징적 이미지와 어휘, 그의 작품은 온통 상징으로 가득 차 있다. 그는 고도의 종교적 형이상학을 수많은 상징과 비유로 풀어내고 있다. '판켄드리아'라는 인간이 개발한 상징과 비유는 형이상학이나 추상, 초현실보다 더 높고 깊고 넓은 것을 넘겨다볼 수 있는 방법이라고 작가는 말한다.[1] 상징은 보다 넓고 깊은 우주의 신비를 들여다볼 수 있게 해주는 창문이며, 프라브리티(色界)와 니브리티(空界)를 연결해주는 통로가 된다. 니브리티의 우주를 프라브리티의 언어로 나타낸다는 것은 불가능에 가깝다. 상징을 통하지 않고는 니브리티의 신비를 열어볼 방법은 없을 것 같다. 상징은 그래서 쉽게 풀리지 않는다. 어떤 의미에서 박상륭의 작품을 이해한다는 것은 그가 사용하는 상징과 비유의 의미를 풀어가는 과정이다. 신화와 동화의 상징적 의미, 잠, 꿈, 해골, 처용, 신발 등등

제2부 상징 115

의 상징적 의미를 이해하지 않고는 그의 작품을 읽어내기가 쉽지 않다. 박상륭의 작품은 고도의 형이상학적 관념들로 가득하다. 이러한 관념들이 다만 사변적으로 진술되어 있다면 그것은 하나의 철학 혹은 형이상학적 작품이 되었을 것이다. 박상륭의 작품들이 소설이란 이름으로 불릴 수 있는 중요한 이유 중의 하나는 이러한 관념들이 수많은 상징과 비유로 형상화되어 있기 때문이다. 여기에서는 작가가 사용하고 있는 수많은 상징 중에서 가장 비중이 크다고 여겨지는 몇몇 상징들, 즉 '잠과 꿈' '해골' '신발' '처용' 등의 상징적 의미를 살펴보고자 한다.

1. 잠과 꿈

— 잠
— 꿈
— 꿈과 현실
— '실다움'

　박상륭의 작품에는 '잠' 그리고 '꿈'에 관한 얘기가 많이 나온다. 잠과 꿈이 넓은 의미(우주적 의미)로 사용될 때, 그것들은 유정의 진화와 밀접한 관계가 있기 때문이다. 먼저, '꿈'의 모태가 되는 '잠'에 대해 간략하게 살펴보기로 하자. '잠'은 유정에 제휴해서만 가능하며 '깨어 있기'와 대립된다. '잠/깨어 있기'의 관계는 '무의식/의식'의 관계라 할 수 있다. 한편 앞에서 살펴본 바와 같이, '몸/말씀'의 관계는 '무의식/의식'의 관계이며, '밖/안'의 관계이다. 이렇게 볼 때, '잠'은 무명(無明)에 싸여 있는 '몸(獸皮)' 혹은 '몸의 우주'의 상징이 된다. 유정의 진화와 관련해서 보면, '밖'인 '몸'은

'안'인 '자아(自我)'가 깨워내야 할 깊은 '잠'이며, 아직 의미(意味)를 부여받지 못한 다만 하나의 기호(記號), 무의식(無意識)이다. 모든 유정의 '몸' 하나하나가 하나씩의 '잠'이며, 그 잠들이 모여 있는 저 한 '몸의 우주' 또한 거대한 잠이다. 저 한 우주는 "빛이며 불멸인, 自我〔푸루샤〕"[2)]가 깨워내야 하는 자아 밖의 '어둠'이다. 다시 말하면, '自我' 밖에 있는 저 '한 宇宙'는 "도류가 깨워내야 하는, 깊고도 넓은 잠(睡)"이다. 진화란 저 '잠'을 깨우는 과정이며, 진화의 정점인 해탈 혹은 견성이란, 저 "깊고도 넓은 잠(睡)"을 모두 깨워낸 상태가 될 것이다. 이러한 경지에 이르면 "이제껏, '남(他)'이라고, '밖(他)'이라고 여겨왔던 것들과, '자기(自)'라고, '안(自)'이라고 해왔던 것들과의 사이에서, 경계가 없어져"(『七祖語論 1』, p. 180) 버릴 것이다.

이제 꿈의 상징성을 살펴보기로 하자. 박상륭의 작품에서 꿈은 매우 복합적인 의미를 갖는다. 인간만 꿈을 꾸는 것이 아니라 '神(우주적 大力)'들도 꿈을 꾼다고 하기 때문이다. 그러므로 '꿈'은 대별해서 '인간의 꿈'과 '신의 꿈'으로 나누어 볼 수 있다. 박상륭의 작품에서 '꿈'을 말할 때, 그것이 '인간의 꿈'을 말하는 것인지 '신의 꿈'을 말하는 것인지 구별하여 이해하는 것이 필요하다. 먼저, '인간의 꿈,' 즉 인간이 꾸는 꿈에 대해 살펴보자. "저 잠의 목구멍에서, 말(言語)이 '소리' 대신 '형상'을 입어, 일어"(『七祖語論 3』, p. 405)나는 것이 꿈이다. 그러므로 '꿈꾸기'란 "잠을 벗어놓고, 나들이하는 짓"이다. 저 꿈은 얼마간의 행망을 부리다 다시 잠으로 돌아온다. '잠'은 꿈의 모태이며 돌아올 집이다. 다른 축생들과는 달리,

인간은 자면서도 꿈을 꾸지만 깨어서도 꿈을 꾼다. 자면서 꾸는 꿈과 깨어서 꾸는 꿈은 확연히 다르다. 전자는 '무의식' 상태이지만, 후자는 매우 고양된 '의식 활동'이며 '상승에의 욕망'의 발현이다. 깨어서 꿈꾸기, 이러한 꿈꾸기가 없다면 인간의 진화도 가능하지 않을 것이다. 깨어서 꿈꾸기는 오히려 무명에 휩싸여 있는 깊은 잠을 깨우는 행위이다. 즉, 역설적으로 '꿈꾸기'가 '잠 깨기'가 되는 셈이다.

――畜生은, 이해되어져오기로는, '無明' 자체에서, (필시, "아직 알려져본 적이 없는," 또는, "化現해본 적이 없는," 무엇인가가 자는) '잠'이며, 그 '잠'은 헌데도, 그것 자체로 움직이는 '잠'이어서 동시에, (무엇인가가 꾸는) '꿈'인데, 畜生은 그러니, '잠/꿈' 사이에 구별이 없어, 말하자면 '홑꺼풀'인 데 반해 (白痴[는 물론, 大悟徹底한 정신과 같은 상태를 드러내는 듯도 싶으지만]와, 蠻人, 그리고 幼兒 등은, 아직도 原初的 質料에 머물러 있어, 제외해야겠지만,) 사람이라는 有情은, 자라기와, 경험하기와, 배우기를 통해, 어느 날, 저 '잠=꿈'에다 구멍을 희게 내고(莊子가 꾸었던, 그 꼭같은) '나비'가 되어, 빠져 날아오른다. (『七祖語論 3』, p. 70)

'잠/꿈'의 관계는 '정(靜)/동(動)'의 관계이다. 우주적 차원에서 '잠'이 무명(無明, 무의식)에 싸여 있는 '몸(獸皮)' 혹은 '몸의 우주'의 상징이라면, 무명에 싸여 있는 축생은 '잠 그 자체'이다. 그런데 그 '잠'은, '그것 자체로 움직이는 잠'이어서 또한 꿈인데, 어떤 대력이 꾸는 '꿈'이다. 이런 관점에서 보면, 축생에 있어서 잠과 꿈은 구별되지 않는다('잠=꿈'). 그러나 인간은 축생도로부터 훨씬 벗어나 있어 축생의 경우와는 확연히 구별된다. 인간 역시 '무명(無明)'이라는 잠에 싸여 있지만, 그 잠은 "'꿈'을 잉태하고 있는 '잠'"(『七祖語論 3』, p. 104)이다. 축생은 의식을 갖고 있지 않기 때문에 자신의 꿈을 꾸지 않지만, 인간은 자신의 꿈을 꾸는 존재이다. 인간은 어떤 대력(혹은 神)이 꾸는 꿈의 객체이면서, 또한 어떤 것을 꿈꾸는 꿈의 주체가 된다. 깨어서 꾸는 인간의 꿈은 "'깊은 잠' 속에서 익은 上昇에의 '꿈'"(『七祖語論 2』, p. 288)이다. 그래서 이러한 인간의 '꿈꾸기'는 오히려 '잠 깨기'가 된다. 다시 말하면, 인간의 꿈꾸기는 '잠 깨기'의 과정이며, 상승 의지의 발현이다. 인간은 꿈꾸기를 통해 잠에 구멍을 내고 '나비'가 되어, 그 잠으로부터 빠져 날아오르는 존재이다. 이렇게 볼 때, '잠/꿈'의 관계를 진화의 과정과 관련시키면 '몸/말씀'의 관계가 된다. 인간 자신이 깨어서 꾸는 '꿈꾸기=잠 깨기'는 종적 진화의 과정에서 '말씀의 우주'에 상응한다. 저 '꿈꾸기=잠 깨기'가 완성되는 상태가 '마음의 우주,' 즉 해탈에 이르는 것이 될 것이다. 한 유정이 자기의 잠을 다 깨워내지 않고는 이승을 떠나도 결국 다시 이승으로 돌아올 수밖에 없다. 나들이 간 꿈이 결국 돌아올 곳은 '잠-몸의 우주'밖에는 없기 때문이다. 해탈이란 돌아올 잠을 남기지 않고 다 깨워내는(꿈꾸어내는) 것이다. "돌아올 잠을 남기지 않은 꿈, 그런 꿈은 이제, 더 이상 꿈도 아니다."[3] 즉 견성 혹은 해탈을 성취한 상태가 될 것이다.

다음으로 '신(神)의 꿈'에 대해 살펴보자. 그러면 '신의 꿈'이란 무엇을 말하는가. 신은 스스로를 화현(化現)하는 대신 '꿈꾸는 잠을 잔다'고 이르며, 신이 꾸어대는 꿈의 내용이 바로 화현된 우주이다.[4] 즉 화현된 우주의 모든 현상과 존재는 '신의 꿈'이다. 우리가 현실이라고 믿고 있는 그것은, 우주적 차원에서 보면 어떤 대력(신)이 자면서 꾸는 '꿈'에 지나지 않는다. "땅에서는, 그것이 무신 실다움인 듯이 움켜쥐어, 굳세게 붙들고 놓으려 하지 않는 어느 것이나 없이, 그 실제는, 하늘의, 또는 그 반대쪽의, 누가, 낮에, 또는, 밤에 꾸는, 꿈의 조각〔夢片〕들에 불과"(『七祖語論 1』, p. 288)한 것이다. 인간의 삶, 더 나아가서는 화현된 우주 전체가 무명에 싸여 있는 '잠'이면서 동시에 어떤 대력이 꾸는 꿈이다. 그런데 그 어떤 '대력(신)'이란 무엇인가. 앞에서 살펴본 바와 같이, '내재적 신'의 관점에서 보면, 또는 '마음의 우주'의 눈으로 보면 '신'은 '本으로서의 自我(푸루샤)' 이외에는 아무것도 아니다. '신'은 어디 위쪽에서 강림한 자가 아니라, "판켄드리야의 안에서, 무량겁의 잠을 떨치고 일어난"(『神을 죽인 자』, p. 103) 어떤 것(타트)이다. 한 유정의 본체인 '자아'가 꾸는 꿈이 그 유정의 '몸'이며, '삶'이다. 이러한 관점에서 한 유정의 '몸' 그리고 그 삶, 나아가서는 화현된 우주 전체는 그 유정의 본체인 '자아'가 꾸는 꿈일 뿐이다. 이러한 깨달음이 있을 때, "이제껏, '남(他)'이라고, '밖(他)'이라고 여겨왔던 것들과, '자기(自)'라고, '안(自)'이라고 해왔던 것들과의 사이에서, 경계가 없어져"버릴 것이다. 이렇게 되면 '현실'은 그 '실다움'을 상실하고, '자아'가 꿈꾸는 한 조각의 '꿈'이 되어 꿈과 현실의 경계는 사라져버린다. '장자'는 '나비 꿈'에서 "촌로가 나비를 꿈꾸었느냐, 그 나비가 촌로를 꿈꾸었느냐"고 자문한다.

村老가 나비를 꿈꾸었느냐, 그 나비가 村老를 꿈꾸었느냐, ──村老는 다행하게도 그것을 자문하고 있었다만은, 보게여, '꿈'이란, 잘 알려져온 한 명제를 좇으면, 이러하다네여, "밤의 魂은, 낮의 몸과 같으며, 낮의 魂은, 밤의 몸과 같다"고 하거늘, '꿈'이란 그런즉, 밤의, 魂의 그 분방한 作爲라고 이해될 것이기도 한 것이다. 이때의 '밤'과 '낮'은, '잠'과 '깨어 있기'에 대한 일반적으로 이해되어져 있는 상태에 대한, 일반적 이름인 것이다. '일반적으로 이해되어져 있는 상태' 너머 쪽을 절시하기로 한다면, '깨어 있기'란 다름 아닌 '꿈'인데, 그렇다면, '낮'도 '밤'이 꾸는 '꿈'에 불과하여, '낮'이란 幻의 相이라는 얘기를 할 수 있게도 될 터이다. (『七祖語論 3』, pp. 24~25)

『장자(莊子)』의 「제물론편(齊物論篇)」에 나오는 '장자의 나비꿈'[5]에서 '莊子'도 물론, '자기가 꿈꾸는 나비'를 보며, 그것이 즐겁게 봄 뜰을 날고 있다고 보지만, 그 '나비'도, 봄날 볕에 고개를 떨구고 자는, 그 '잠(장자)'을 내려다보며, "누가 누구를 꿈꾸고 있느냐?"고 묻고 있다. 장자는 '장자 자신'과 '나비' 중 어느 것이 현실이며 어느 것이 꿈인가 자문하고 있다. 위의 인용문에서, "밤의 魂은, 낮의 몸과 같으며, 낮의 魂은, 밤의 몸과 같다"고 할 때, '밤'을 '잠'의 비유로, '낮'을 '깨어 있기'의 비유로 이해한다면, '꿈'이란 "밤의, 魂의 그 분방한 作爲," 즉 "잠을 벗어놓고, 나들이하는 짓"인데, 그 '꿈(밤의 魂)'이 '낮의 몸(깨어 있는 몸, 현실)'과 같다는 것이다. 현실적 관점, 다시 말하면 '몸의 우주'의 관점에서 보면 '현실'과 '꿈'은 확연히 구분되지만, '마음의 우주'의 차원(" '일반적으로 이해되어져 있는 상태' 너머 쪽")에서 보면 '현실(낮의 몸)'이란 어떤 대력(은 곧 '自我')이 꾸는 '꿈(밤의 魂)'에 지나지 않는 것이다. 이 말은 '장자'라는 현실(낮의 몸)과 '나비'라는 꿈(밤의 魂)이 다른 것이 아니라는 말이다. 그래서 "밤의 魂은, 낮의 몸과 같으며, 낮의 魂은, 밤의 몸과 같다"는 것이다. '장자'와 '나비'가 서로 다른 것이 아니라, 꿈속의 나비는 장자 자신의 '전치(轉置)된 자아(自我)'일 뿐이라는 것을 깨우치는 것, 이것을 작가는 (莊子의) '나비化'[6]라고 부른다. '自我'를 우주적으로 '나비화'한다는 것은 우리가 현실이라고 생각하는 그 현실은 어떤 대력(혹은 自我)이 꾸는 꿈일 뿐이며, 그 꿈속에 등장하는 모두는 '꿈을 꾸는 당자' 이외에 다른 아무것도 아니라는 것을 깨우치는 것이다. 이렇게 보면, 어떻게 '나'와 '남'의 구분이 가능하겠는가. 「처용가」가 '무가(巫歌)'로서 지금까지도 잘 전해져 내려올 수 있었던 것은 '처용'이 현실을 꿈으로 돌릴 수 있을 만큼 깨친 인물이었기 때문이다.

'屈折의 겹'의 수에 좇아, 그것이 엷어 홑겹에 가까우면 그래서, 蠻人 處容은, 蠻勇에 북받쳐, 대번에 도끼를 쥐어 내달아, 저 姦夫·姦婦를 다치게 하려 덤빌 터이지만, 그래서, 文化人 處容은, 달 밝은 바깥 거리로 되돌아나가며, 청승노래나 한 자리 불러젖힌다. 그러며, 그 '겹'의 수를 더해갖고 있는 자는, 방금 전에 자기가, 훔쳐 본, 자기 안방의 풍경을, 하나의 꿈으로도 돌려, 그 姦淫을 즐기려 할지도 모르는데, 그것이 만약, 꿈으로 돌려질 수만 있다면, 處容 자기가 본 그 姦淫의 광경은, 姦淫이 아니라, 자기가 어떤 客의 얼굴을 빌려, 자기의 마누라를 상관하고 있어, 그것은 매우 승한 꿈이라고, 할 수 있게 될 것이다. '꿈'을 좇으면, 그 '꿈'에 가득한 한 우주가, '꿈'을 꾸는 당자 말고, 다른 아무것도 아니던 때문이다. (『七祖語論 3』, p. 69)

처용은 밤늦도록 밖에서 놀다 집에 돌아와 보니 누군가가 자기의 마누라와 상관하고 있는 현장을 목격하게 된다. 처용은 눈에 보이는 현실만을 실다움으로 아는 홑겹의 눈을 가진 '만인(蠻人)'이 아니었다. 현실을 꿈으로 돌릴 수 있었던 처용은 저 '姦夫·姦婦'를 향해 대번에 도끼를 쥐어 내달아 저들을 쳐 죽이려들지는 않고, 달 밝은 바깥 거리로 되돌아 나가 청승노래나 한 자리 불러젖힌다. 처용은 자신이 보고 있는 현실을 자신이 꾸고 있는 한 조각 꿈으로 돌려버린 것이다. "'꿈'을 좇으면, 그 '꿈'에 가득한 한 우주가, '꿈'을 꾸는 당자 말고, 다른 아무것도" 아니었던 것이다. 지금 자기의 마누라를 범하고 있는 저 간부(姦夫)는 '타자(他者)'가 아니라 '전치(轉置)된 나(自我)'일 뿐이라고 생각한다면, "處容 자기가 본 그 姦淫의 광경은, 姦淫이 아니라, 자기가 어떤 客의 얼굴을 빌려, 자기의 마누라를 상관하고" 있는 것으로 생각될 것이다. 그러면 처용은 저 간음(姦淫)의 광경을 자신의 행위인 양 즐길 수도 있지 않겠는가.

다음으로 「춤추는 열두 공주」라는 동화와 관련된 꿈의 경우를 보도록 하자. 박상륭의 작품 속에는 많은 동화가 등장하는데, 그것은 동화적 상상력이 흔히 매우 '고차적 형태로서의 종교와 관련'되어 있기 때문이다. 이 동화에서는 현실적으로 도저히 이해할 수 없는 일이 벌어진다. 공주들은 밤마다 꿈속에서 나들이를 떠나 밤새도록 멋진 왕자들과 즐겁게 춤을 추며 즐기다가 돌아온다. 하지만 그건 꿈일 뿐이고, 실제로는 왕의 신하들의 철통같은 경비 속에서 공주들은 밤새도록 자기들 방에서 아무 일 없이 잠을 자고 있을 뿐이다. 그런데 아침에 보면 전날 새로 마련해 가지런히 놓아두었던 공주들의 신발이 어김없이 무참하게 해어져 밑창에 구멍이 나 있다는 것이다. 해괴한 일이 아닐 수 없다.

「춤추는 열두 공주」라는 얘기를 생각해보려무나. 이 '수피'는, 저 어디 땅 아래로 이어지는 굴길을 좇아, 무도회에 나서는, 저 공주들이, 이쪽 편에다 벗어놓은 '잠,' 또는 그 '육신'들의 뜻이 아니겠느냐? 잠을, 또는 수피를 벗어놓고, 나들이하는 짓이란 하긴, 꿈, 그렇다, 꿈꾸기 말고 또 무엇이겠느냐? 꿈길을 헤매는데도 신발은 해진다. 그럴 것이, 동화적 상상력 속에서는, 그리고 그것의 가장 고차적 형태로서의 종교와 관계되어서는, 삶의 행위라는 것의 실다움과, 실다움 아닌 것의 구별이 잘 안 되기 때문일 것인데, 그럴 때, 무엇이 누워 자며 저 삶이라는 꿈을 꾸느냐, 는 의문의 일어남을 본다. 〔……〕이래서 다시 보면, 「춤추는 열두 공주」 얘기는, 식물적 상상력의 자궁에서 분만된 것인 듯도 싶으다. 꽃들은 밤마다, 수맥을 타고 나무 둥치를 내려, 땅 아래로 내려간다. 그럴 때 남아 있는 둥치는, 잠이며 수피이다. 아침에는, 그것들이 신었던 무혜(舞鞋)의 밑창에 구멍들이 나 있다. 그 무혜들은 버려진다. 꽃잎들은 땅 위에 깔린다. 무참히 해진 무혜들—. (『평심』, pp. 136~37)

이 동화에서 공주들은 다만 꿈길을 다녀왔을 뿐인데(꿈을 꾼 것뿐인데), 왜 (현실에서) 신발이 해어져 구멍이 난다는 것인가. 왜 "꿈길을 헤매는데도 신발은 해진다"는 것인가? 여기에서는 '꿈'과 '현실'의 경계가 없어 보인다. 이 얘기는 현실적으로 이해가 되지 않는다. 그러나 이 동화를 '꿈'과 '신발'의 상징성, 그리고 '춤'의 상징성과 관련지어 생각할 때 이해의 실마리가 풀린다. 우주적 차원에서 볼 때, 화현된 우주란 어떤 대력이 추는 '창조의 춤'의 결과이며, 또한 어떤 대력이 꾸는 '꿈'에 불과한 것이라면, 프라브리티의 삶의 현장이란 '꿈들의 무도회장'일 뿐이다. 현실에서 일어나는 모든 현상은 어떤 대력이 추는 '춤'이며 또한 어떤 대력이 꾸는 '꿈'이다. 이렇게 볼 때, '꿈'과 '춤'은 같은 궤도에 놓이게 된다. 한편 인간적 차원에서 보면, 춤과 꿈은 모두 자유에의 욕망이며, 상승에의 욕망의 표출이다. 춤〔舞〕은 '불꽃'과도 마찬가지로, "重力에 거슬러, 살을 발판으로, 그것으로부터 타오르려는" 욕망이며, 또는 뱀의 "허물 벗기"의 욕망[7]이다. 또한 '춤-꿈꾸기'란 속박으로부터 벗어나려는 욕망이다. "束縛이 꾼 自由(解脫)에의 꿈"[8]이 '춤'이다. 그러니 '꿈길을 헤맨다'는 것은 궁극적 자유(해탈)를 성취하기 위한 몸부림의 비유가 아니겠는가. 해탈을 향한 인간의 진화 과정이란 인간이 입고 있는 '수피(獸皮)'를 벗는 과정이며, 저 '수피'는 무명(無明)에 싸여 있는 '잠'이라면, '수피'를 벗는다는 것은 무명에 싸여 있는 '잠'을 깨우는 일이다. '수피'를 완전히 다 벗어버리는 것, 즉 저 '잠'을 남김없이 깨우는 것이 해탈일 것이다. "이승을 떠난다고 떠났는데도 돌아와져 있음은, 그, 글쎄지, 그 有情은, 어디엔지 벗어 뉘어놓은, 자기의 잠을 다 깨워내 걸쳐입지를 안 했던 까닭이다"(『七祖語論 2』, p. 68). '잠'이라는 "수피를 벗어놓고, 나들이하는 짓." 그것이 '꿈꾸기'인데, 그렇다면 '꿈꾸기'란 무명에 싸여 있는 '잠'에 구멍을 내고 빠져나오는 일, 즉 잠을 깨우는 일이다. 현실에서, 해탈(자유)을 향한 인간의 상승 의지가 곧 인간의 '꿈꾸기'인 것이다. "꿈길을 헤매는데도 신발은 해진다"는 명제에서 '꿈길을 헤매는' 행위는 해탈을 향한 인간의 '꿈꾸기,' 무명의 잠으로부터 빠져나오는 일, 잠을 깨우는 과정이 될 것이다. 한편 '체용론(體用論)'의 관점에서 보면, '신발/발'의 관계는 '체/용'의 관계이며, '몸/마음(꿈)' 또한 '체/용'의 관계라 할 수 있다.* 그러므로 '신발/발'의 관계는 '몸/마음(꿈)'의 관계가 된다. 그렇다면 '신발'은 '몸'에 대한 비유가 된다. 저 '신발'은 '꿈꾸기'라는 '발(用)'이 신은 '신발(體)'이다. "몸도 신발(乘)이다. 그렇다, '푸루샤(宇宙的 自我)'가 신은 신발(프라크리티-自然)"(『七祖語論 4』, p. 488)이 '몸'이다. 한 인생의 삶이란 몸이라는 신발을 신고 그것이 다 해어져 구멍이 날 때까지 궁극적 자유(해탈)의 성취를 위해 헤매는 일이다. 그래서 "꿈길을 헤매는데도 신발은 해진다"는 것이다.

이처럼 우리가 '현실'이라고 굳게 믿고 있는 우리의 실존적인 삶도 '마음의 우주'의 눈으로 보면 어떤 '대력(神, 自我)'이 꾸는 '몽편(夢片)'에 불과하여, 그 '실다움'을 상실해버린다. 또한 "몸이라고 입어진 四大는 束縛에의 꿈이 얻어입은 幻衣"(『七祖語論 2』, p. 314)에 불과한 것이다. 현실이, 또한 인간의 삶이 꿈과 다름이 없고, 그래서 '물 위에 드리운 그리매 같은 幻衣'에 불과한 것이라

---

* 여기에 관해서는 뒤(pp. 139~46)에서 상세하게 언급할 것이다.

면, 우리는 이 '幻'을 어떻게 받아들여야 하는 것인가. '幻'은 '실답지' 않아 아무래도 좋은 것인가. 결국 남는 것은 '허무'일 뿐인가. 그렇다면 '실다움'이란 도대체 어떤 것인가. 무엇이 실체이며 알맹이인가. '마음의 우주'의 눈으로 '몸/말씀의 우주'를 내려다보는 것, 즉 '空'의 척도로 '色'을 보는 것, 이것을 박상륭은 '하향식 관법(下向式 觀法)'이라 부른다. 하향식 관법에 따르면 "존재나 사물들에서 알맹이가 뽑혀져 나가거나, 아예 없었던 것"이 되어버리기 때문에, "모든 것이 비었다고 이르며, 빔에 도달하기가 절대적 실다움에 미치기라는 것"이다. 이러한 '하향식 관법'은 마치 '흑혈Black Hole'과도 같아 모든 것을 '空'化하여 '허무주의(虛無主義)'에 떨어져내리기 쉽다. 이러한 딜레마를 극복하기 위해 '중관론(中觀論)'이 등장하기도 하지만, 작가는 이러한 '하향식 관법'에 대해 '상향식 관법'을 내세운다.

진정한 의미에서 중관은, 하향식 관법으로서가 아니라, 상향식 관법, 즉 진화론에서 그 올바른 모습을 드러내는 것이 아니겠는가? 이 상향식 관법은, 몸과 말씀의 우주의 무엇 하나도, 그것이 알맹이가 없는 빈, 그래서 헛것이라고 주장하는 대신, 그 모두는 있는 그대로 보다도 더 진하고 뜨거운 데다 무거운 실다움이라고 체험해낸다. 사관유정까지는 '생명(情)'과, 그 생명의 원동력이 되는 '魄(아니마)'이, 알맹이가 되어 있으며, 그 이후의 유정에게는, '생명과 정신,' 즉 '魂(지바)'과 '自我'가, 그 핵이 되어 있음인 것! 그러는 중, 마음의 우주에 도달한 뒤에는, 그 모두는 알맹이가 없는 환이며, 그래서 실다움이 결여된 것이라고, 다시 우주를 읽게 될 것인데, 여기부터는,

우주 대신 개인이 주제가 되는 것일 것이겠는다. 십만독 해온 『心經』, 새로 처음 읽거라! 그것을 下向式으로 확대 확산하려 한다면, 예의 저 모순당착의 유사구덩이에 떨어져, 空得을 했다고, ('空'을 '得'하다니? 그것도 그런 무슨 대상이드냐?) 공허한 울음을 울려 보내게 되는 것이, 그 결과일 테다. (『雜說品』, pp. 431~32)

작가 자신의 '진화론'('몱'論)의 토대가 되는 '상향식 관법'이란 '하향식 관법'에 대립되는 것으로 '몸/말씀/마음'의 우주를 각각에 상응하는 척도(눈)로 바라보는 것을 말한다. '상향식 관법'은, "몸과 말씀의 우주의 무엇 하나도, 그것이 알맹이가 없는 빈, 그래서 헛것이라고 주장하는 대신," 그 모두를 있는 그대로 '실다움'으로 받아들인다. '상향식 관법'에 따르면, '몸의 우주'에서는 "'생명(情)'과, 그 생명의 원동력이 되는 '魄(아니마)'이, 알맹이가 되어 있으며," '말씀의 우주'에서는, "'생명과 정신,' 즉 '魂(지바)'과 '自我'가, 그 핵"이 되어 있으며, '마음의 우주'에 도달한 뒤에야 비로소, "그 모두는 알맹이가 없는 환이며, 그래서 실다움이 결여된 것"이라고 우주를 읽게 된다. 그래서 한 인간이 '몸의 우주'나 '말씀의 우주'에 머물고 있는 한, 그가 체험하는 모든 현실, 그가 앓고 있는 상처와 고통은 '幻'이 아니라 너무도 '실재적'인 것이 된다. "어떤 '꿈' 속에 나타난 것들끼리는, 서로가 서로에게 진한 '실다움'이듯이, 幻도 幻들 당자들에게는 진한 '실다움'으로 여겨질 것은 당연"[9]한 노릇이다. '마음의 우주'의 눈으로 보면, 인간의 한 삶이 한낱 꿈에 지나지 않는다 하더라도, 또한 그 삶 속에 나타나는 모든 것들은 실체가 아니라 '환(幻)'에 불과하다 할지라도, 인간은 저 꿈이 활짝 깨어지기까지는 저 꿈의 실다움으로 살 수밖에는 없다. '마음의 우주'는 '몸의 우주'를 토대로 '말씀의 우주'를 통해 도달되기 때문이다. 그러니 '삶이란 결국 한바탕 모진 꿈일지언정, 살아 있는 동안, 그 꿈이 깨기도 전에 그 삶을 꿈으로만 돌려야 할 이유란 없는'(『죽음의 한 연구』, p. 425 참고) 것이라고 작가는 말한다. 진화의 목표가 되는 니브리티의 '쏯'이 '궁극적 실다움'이라고 한다면, 프라브리티 우주에서 체험되는 모든 것은 '현실적 실다움'이라 할 수 있을 것이다. '현실적 실다움/궁극적 실다움'의 관계는 '몸/마음'의 관계가 된다. '몸의 우주'와 '말씀의 우주'가 '마음의 우주'로 진화하기 위한 토대와 과정이 되듯이, '궁극적 실다움'에 대한 '현실적 실다움'의 의미 또한 그러할 것이다.

2. 해골

— '해골'이란?
— '죽음'과 '비어 있음'의 상징
— '女性的 국면의 원초적 질료'의 상징
— '해탈'의 상징

　박상륭의 사유에서 '해골'은 핵심 주제 중의 하나이다. 박상륭의 전 작품을 통해 수미일관된 주제는 '생명의 진화', 특히 '인간의 종적 진화'라 할 수 있는데, 해골은 인간의 종적 진화와 밀접한 관계를 갖고 있기 때문이다. 해골은 인간의 형해(形骸)를 말하며, 다른 동물의 형해를 해골이라 하지는 않는다. 해골의 의미를 밝혀내는 일은, 『죽음의 한 연구』의 무대가 되는 저 황폐한 고장 "유리를 살며 마른 늪에서 고기를 낚는다는 노력의 의미를 밝혀내는 일과도 맞먹을지 모른다"고 작가는 말한다. '해골'은 물론 한 생명, 특히 한 인간의 육체적 죽음의 잔해를 말한다. 한 생명이 죽으면 '情(생명)'

은 떠나고 육신만 남는다. 육신은 썩어 없어지고 해골만 남는다. '情(생명)'을 잃고 비어(空) 있는 것, "空과 다름없는 色"(『七祖語論 4』, p. 397)이 해골이다. 이런 점에서 해골은 일차적으로 '죽음'과 '비어 있음(空)'의 상징이 된다. 유정의 진화 과정에서 육체적 죽음은 생명의 종말을 의미하지 않는다. 한번 태어난 생명은 '완전한 죽음,' 즉 해탈을 성취하지 못하는 한, 끊임없이 새로운 탄생으로 이어지며, 죽음은 다음 단계의 삶을 위한 하나의 계기가 될 뿐이다. 진화의 과정에서 죽음은 다음 단계의 새로운 탄생을 위한 필수 조건이다. 연금술적 진화는 마치 애벌레가 한 마리의 나비로 변화하듯 존재의 획기적 변화로 이루어진다. 이러한 획기적 변화, 한 단계 진화된 차원으로의 전환은 원초적 질료의 죽음을 통해서만 가능하다. "몸의 죽음에 의해서라야만 영혼과 정신의 해방, 또는 부활이 가능"(『죽음의 한 연구』, p. 268)해지고, '자아(自我)'의 죽음을 통해서만 '마음의 우주'에 이를 수 있다. 죽음의 상징인 해골은 새로운 탄생을 위한 모태가 된다. 한편, 해골의 '비어 있음'의 상징과 관련해서 보면, 비어 있다는 것은 새로운 무엇인가를 받아들일 수 있는 용기(容器), 즉 하나의 '체(體)'이며 '음(陰)'이 된다는 것이다. 유정의 진화와 관련해서 해골은 '우주적 양력(陽力)'을 받아들이는 '우주적 자궁'이다. 이와 같은 해골의 일차적 상징, '죽음'과 '비어 있음(空)'은 유정의 종적 진화와 관련해서 대체로 두 가지의 중요한 상징적 의미를 갖는다. 해골은 '말씀의 우주'와 관련해서는 '女性的 국면의 원초적 질료'가 되고, '마음의 우주'와 관련해서는 '해탈'의 상징이 된다.

먼저 해골이 어떻게 '女性的 국면의 원초적 질료'가 되는가를 살펴보기로 하자. 비어 있다는 것은 무엇인가를 받아들일 수 있다는 것이다. 속이 비어 있는 해골은 새로운 무엇인가를 받아들일 수 있는 용기(容器), 즉 하나의 '체(體)'이다. '체'는 또한 '음(陰)'인데, 생명의 진화와 관련해서 그 무엇인가는 '우주적 양력(陽力)'이 될 것이며, '체-음'인 해골은 '용-양'인 '우주적 男根을 수용하는 체(體),' 즉 '우주적 자궁'이 된다. 해골은 다만 "무(無) 속에, 죽음 속에 무상(無常) 속에, 침몰해 버린 소멸이 아니고, 부활에의 희원(希願)으로 기다리고 누워 있는 암컷들"(『죽음의 한 연구』, p. 91)인 것이다. 기독을 신봉했던 "해골들은, 장차 '천사'들이 불어젖히는 나팔 소리에 잠을 깨일, 잠든 질료들인 것"이다. 해골은 '천문(天門)을 열었다, 닿는 데 암컷'이며, '용(用)'에의 희원 그 자체이다. 대지가 죽음의 장소이자 새로운 탄생의 모태이듯, 해골 또한 새로운 탄생의 모태가 된다. 이렇게 볼 때 '해골'은 무엇이든 새로운 차원의 존재를 태어나게 하는 모든 '비어 있는 자궁'의 상징이 된다. '무가(巫歌)'에서 神 내림을 맞는 여성적 존재는 '해골'과 상사를 이룬다. "어느 몸을 디뎌 神이 내릴 때는, 그 몸속의 人間의 '魂'은 자리를 비켜줘야 된다고"(『七祖語論 4』, p. 467) 한다. 이때 이 '魂 없는 몸'을 '좀비 Zombi'라고 하는데, 저 '좀비'의 중요성은 그것이 '해골'과 상사를 이루는 '제단(祭壇)'이 되기 때문이다. 해골은 '우주적 대력'을 맞아들이기 위한 '제단'이다. 『죽음의 한 연구』의 유리(羑里)에서는 장로의 딸, 즉 '구조(九祖)'가 '좀비' 역인데, 그것은 태어나지 않은 '팔조(八祖)'를 탄생시킬 자궁, '살아 있는 제단'이 되기 때문이다.[10] 요컨대 비어 있는 해골은 종적 진화에 있어서

"女性的 국면의 '프리마 마테리아'"(『七祖語論 4』, p. 412)의 상징이다.

이런 관점에서 '말씀의 우주'의 개벽과 관련된 '해골'의 의미를 살펴보기로 하자. '몸의 우주'에서 필멸할 살을 태어 내놓는 모태가 대지 혹은 자연이라면, '말씀의 우주'에서 '불멸-말씀-영(靈)'의 모태가 되는 것이 '해골'이다.[11] 예수의 죽음과 부활이 이루어진 곳, 즉 '해골의 골짜기'에 '십자가'가 세워졌을 때 '빛'이며 '불멸'인 '말씀의 우주'가 개벽한다. '해골의 골짜기에 선 십자가'를 통해 어떻게 '말씀(靈)의 우주'가 개벽하는가를 보도록 하자. 여기에서 '해골의 골짜기'와 거기에 세워진 '십자가'는 '음'과 '양'의 관계, 혹은 '체'와 '용'의 관계가 된다.

> 아담이 서 있었을 때 '생명의 동산'이었던 것이, 예수가 서 있게 되었을 때, 그것은 어찌하여 '죽음(해골)의 골짜기'로 변해졌는지, 그것은 큰 흥미거리며, 동시에 수수께끼가 아닐 수 없습니다. 그런데 만약, 연금술사들의 상징적 도식을 차용하는 것이 허락되어진다면, 그 관계가 보다 명료해질 것인바, 동산은 아직 체(體)를 못 얻은 용(用)으로서 던져진, 원초적 질료의 남성적 질료의 상징으로서 나타난 듯하며, '골짜기'는, 체로서, 원초적 질료의 여성적 국면의 비유로서 나타난 듯합니다. [……] 이 용과 체는, 그것이 결합되었을 때 완전을 확보하는 것인바, 보다 문학적으로는, 동산 '나무'가 '해골'의 골짜기에 심기워졌을 때, 거기 완성이 나타났다고 말할 수 있는 것입니다. (『죽음의 한 연구』, pp. 236~37)

작가에 따르면, 에덴동산 가운데에 심겨진 저 금단의 나무는 얼핏 보기에 "죽음을 잉태하고 있는 듯도 싶지만, 그러나 이 나무는 결과에서 부활 또는 중생(重生)으로 이어주었던 사닥다리였던 것을 고려하면, 그것은 결코 죽음의 나무는 아니었던 것"이다. 저 나무는 오히려 '생명의 나무'로 불리는 것이 마땅한데, 동산의 나무나 저 골고다 '해골의 골짜기'에 세워져 있었던 '십자가' 나무나, 그것들은 똑같이 '생명의 나무'(이것을 '세상의 나무,' 혹은 '순화의 나무'라고도 부른다)였던 것이다. '용-양'으로서 에덴동산에 던져진 저 '생명의 나무'는 아직 '체-음'을 얻지 못해 아무것도 태어나게 할 수가 없었는데, 에덴동산의 '생명의 나무'의 변형인 '십자가' 나무는 '해골의 골짜기'라는 '체'를 얻게 되어 비로소 '용'과 '체'의 결합이 완성된다. 예수의 죽음과 부활이 이루어진 곳, 즉 '해골의 골짜기'에 '십자가'가 세워졌을 때 '빛'이며 '불멸'인 '말씀의 우주'가 개벽한다. 여기에서 '해골의 골짜기'와 '십자가'는 '음'과 '양'의 관계, 혹은 '체'와 '용'의 관계가 된다. '해골의 골짜기'는 '체'로서 원초적 질료의 여성적 국면이며, 저 에덴동산의 '생명의 나무'의 변형인 십자가는 '용'으로서 원초적 질료의 남성적 국면이다. 이렇게 해서 '해골의 골짜기에 선 십자가'는 "음(陰)과 양(陽)이, 체(體)와 용(用)이 어기차게 어울리는 현장"이 된다. 체로서의 음(해골의 골짜기)과 용으로서의 양(십자가)이 결합되었을 때, '해골의 골짜기'는 '말씀의 胎宮'이 되어, 이로부터 '말씀(불멸, 靈, 빛)'이 태어난다. 육(肉)의 죽음에서 다시 육이 태어나는 과정을 '식물적 윤회'라 한다면, 해골의 골짜기에 세워진 십자가 위에서의 예수의 죽음과 부활은 '살에서 영(靈)을 분리해' 내는 윤회의 과정으로, 작가는 이를 '동물적 윤회'(『죽음의 한 연구』, p. 237 참고)라 부른다. 이렇게 해서 예수는 '肉의 죽음'과 '靈의 출산'을 동시에 성취한다. 그런데, 작가에 따르면, "예수에 의해 성취된 저 두 가지 것('肉의 죽음'과 '靈의 출산')은 아담이, 동산 중앙의 나무에서 실과를 따냈던, 바로 그 순간부터 예비되어"(『죽음의 한 연구』, p. 237) 왔다는 것이다. 여호와는 흙으로 빚어진, "저 '파괴될 성질의,' '완전치 못한,' 그런 조악한 '물질'"로 만들어진 인간-아담을 불쌍히 여겨 이를 불멸의 영(靈)으로 만들기 위해 하와로 하여금 저 선악과를 따게 했다는 것이며, 이것은 신의 의도였으며 인간에 대한 신(여호와)의 사랑에서 비롯되었다는 것이다. 한 걸음 더 나아가 작가는 하와를 유혹한 저 뱀이 여호와 자신이라고까지 말한다. 여호와는 저 최초의 여성 하와를 "하나의 죽음의 장소, 중생(重生)의 태(胎)로서의 '해골의 골짜기'"로 삼았다는 것이다. "아담이 동산 가운데 열매를 땄을 때, 그것은 아담 자신의 죽음을 따낸 것이 아니라, 신의 죽음을 따낸 결과라는 것," 즉 "신의 죽음의 예비"(『죽음의 한 연구』, p. 238)였다는 것이다. 이렇게 해서 "'빛'이, '말씀'이, 인육(人肉)을 입고, 이 세상에 나타났다가, '해골의 골짜기'에 던져져, 어떻게 저 흑암의 고장을 밝혔는지"(『죽음의 한 연구』, p. 186), 다시 말해서 '몸의 우주'에서 '말씀의 우주'가 어떻게 개벽되었는지가 설명된다. 요컨대, '말씀의 우주'와 관련해서 '해골'은 여성적 국면으로 '불멸-말씀-영(靈)'을 탄생시키는 모태, 즉 '말씀의 태궁(胎宮)'이 된다.

  '음과 양,' '체와 용'의 완전한 합일의 상태인 '해골의 골짜기에 선 십자가'는 불교에서 해탈을 상징하는 '옴마니팟메훔(연 속에 담긴 보석)'과 상사(相似)를 이룬다.

헌데 호흡법에 있어 '옴'은 낼숨이며, '마니'는 '보석'의 뜻이고, '팟메'는 '연(蓮)'이며, '훔'은 들숨인바, 전체로서 그 뜻은, '옴 연 속에 담긴 보석이여 훔'으로 될 것인데, 그런데 이 연(蓮)은 요니라고 하여 여근(女根)의 상징이며, '보석'은 특히, '금강석,' 또는 '번개'로서 남근(男根)의 의미라고 하니, 그것은 우주적 음양의 화합의 상태를 가장 고차적인 어휘로서 정의하고 있는 것이라고 할 것입니다. 그래서 우리는 '연(蓮)'과 '해골'과, '보석'과 '나무'가 같은 것이라는 것을 알게 되고, '연 속에 담긴 보석'을, '해골의 골짜기에 세워진 십자가'로 환치하더라도, 거기에 무리가 없다는 것을 알게 됩니다. (『죽음의 한 연구』, p. 237)

'해골의 골짜기에 선 십자가'와 '연 속에 담긴 보석'은 우주적 음양의 합일 상태를 나타내는 것으로 연금술적 진화의 한 정점을 이룬다. 유정의 종적 진화와 관련시켜 본다면, 전자에서는 '우주적 말씀'이 태어나고, 후자에서는 '우주적 마음'이 태어날 것이다.

'비어 있음(空)'과 관련된 해골의 두번째 상징적 의미는 '해탈'이다. '비어 있음,' 즉 '공(空)'은 해탈의 다른 이름이다. 진화의 종점이 되는 해탈은 '공'에 이른다는 것이다. '해골'은 연금술에서 '金' 자체의 상징이 되는가 하면,[12] '티베트 요가tibetian yoga'에서 '마른 해골'은, (한 요기의) '정신적 각성이 최고의 수준에 이른 것을 나타낸 것'(『七祖語論 4』, p. 412)이라고 한다. 해골이 어떻게 '해탈'의 상징이 되는가를 '불새'의 비유를 통해 보도록 하자. "제

몸을 제 스스로 태우고, 그 재 속에서 새로 부화하는 불새"(『七祖語論 2』, p. 256), 몸의 소진을 통해 그 재 속에서 날아오르는 '불새'는 유정의 종적 진화의 상징이다. 유정의 종적 진화와 관련해서, '몸-말씀-마음의 우주'에로의 진화는 필연적으로 두 번의 죽음이 개입된다. 죽음의 상징인 '해골'의 또 다른 이름은 '재〔灰〕'이다.

    특히 판켄드리야와의 관계에서 얘기되어지는 '진화'는, '오두의 암뱀(몸)'의 소진을 통해, 그 재 속에서 날아오르는 '불새'의 의미라는 것은, 빌려 밝혀두쟈. 이 계제에 이르면, '자아'가 중력이 될 것이어서, 그것 벗기 위해 제 날개를 태울 것이다. 재〔灰〕를 도달한다, 해골―. (『雜說品』, p. 182)

    필멸할 '몸(오두의 암뱀)'의 소진(첫번째 죽음)을 통해 그 '재' 속에서 불멸의 '자아(불새)'가 태어나는 것, 이것이 '몸의 우주'에서 '말씀의 우주'에로 진화하는 과정이다. 재 속에서 날아오른 '불새(자아)'가 이번에는 그것 자신을 벗기 위해 제 날개를 태워(두번째 죽음) 재〔灰〕에 도달하는 것, 이것이 '말씀의 우주'에서 '마음의 우주'에로 진화하는 과정이다. 여기에서 '재'는 곧 '해골'의 의미이다. 불새의 모태로서의 '재-해골'이 과정적 죽음이라면, 불새 자신의 분쇄를 통해 도달한 '재-해골'은 완결된 죽음(즉, 해탈)을 의미한다. 이렇게 볼 때, '해골'은 '죽음'뿐만 아니라, 또한 '해탈'의 상징이 된다.

    재 속에서 날아오르는 불새는, 재를, 해골을 극복한 것이다. 그리고 그것이 다시 해골 속에 내려, 재가 돼버리면, 불새가 불새 자신을 극복한 것이다. 〔……〕 '마음의 우주'의 寂滅은 그런 것일 테다. '마음의 우주'의 '寂滅'은, '自我'의 분쇄라는, '體'의 무화(無化)에서 드러나는 것일 게다. (『雜說品』, pp. 473~74)

다 타버린 잿더미 속에서 날아오른다는 새, '불새'는 자연 가운데 실재하는 새가 아니라 인간의 상상력이 만들어낸 상징적 새이다. '불새'는 어떤 질료의 죽음 혹은 무화(無化)를 통해 새롭게 태어나는 불멸의 상징이다. '불새'는 질료의 죽음, 즉 '재-해골'을 극복하고 날아오른 존재이지만, 그러나 '재' 속에서 날아오른 '불새'는 아직 종적 진화의 최종 목표가 되는 '해탈'의 상태, 즉 '마음의 우주'에 이른 것은 아니다. 이 '불새'는 '인간'이라는 '체' 속의 '프라나,' 즉 '순수 자아'의 상징이라 할 수 있는데, 이 '순수 자아(프라나)' 또한 '용'의 역(役)을 담당하는 '체'에 불과한 것이다.[13] "'解脫'은, 그래서 그 삶 지우기의 苦行 끝에, '自我'까지도 지운 뒤"(『七祖語論 3』, p. 180)에야 비로소 이루어진다. '해골'로부터 태어난 '불멸,' 혹은 '재' 속에서 날아오른 '불새'는 아직 '말씀의 우주' 소속이어서, '마음의 우주'의 적멸(寂滅)에 이른 것은 아니다. 이 '불새'가 해탈에 이르기 위해서는 다시 한 번 무화의 과정을 거쳐야 한다. 즉 '재' 속에서 날아오른 '불새'가 다시 '재'가 되어 불새 자신을 극복할 때, 다시 말하면 '자아'의 분쇄라는 '체'의 무화가 이루어졌을 때, 저 불새는 비로소 '마음의 우주'의 적멸에 이르게 된다. 몸의 소진을 통해 그 재 속에서 날아오른 불새는, 이제 그것조차 벗어버리기 위해 제 날개를 태워버리고, 다시 '재〔灰〕를 도달한다,' 완성된 죽음, 즉 해탈, 그것이 또한 '해골'의 의미이다. 그렇다면, 이러한 "해골 속에서 무슨 의미를 찾겠는가? 자연(自然)으로부터 벗어나면, 세계는 아무런 의미도 없고, 의미 없는 것도 아니며, 의미가 없거나 있는 것도 아니며, 의미가 없거나 있는 것도 아닌 것도 아니라는 것"(『雜說品』, p. 363)이다. '비임(空)으로 꽉 채워져(滿)' 있는 '니브리티'의 상징이 또한 '해골'이다.

한편, '조(祖)의 전수의식(傳授儀式)'과 관련해서, 유리에서는 스승이 제자에게 '조(祖)'를 전수(傳授)할 때, 세 가지 의식이 치러진다. 하나는 '발등에 이마 대기'이고, 두번째는 '입술에 입 맞춰 침 먹이기'이며, 마지막으로 스승은 제자에게 '해골'을 물려주는 것으로 '조의 전수의식'이 완결된다. 이때 해골을 물려주는 것은 무슨 의미인가? 작가의 설명에 따르면, " '발등에 이마 대기'는, 大地, '몸의 우주'에 바치는 경배며, '입술에 입 맞춰 침 먹이기'는 '말씀의 우주'에 祭酒 바치기인데, '해골'은 그 자체가 '마음의 우주'의 祭壇"(『雜說品』, p. 500)이 되어 있다는 것이다.

3. 신발

— 신발의 일반적인 상징
— 발과 신발
— 신발과 몸
— 발에 신겨진 신발/비어 있는 신발
— "관곽(棺槨) 속에 담긴, 해진 신발 한 짝"

일반적으로 '신발'은 '자아' 혹은 '자기 정체성'의 상징으로 흔히 사용된다. 신화나 동화 속에는 잃어버린 혹은 숨겨진 '신발 한 짝'과 관련된 이야기가 많이 나온다. 그리스 신화의 영웅 이아손Iason의 모노산달로스Monosandalos,* 아이게우스 왕이 섬돌 밑에다 감추어 둔 가죽신, '신데렐라'의 유리 구두, 우리 고전 소설『콩쥐 팥

---

* '하나'를 뜻하는 '모노mono'에 슬리퍼 비슷한 '샌들sandal'의 어원이 된 '산달로스=가죽신'이 합쳐진 말.

쥐』의 꽃신 등 이들 신발들은 모두 '자기 정체성'의 징표들이다. 또한 신발은 "'라마Rama-Ramayana'*가 벗어 옥좌에 올려뒀던 그것"처럼 '권세'의 상징이 되기도 하고, 때로는 여성의 '옥문(玉門)'의 상징[14]이 되기도 한다. 그러나 박상륭의 작품에서 '신발'은 우주의 화현과 관련해서, 그리고 유정의 진화와 관련해서 또 다른 상징적 의미를 갖는다.

신발은 발에 신는 것이다. 신발은 발을 전제로 한다. "'신발'은, 신겨졌을 때, '動' 자체로서, 신은 자의 수레〔車〕, 또는 그 바퀴"(『七祖語論 4』, p. 65)가 된다. 이런 견지에서, 어떤 발(누가)이 신발을 신느냐에 따라 신발의 상징성은 달라진다. 이 신발을 창조주가 신으면 우주 창조의 수레가 된다. 창조주가 화현의 춤을 추기 위해 "그 발이 신을 것 또는 딛을 것을 찾아, 신고 딛자, 궁창이 나뉘고, 대지가 나타난다. 대지는 그러니까, 저 '시작'이라는 발이 신은 '신발'"(『평심』, p. 152)이다. 창조의 신은 저 '수레'를 굴려 창조와 파괴의 춤을 춤으로써 한 우주를 화현케 한다. 오른발에는 '꽃신발'을 신고 높이 디뎌 창조의 춤을 추며, 왼발에는 '무쇠신발'을 신고 낮게 디뎌 파괴의 춤을 춘다. 춤추는 저 두 발, 프라브리티 우주의 두 무족(舞足)의 이름은 '性慾(창조력)과 殺慾(파괴력)'(『七祖語論 1』, p. 89)이 될 것이다. 두 무족의 율동에 따라 다양하게 펼쳐지는 한 우주가 화현(化現)된다. 저 춤이 멈추면 우주는 다시 비화현(非化現)의 정적 속으로 침몰-소멸할 것이다. 신들은 "그

---

* 『라마야나 Ramayana』: 『마하바라다』와 함께 인도 고대의 대표적 서사시라고 할 수 있는 성전의 하나.

이름들이 불리워지지 않을 때" 소멸(消滅)한다. 그래서 "그들을 괴롭히는 궁극적 한 악몽은, 그래서 '消滅'뿐이다"(『七祖語論 1』, p. 395). 신들은 비화현에로의 침몰-소멸이 두려워 끝없는 '화현의 춤'을 춰야만 할 것인데, 그래서 우주는 끊임없이 확대 확산한다. "神의 運命은 프라브리티(pravritti, 動)"라고 하는 것은 이런 이유 때문이기도 하다.

작가의 '맑'론(진화론)과 관련해서 신발은 보다 중요한 상징적 의미를 갖는다. 먼저, '몸의 우주'와 관련해서 '신발'은 '몸'의 상징이 된다. 자아(自我)라는 발이 신은 신발이 몸이다. 발이 내용 혹은 의미(signified, 기의)라면 신발은 그것을 담는 그릇, 기호(signifier, 기표)가 된다. 몸(신발)은 마음(발)을 실어 나르는 수레이다. "몸도 신발(乘)이다. 그렇다, '푸루샤(宇宙的 自我)'가 신은 신발(프라크리티-自然)"(『七祖語論 4』, p. 488)이 '몸'이다. 몸의 우주는 아도니스에 의해 개벽되었다고 하여, 아도니스는 몸의 우주의 상징이 되는데, "'아도니스의 신발'은, 벗으면 죽는다, 신으면 그러나 되살아난다." 삶이란 우주적 차원에서 보면 어떤 대력(大力)이 꾸는 꿈이라는데, 삶이라는 꿈길을 헤매다보면 신발은 해진다. 신발이 해어져 더 이상 쓸 수 없게 되면 이제 해어진 신발을 벗고 새 신발을 신어야 한다. '신발 신기/벗기'의 관계는 '운동/휴지(休止)'의 관계이다. 삶과 죽음의 연속적인 윤회의 과정은 '신발 신기-벗기-다시 신기'의 과정이다.

신발은 춤추는 발이 신으면 무혜(舞鞋)가 된다. 무혜를 신으면 세상은 온통 '꿈들의 무도회장'이다. 춤은 마치 불꽃과도 같이, "重力

에 거슬러, 살을 발판으로, 그것으로부터 타오르려는"(『七祖語論 3』, p. 132) 욕망, 상승에의 욕망의 표현이다. 춤은 '束縛이 꾼 自由에의 꿈'이다. 모든 유정은 불꽃처럼 타오르기를, 새처럼 춤춰 날아오르기를, 꽃처럼 피어오르기를 꿈꾼다. 새의 무혜는 '깃털(날개)'이며, 꽃의 무혜는 '꽃잎'이다. 산등성이에 핀 이름 모를 풀꽃들조차도 저들의 그렇게나 섬약한 풀대궁을 통해서 왼 산 하나를 온통 터뜨려 오르게 하는 '살아 있는 화산(火山)'(『평심』, p. 191)인 것이다. 새들은 날개라는 무혜를 신고 비상에의 춤을 춘다. 날개가 해어져 더 이상 춤추지 못하는 새는 활활 타오르다 수그러드는 불꽃과도 같다. 꽃들은 밤마다 꽃잎의 무혜를 신고 「춤추는 열두 공주」처럼 수맥을 타고 나무 둥치를 내려가 꿈들의 무도회장에서 날이 새도록 춤에 취한다. 아침에 보면, 해어져 밑창에 구멍이 나 있는 무혜들은 무참히 땅 위에 깔린다. 더 이상 춤추지 못하는 유정은 "자기가 꾼 꿈속에서 舞鞋를 잃고, 자기 꾼 꿈속에서 못 벗어나, 자기 꾼 꿈속에 유형당한"(『七祖語論 4』, p. 459) 존재이다. 그것은 날개 잃은 새, 시들어 땅에 떨어진 꽃잎, 활활 타오르다 시꺼메진 숯만 남기고 수그러드는 불과 같이 재[灰]이며 송장이다. 종적 진화와 관련해서, "'송장'은, 종교적으로는, '상사라' 또는 '無明,' 또는 '幻'의 상징"(『七祖語論 3』, p. 450)이라고 한다면, 진화는 또한 저 '송장-재[灰]'로부터 다시 춤-불꽃을 일으켜 세우는 과정이다. 저 열엿새 달 같은 무녀(舞女), '바즈라요기니 vajra-yoginii'는 송장을 딛고 춤을 춰 다시 불꽃을 일으켜 세운다. 실 한 가닥 걸치지 않은 저 춤추는 무녀는 "오른다리를 구부려 쳐들어 올리고, 왼발은, 송장의 가슴을 디뎌, 활짝 벗고 춤추는"데, "그 요니로, 저 송장의 불(意味) 꺼져 시꺼메진, 그러니 숯, 그것을 물어, 비벼, 불, 불을 꼬나 일으켜 세우는" 것이다. 그러면 "검은 송장의 하초가, 그 춤에 좇아 뻐등히 꿇려올라, 저 舞女의 요니를 뚫어오"(『七祖語論 1』, p. 21)르는 것이다.

다음으로 '비어 있는 신발'의 상징을 보도록 하자. '비어 있는 신발,' 특히 '달마보리'와 '칠조'의 '관곽(棺槨) 속에 놓인 한 짝 신발'의 상징은 박상륭의 작품에서 매우 의미심장하다. 박상륭은 『六祖傳』까지로 '색계연구(色界硏究)'는 마무리 지어진 것이고, 『七祖記』로부터 '공계연구(空界硏究)'가 시작된 것이라고 하며, '공계연구(空界硏究)'란 " '뚜껑이 열린, 棺槨 속에 담긴, 해진 신발 한 짝' 들여다보기"(『七祖語論 4』, p. 437) 라고까지 말하고 있다. '발에 신기어진 신발/비어 있는 신발'의 관계는 '운동(運動)/휴지(休止)'의 관계이다. "신발은, 누군가가 신고 걸어 나간다면 '운동'화(化)하는 것일지라도, 그가 어디에 앉는다거나, 벗는다면 '휴지'화"한다. '운동/휴지'의 관계는 '동(動)/정(靜)'의 관계이며, 이는 또한 '프라브리티/니브리티'의 관계, 즉 '색(色)/공(空)'의 관계가 된다. 앞에서 본 바와 같이, '자아(自我)'라는 발이 신은 신발이 '몸'이다. 인세(人世)와 관련해서 신발을 신고 있다는 것은 몸을 입고 있다는 것, 즉 살아 움직인다는 것(動-色)이고, 신발을 벗는다는 것은 죽는다는 것(靜-空)이다. 발이 떠나 비어 있는 신발은 '죽음' '공(空)'의 상징이다. 달마보리가 죽은 후 얼마 후에 관을 열어보니 빈 관 속에는 신발 한 짝만 남아 있었다고 한다.

달마보리가 죽었기에, 그의 兒孫들이, 먼저 그를 棺槨 속에 안치해뒀다가, 나중에 장례를 치르려 하여, 했다, 보았더니, 그/棺槨 속에는, 평소 그가 신고 다녔던 신발 중의 한 짝이 뎅그마니 놓여 있더라 했다. 나중에 누가 보니, 그는, 신발 한 짝을 머리에다 얹고, 西域엘 가느라, 냇물을 건너고 있더라 했다. (『七祖語論 4』, p. 463)

달마보리의 '棺槨 속에 놓인 한 짝 신발'은 '칠조'의 그것과 상사를 이룬다. 칠조가 돌무덤 속에 생매장되어 죽은 후, '구조(九祖)'에 의해 화장(火葬)이 치러지고, 얼마 후 칠조의 관곽을 열어보니, 달마의 경우와 마찬가지로, 저 "棺槨 속엔, 저 '지나갔던 자'가, 신지는 않고, 머리 위에다 올려 놓았던, 그 한 짝 신발이 뎅그맣게 놓여" 있었다는 것이다. 달마가 스스로는 깨우침을 얻었음에도 불구하고 대승적 차원에서 중생을 제도하기 위해 다시 동쪽으로 갔던 것처럼, 칠조 또한 세천시어곡의 동구 밖까지 출가했다가 다시 유리(羑里)로 환속해 돌아온다. 유리로 돌아온 칠조는 그가 다만 '중'이라는 이유로 읍장겸직판관에 의해 자신에게 부과된 형벌을 회피치 않고 수락한다. 읍장겸직판관이 보낸 관졸들이 칠조의 온몸에 개피(犬血)를 바르고 양쪽 발에는 각각 '苦'字와 '海'字의 화인(火印)을 찍은 후, 거기에 가죽신을 신겨 석굴 속에 생매장한다. 화인으로 인해 발바닥에 심한 화상을 입었음에도 불구하고 칠조는 한사코 그 불편한 신발을 벗으려 하지 않는다. 그는 필사적으로 신발에 집착하는데, 얼마 후에는 달마가 그랬던 것처럼 한쪽 신발을 벗어 머리에 인다. 『七祖語論』의 대단원을 마무리하는 마지막 문장은 이렇게 끝난다.

그 棺槨 속엔, 저 '지나갔던 자'가, 신지는 않고, 머리 위에다 올려놓았던, 그 한 짝 신발이 댕그마케 놓여 있었던 것인데, 그들은 그것을 본 것이고, 그 순간 갑자기 그들은, 語訥함을 느껴버린 것이다. 혀에서는 돌(石) 맛이 나고, 소금기가 돋았다. 그것(신발)은, 한 무거운 體溫을, 사랑이며 미움을, 꿈을, 運命을, 말(言語)을, 한 벌의 프라브리티를, 담고 있었는데, 오늘은 그러나, 그런 것들 대신 그것은, 그것이 신기고 다녔던 것의, 불에 타다 만, 누런 뼛조각이나 몇 신기고 있어, '情'을 잃고, 비어(空) 있었다. 骸骨이었으며, 마른 늪— '비임(空)'으로 꽉 채워져(滿) 있었다.

니브리티—(『七祖語論 4』, p. 395)

하나의 공안이나 화두처럼 제시된 달마보리와 칠조의 '관곽(棺槨) 속에 놓인 한 짝 신발'이란 무엇을 의미하는가? 그리고 그들은 또 왜 한 짝 신발을 발에 신지 않고 머리 위에 얹어 놓았던가? 칠조는 왜 그토록 신발에 집착했던 것이며, 또한 왜 한쪽 신발('海'字 火印이 찍혀 있었던 발에 신은)은 발에 신고, 다른 한쪽 신발('苦'字 火印이 찍혀 있었던 발에 신은)은 벗어서 머리에 이고 있었던 것인가? 작가는 달마보리가 "신발을 방편 삼아 '色卽是空, 空不異色'이라는 달마(法)를 설하고 있었던 것이 아니었는가"라고 말한다. 관곽 속에는 당연히 '죽은 시신(色)'이 놓여 있어야 할 것인데 그것은 온데간데없고 '비어 있는 한 짝 신발'만 댕그마니 놓여 있다는 것은, '색'이 '공'과 다르지 않다는 것을 현시적(顯示的)으로 보여주려는 달마식의 설법이 아니었겠는가, 라고 작가는 생각한다. 칠조의 '棺

槨 속에 놓인 비어 있는 한 짝 신발'이란, '沙漠' 가운데의 '마른 늪' 또는 '마른 늪' 벽의 '바위 무덤'처럼 '二重의, 不毛한 子宮(요니)'의 상징이며, 그것은 "'情'을 잃고, '비임(空)'으로 꽉 채워져(滿)" 있어 해탈의 상징으로서의 '해골(骸骨)'과 다르지 않을 것이다. 그것은 "'나비를 날려보내고, 봄뜰에 누워 있는, 莊子의 구멍 뚫린 잠'"처럼 "'禪'이며, '니브리티'이기도 하다"(『七祖語論 4』, p. 463)고 작가는 말한다. 그러면 칠조는 왜 그토록 신발에 집착했던 것이며, 또한 달마와 마찬가지로 왜 한 짝 신발('海'字 火印이 찍혀 있었던 발에 신은)은 발에 신고, 다른 한 짝 신발('苦'字 火印이 찍혀 있었던 발에 신은)은 벗어서 머리에 이고 있었던 것인가? '발에 신기어진 신발,' 칠조가 살아 있을 때 이승에서의 한 삶, "한 무거운 體溫을, 사랑이며 미움을, 꿈을, 運命을, 말(言語)을, 한 벌의 프라브리티를, 담고" 있던 저 한 짝 신발은 상사라에서의 삶, 즉 이승에서의 한 삶의 '횡대(橫帶)'를 상징한다면, 발에서 벗어난 '머리에 얹고 있던 신발'은 비어 있는 신발인데, 이것은 해탈을 위한 삶, 즉 한 삶의 '종축(縱軸)'을 상징한다고 할 수 있을 것이다. 칠조는 고해와도 같은 이승의 횡적 삶과 해탈을 향한 종축의 삶, 그 어느 것도 버릴 수가 없었던 것이다. '신발'은 발에 신겨졌을 때는 '動' 자체로서 신은 자의 수레[車]이지만, 棺槨 속에 담긴 "'情'을 잃고, 비임(空)'으로 꽉 채워져(滿)" 있는 해진 신발 한 짝은 '해골,' 즉 '마음의 우주의 신발,'[15] 한 걸음 더 나아가 '니브리티(혹은 해탈, 空, 禪)' 자체의 상징이 될 것이다.

4. 처용

　박상륭의 작품에서 '처용'의 상징성 또한 매우 중요한 의미를 갖는다. 무가(巫歌)로서의「처용가(處容歌)」는 '신과 인간의 교통(交通)'이라는 주제와 관련되며, 또한 그것은 '음'과 '양'의 관계에서 '역신(疫神) + 아내 + 처용'의 '이양일음(二陽一陰)'의 구조를 갖고 있기 때문이다. 즉, 남성(陽)과 여성(陰) 사이에 또 하나의 남성(陽)이 개입되는 구조를 말하는데, 이때 후자의 '양'은 신 혹은 우주적 대력이어서 '이양일음'의 관계에서는 어떤 비범한 인물이 탄생하게 된다. 이런 관점에서「처용가」의 '이양일음' 구조는 '한 우주의 化現과 進化의 구조'와 긴밀하게 연관된다. 먼저 신라 향가로 전해 내려오는「처용가」의 내용을 간략하게 살펴보기로 하자.「처용가」는 보는 관점에 따라 여러 가지로 해석될 수 있지만,「처용가」가 지금까지 꿋꿋하게 잘 전해져 내려오는 것은 그것이 무가의 성격을 갖고 있기 때문이다.「처용가」는 벽사진경(僻邪進慶, 간사한 귀신을 물리치고 경사를 맞이함)의 소박한 민속에서 형성된 무가라 할 수 있다. 「처용가」의 배경이 되는 '처용설화'의 내용은 대체로 다음과 같다.

처용이 없는 사이에 처용의 아내를 흠모한 역신(疫神)이 사람으로 변신하여 밤에 그 집에 가서 몰래 머물렀다. 처용이 집에 돌아와 보니 두 사람이 있는 것을 보고, "동경 밝은 달에, 밤들이 노닐다가, 들어와 자리를 보니 가랑이 넷일러라, 둘은 내해인데, 둘은 뉘해인고, 본디 내해지만, 빼앗겼으니 어찌할꼬." 처용은 이렇게 노래를 부르고 춤을 추면서 물러 나왔다. 그때 역신이 본래 모습을 나타내어 처용 앞에 꿇어앉아 말했다. "내가 공의 아내를 사모하여 잘못을 저질렀으나 공은 노여워하지 않으니 맹세코 이제부터는 공의 모양을 그린 것만 보아도 그 문안에 들어가지 않겠습니다."라고 하였다. 이후 나라 사람들은 처용의 형상을 문에 그려 붙여서 잡귀를 물리치고 경사스러운 일을 맞아들이게 되었다. (「처용랑 망해사」, 『삼국유사』 권2)

여기에서 처용의 아내를 범한 자는 인간이 아니라 인간의 탈을 쓴 '역신'이다. 이것 때문에 처용가가 무가로서 전해 내려오게 되며, 벽사진경의 한 전범으로 계승되고 있다. '무가'란 무속(巫俗)의 노래를 말하는데, 무속은 대체로 '神 내림'을 토대로 하고 있다. 신(혹은 귀신)이 인간의 몸속으로 들어오는 것이다. 작가는 「처용가」의 '이양일음' 구조에 주목하여, "「처용가」야말로, 한 우주의 창조와 파괴의, 진화와 퇴행의, 그 근간의 구조"(『七祖語論 1』, p. 109)가 된다고 말한다. 「처용가」는 위 인용문에서 보는 바와 같이 '역신

(陽)-아내(陰)-처용(陽)'의 '이양일음'의 구조를 갖고 있다. 그러나 '무가'로서의「처용가」는 '신'이 '처용의 몸'속으로 들어오고, '처용의 魂'이 그 자리를 비켜주는 형국이 되어, 이때의 '이양일음'은 "내림신-처용각시(좀비)-처용(몸 잃은 혼)"의 구조를 이루게 되며, '처용의 몸'이 '음(좀비)'의 역(役)을 담당하게 된다. '부두 Voodoo'의 제의(祭義)에 따르면, "'神'과, '人間의 魂'은, 같은 한 몸 속에서, 일시 동거하지를 못한다고 하여, 어느 몸을 디뎌 神이 내릴 때는, 그 몸속의 人間의 '魂'은 자리를 비켜줘야 된다"(『七祖語論 4』, p. 467)고 한다. 이때 '魂 없는 몸'을 '좀비Zombi'라고 이른다. "有情은 神에 대해서, 언제나 암컷"(『七祖語論 4』, p. 467)이기도 하지만, 이때 '좀비(魂 없는 몸)'는 '음'의 역으로 그곳으로 신이 내려오는 '살아 있는 제단(祭壇)'이 된다. 이렇게 해서 '무속(巫俗)'의 '신내림'의 구조는 '내림신+좀비+몸 잃은 혼,' 즉 '양+음+양'의 '이양일음'이 된다. 이때 두 개의 '양' 중 하나의 '양'은 대체로 어떤 "우주적 대력, 그런 어떤 초월력"이 담당하게 된다. 무가적(巫家的) '초인(超人)'의 탄생 과정에서, 어떤 초월적 대력이 인간의 몸으로 들어온다고 할 때, 그 "超力이 인간에로 떨어져내리는 것이 아니라, 그 인간을, 인간 이상인 존재에로 끌어올린다"(『七祖語論 2』, p. 21)고 한다. 요컨대, '이양일음'의 구조란 남성(양)과 여성(음) 사이에 또 하나의 양인 '(鬼)神'이 개입되는 구조를 말한다. 이렇게 되면 '초월자와 필멸할 有情 간의 交通,' 즉 '神과 人間의 性交'가 실현되는데, 이러한 관계로부터 '우주적 전기'를 만드는 특별한 출산, 즉 화현과 진화의 "우주적 밀사(密事)"(『七祖語論 1』, p. 101)가 이루어진다. 이와 같은 '이양일음'의 구조 속에서 일어난 '우주적 밀

사'는 모두 '처용가적'이라고 작가는 말한다. 몇 가지 예를 들어보기로 하자.

우선, '마음의 우주'를 개벽한 '석가'의 탄생과 관련해서는 "그의 어머니가, 꿈에 거대한 흰 코끼리를 받아 수태했다는 전설"이 전해 내려온다. '거대한 흰 코끼리'란 우주적 대력의 상징으로 '이양일음'의 구조에서 남성(양)과 여성(음) 사이에 개입된 또 하나의 '양'이다. 한편 기독교와 관련해서는, 에덴동산에서 아담과 하와 사이에 뱀이 출현하게 됨으로써 '이양일음'('아담+하와+간교한 뱀')의 구조가 성립된다. 에덴동산에 있던 저 순진무구한 아담과 하와는 뱀의 유혹으로 금단의 열매를 따 먹게 되는데, 이 사건으로부터 아담과 하와는 눈이 밝아져 지혜를 얻는 대신 죽음과 출산의 운명을 벗어날 수 없게 된다. 인간의 운명에 획기적인 변화가 일어나게 된 것이다. 여기에서 뱀이 우주적 대력이 되는 것은, 그것이 여호와 자신이라고 생각될 수 있기 때문이다. 또한 기독의 출현과 관련해서는, "요셉과 마리아도 定婚한 사이인데, 어느 날 밤에 마리아의 꿈 속으로, 聖靈(男)이 내방"하게 됨으로써 '이양일음'('요셉+마리아+聖靈')의 구조가 성립된다.[16] 이로부터 기독이 탄생하고 부활과 영생의 한 우주가 개벽된다. 한편 奏里에서는, '六祖-장로의 손녀-七祖'의 관계가 '이양일음'의 구조를 이루게 되는데,[17] 칠조는 육조의 영실(靈室)에서 육조가 비역을 통해 자신의 배 속에 넣어준 '불의 씨앗(八祖)'을 다시 비역을 통해 장로의 손녀에게 전수한다. '불의 씨앗'의 이전(移轉)은 조(祖)의 전수를 의미하는 것으로, 손녀는 이렇게 해서 팔조를 임신하게 된다. 저 손녀는 육조의 영실(靈室)에서 오래전에 죽은 낭군(육조)과 육교(肉交)를 하고 있는데

152

("저런 肉交는 그래서, 巫交化한다"), 살아 있는 '객귀(客鬼)'인 칠조가 여기에 개입하는 형국이어서, 「처용가」의 역현상(객귀[살아 있는 칠조]+각시[손녀]+처용[죽은 육조])이 일어나는 것을 보게 된다. 이때 저 손녀가 '좀비' 역을 담당하게 되는데, 손녀의 중요성은 저 좀비가 팔조의 탄생을 위한 '살아 있는 祭壇'(『七祖語論 4』, p. 468)이 되기 때문이다. 앞에서 본 바와 같이, 유리에서 저 '좀비'는 '해골'과 상사를 이룬다.

한 걸음 더 나아가, 모든 생명의 죽음과 탄생은 '이양일음'의 관계라 할 수 있다. 생명의 윤회란 "우주적 意味가 畜生道的 삶을 성취하는 과정"(『七祖語論 2』, p. 370)이라 할 수 있는데, 바르도('죽음과 재생 사이의, 한 중간적 상태')에 처한 넋들이 다시 이승으로 귀환하는 것은 모든 생명의 모태가 되는 '어미-대지(陰)'에 '한 넋(陽)'이 떠나고 다시 '새로운 넋(陽)'이 들어오는 것이기 때문이다. 이렇게 볼 때, 모든 생명의 죽음과 탄생 또한 모두 '처용가적'이라 할 수 있다.[18)]

제 3 부
문체

박상륭의 문체는 매우 다양하고 독특하며 또한 혁신적이다. 앞에서 이미 언급한 바 있지만, 작가의 작품들은 형이상학적 담론과 문학적 상상력의 혼융이라 할 수 있다. 작가가 어떤 형이상학적 주제들, 즉 생명, 자연, 신, 시간 등 자신의 우주론을 펼 때 작가의 글은 매우 논리적이고 학술적인 형이상학적 담론이 된다. 그런가 하면 어떤 경우에는 그의 글이 너무도 시적(詩的)이어서 한 편의 장대한 서사시를 읽고 있다는 느낌이 들기도 한다. 그의 글은 지극히 논리적인 문장으로부터 지극히 서정적인 문장들에 이르기까지 매우 다양하게 펼쳐진다. 그러나 전체적으로 볼 때, 작가의 형이상학적·종교적 주제들은 직접적으로 표현되기보다는 문학적 상상력과 결합되어 비유와 상징을 통해 간접적으로 표현되고 있다. 여기에 동서고금의 수많은 신화와 동화, 우리의 옛말과 여러 지방의 사투리를 활용한 토속적인 문장이 그의 문체를 더욱 풍요롭게 만든다. "문체는 옷과 같아 상가에 가면 상복을 입어야 되는 것"과 같이, "『심경』

의 법의는 심경적 어의(語依)를 입지 않고는, 달리는 들어갈 수가 없다"고 작가는 말한다. 이처럼 작가는 글의 내용과 어울리는 다양한 문체를 시도하고 있다.

우선, 그의 글은 매우 시적이다, 라는 말은 그의 글에는 운율과 비유가 활성화되어 있다는 말이다. 그의 작품은 대체로 소설의 형식을 취하고 있지만 기존의 고전적인 소설의 틀을 많이 벗어난다. 그의 소설은 산문이라기보다는 오히려 운문에 가까워, 마치 한 편의 장대한 서사시를 방불케 한다. 작가 자신이 "내 문장 속에는 운율이 있다"고 하는가 하면, "내 언어는 대단히 토속적이고 시적"이라고 말하고 있다. 그는 우리말의 리듬을 살리기 위해 쉼표를 아주 많이 사용하고 있는데, '쉼표는 운율에 맞춰 쉬라는 뜻'이라고 한다. 또한 작가는 운율을 살리기 위해 우리 고유의 운율을 많이 활용할 뿐만 아니라, 다양한 토씨를 개발하여 사용하고 있다. "토씨와 쉼표가 한국어를 고급하게도, 땅바닥에 떨어뜨릴 수도 있다"고 그는 말한다. 이러한 시도를 통해 그는 우리말 운율의 새로운 가능성을 실험하고 있는 듯이 보인다. 한편, 그의 작품 어느 곳을 보아도 페이지마다 독특하고 새로운 비유가 넘쳐나는데, 이러한 비유야말로 끊임없이 독자를 끌어들이는 강력한 매력의 원천이 된다. 그가 사용하는 비유는 대단히 토속적이고 독창적이어서, 그의 작품 속에서 낯익은 비유를 만나게 되는 경우는 거의 없다.

다음으로, 박상륭의 문장은 대체로 매우 길고 복잡하다. 한 문장이 대여섯 줄 되는 경우는 허다하며 열 줄이 넘는 한 문장이 한 문단을 이루는 경우도 흔히 발견된다. 그의 글은 한 문장 안에 종속절이 겹겹이 들어가 있는 복문을 사용하는 경우가 많이 있는데, 이것을 만연체와 구별해서 '복합문체'라 부른다. 이는 접속사와 관계사가 많이 들어가 있는 서양어의 복문과 흡사하다. 우리말은 관계사가 발달되어 있지 않아 복합적인 생각을 한 문장으로 표현하는 데에는 적절하지 않다. 작가의 '복합문체'는 이러한 우리말의 한계를 극복하기 위한 노력의 결과일 것이다. 이렇게 쓰인 그의 문장은 일견 복잡하고 혼란스러워 보이지만, 세심하게 잘 읽어보면 그의 문장이 얼마나 명료하고 적절한가를 알게 된다. 한편 작가는 기존의 문법·어법·형식을 파괴하면서까지 우리말 표현의 한계를 극복하기 위해 다양한 실험을 시도하고 있다. 요컨대 그는 말하고자 하는 내용을 적절하고 효과적으로 전달할 수 있는 표현을 위해서라면 어떤 것에도 구애받지 않고 새로운 시도를 감행한다. 작가의 이러한 실험적 문체는 독자가 그의 작품에 쉽게 다가가지 못하는 요인 중 하나가 되기도 하지만, 이것은 우리말의 활용 가능성을 한 차원 높이는 계기가 될 것이다.

또한 박상륭의 문체에서 주목해야 할 것은 그가 사용하고 있는 어휘의 방대함이다. 작가의 사유의 폭과 깊이만큼이나 그가 사용한 어휘는 유래를 찾아보기 힘들 정도로 방대하다. 객관적인 통계 자료가 없어 그 어휘량을 분명히 말하기는 어렵지만, 어쨌든 그의 작품을 제대로 읽기 위해서는 여러 종류의 사전을 옆에 두고 읽어야 한다. 그의 작품을 읽어가면서 수많은 생경한 어휘들을 만나는 동안 독자들은 우리말이 얼마나 풍요로울 수 있는가를 실감하게 된다. 사전 속에 깊이 잠들어 있던 주옥같은 우리의 옛말, 다양한 종류의 사투리, 작가 자신이 만들어 사용하고 있는 새로운 우리말 토씨와 조어(造語), 거기에다가 종교와 형이상학 그리고 신화와 관련된 수많은 외래어, 작가가 사용한 이러한 방대한 어휘만으로도 그가 얼마나 언어 사용에 공을 들이고 있는가를 알 수 있다.

요컨대, 작가는 우리말이 '周邊 콤플렉스'를 벗어나 보다 보편적 언어('宇宙的 言語'[1])가 될 수 있는 어떤 새로운 언어 체계를 꿈꾸고 있는 듯이 보인다. 작가에게 있어서 중심어와 주변어의 구분은 무의미하다. 지구의 '센타'는 정하기 나름이어서 어디라도 지구의 '센터'일 수 있듯이, 어떠한 언어라도 '센타語'가 될 수 있다는 것이 작가의 생각이다. 이 글의 의도는 위와 같은 박상륭 문체의 특징적인 면을 보다 구체적으로 살펴보려는 것이다. 여기에서 문체란 넓은 의미로 한 작가가 사용하는 어휘를 포함한 '글쓰기의 특징' 전반을 말한다. 박상륭 문체에 접근하기 위해서는 먼저 글쓰기에 대한 작가 자신의 생각을 살펴볼 필요가 있다.

1. 작가와 글쓰기

　박상륭의 작품 중 『산해기』(산문집)와 『小說法』(창작집)을 제외하면 다른 작품은 모두 소설로 명명되어 있다. 그런데 그의 소설은 전통적인 고전적 소설 형태와는 많은 차이를 드러낸다. 박상륭은 소설의 기본 틀을 파괴하지는 않지만 그 틀을 뛰어넘으려 한다. 박상륭의 소설은 작중 인물, 줄거리, 구성에 있어서 기존의 전통적인 소설 형식이 무시되거나 파괴된 것은 아니지만, 그 틀을 많이 벗어나고 있다. 박상륭에 있어서 글쓰기의 궁극적 목표가 한 편의 훌륭한 소설 작품을 쓰는 것이 아니라 '경륜을 굴리는' 데에 있다면, 왜 그런 구차한 형식에 얽매이겠는가. 그는 독자에게 잘만 전달될 수 있다면 소설의 형식 따위에 얽매이지 않으려 한다.[2] 그래서 그는 소설 속에 자신의 종교적·형이상학적 사유를 거침없이 풀어놓기도 하며, 독자의 이해를 돕기 위해 소설 속에 수많은 도형과 주석을 삽입하기도 한다. 그럼에도 불구하고 그의 소설은 매우 치밀하고 견고한 구조를 갖고 있다. 작가의 사유 세계가 총체적으로 결집되어 있는 『七祖語論』의 작품 구성만 보아도 작품 하나하나가 얼마나 치밀하게 계획되고 빈틈없이 짜여 있는가를 알 수 있다. 이 작품은 크게 3부로 나뉘어 있는데, 제1부 中道〔觀〕論, 제2부 進化論(Pravritti), 제3부 逆進化論(Nivritti)으로 구성되어 있으며, 이것은 다시 육자대명주(六字大明呪, 옴마니팟메훙)에 상응하는 6가지의 색(옴-白-제바계, 마-綠-阿修羅界, 니-黃-人世, 팟-靑-殺生戒·獸界, 메-赤-鬼界, 훙-煙黑-地獄界)으로 세분하여 구성되어 있다.[3] 이는 우주적 차원에서 생명의 종적 진화의 모습을 총체적으로 나타내기 위한 치밀한 구성이다.

박상륭에 있어서 소설이란 무엇인가? 그의 언어관은 무엇인가? 그는 자신의 글쓰기를 어떻게 생각하고 있는가? 또한 그의 글쓰기 방식은 무엇인가? 박상륭의 문체를 보다 잘 이해하기 위해서는 이러한 문제를 살펴보는 것이 필요할 것이다. 먼저 자신의 글쓰기와 관련하여 작가 자신이 밝히고 있는 내용을 보도록 하자.

박상륭은 전통적인 소설의 틀을 많이 벗어나 있는 자신의 글을 '잡설'이라 부른다. 이때 '잡설'의 의미는 "경전과 소설의 사잇글"이라고 작가는 말한다. 또한 그는 소설을 쓰는 것이 아니라 "法輪을 굴리는 중"이라고 한다. 그의 소설은 법(法)을 실어 나르는 수레이다. 이어서 그는 이렇게 말한다. "경전은 중생들이 읽어서 이해하기 쉽지 않기 때문에 중생들의 귀에 들어가는 글을 쓰려고 했다. 문학은 그중 호소력 있는 방법이다."(『동아일보』1999년 4월 20일자) 기존의 경전들은 논리적으로 접근하기 어려울 뿐만 아니라, 일반 대중이 이해하기에는 그 내용이 너무 어렵고 심오한 경우가 많다. 특히 불교의 경전은 언어적 이해의 범주를 벗어나 있는 경우가 허다하다. 그는 언어를 통해 보편적으로 쉽게 소통될 수 있는 법륜을 굴리고자 한다. 그러한 법륜이 대중에게 쉽게 그리고 매력적으로 다가갈 수 있도록 하기 위해 소설이라는 수레를 이용한다는 것이다. 박상륭에 있어서 언어는 의사소통과 인식의 도구일 뿐만 아니라, 깨달음의 도구이다. 작가는 무엇보다 언어를 통해서 보다 많은 사람들에게 깨우침의 길을 열어주고자 한다. 그리고 우리말을 가지고 저 고차원의 종교적 사유를 적절하게 표현하기 위해 우리말의 표현 한계를 극복하고자 한다.

한편, 박상륭은 자신의 글쓰기에 대해 이렇게 말한다. "글쓰기란, 상상력이라는 거대한 날개를 펴고, 초열지옥 속으로 날아들어가, 거가서 아프게 산화하고, 그런 뒤(되살아나,) 몇 조각의 말의 뼈를 물어 되돌아오기."(『잠의 열매』, p. 56) 작가의 글쓰기는 이렇게 치열하고 진지하다. 그는 또한 자신의 글쓰기 방식에 대해 이렇게 말한다. "글을 쓸 때 열 번 이상 고쳐서 쓰죠. 그래서 우연적인 것은 없지요. 열 번씩 쓰는 작가가 갖고 있는 자부심 같은 것은 있지요." "하나의 장편소설을 열 번 다시 쓰는 것이오. 그러다 보면 무의식이 깨어납니다. 나는 사라지고 무의식이 나타나 글을 쓰는 것이오." (『중앙일보』 2005년 5월 19일자) 그는 수도자(修道者)의 자세로 글을 쓴다. 그의 글은 철저한 갈고닦음의 소산이다. 그의 문장에 우연적인 것은 없다고 작가는 말한다. 문장 하나하나, 단어 하나하나 어느 것 하나 허투루 된 것은 없다는 것이다. 얼핏 난삽해 보이는 문장도 조금만 더 섬세하게 읽어보면 얼마나 적절하고 명쾌한 표현인가를 깨닫게 된다. 그래서 그의 글은 아주 천천히 반복해서 읽지 않으면 이해하기가 쉽지 않다. 더군다나 그의 문체의 맛(아름다움)을 느끼기 위해서는 더욱더 천천히, 난해하지만 매우 정교하게 만들어진 시를 읽듯이 그렇게 읽어야 할 것이다.

2. 작가의 어휘 사용

　지금까지 출판된 박상륭의 작품은 『열명길』에서 시작해서 『雜說品』에 이르기까지 열두 편에 이르고 있다. 작품 수에 비해 그가 사용한 어휘량은 대단히 방대하다. 이미 두 권으로 되어 있는 『박상륭 어휘 사전』(임금복 지음)이 나와 있을 정도이다. 이와 같은 방대한 어휘량은 우선은 작가의 사유의 폭과 깊이에서 비롯하지만, 한편으로는 작가의 개방주의적 언어관과 무관하지 않다.

　필자의 관견에는, '宗敎'와 '言語'는, 매우 비슷한 성장 과정을 겪는데, 많은 잡것, 불순물을 섞고서도, 그것의 主體性을 잃지 않는 것을, 宇宙的인 것으로 친다. 〔……〕 宗敎도, 그리고 言語도, 바로 저런 '추악한 相'을 꾸밀 때, 우주를 토막내지 않고, 서로 보태어, '바벨탑' 쌓기를 성공하게 할 것이다. 〔……〕 그러니까, 필자는, 宗敎나 言語의, 폐쇄주의, 또는 쇄국주의를 별로 찬양하고 있지 않다는, 그것을 말했을 것이다. (『七祖語論 4』, pp. 464~65)

한 언어가 어떤 의미나 소리를 제대로 표현하기에 충분치 않다면 (일례로, 작가의 지적대로 현재의 우리말 표현으로는 영어의 'L'과 'R' 을 구별하여 표기하는 것조차 불가능하다), 다른 표현 방법을 활용하는 데 주저할 필요가 없다는 것이 작가의 생각이다. 그는 외래어라도 우리가 사용하면 다 우리말이라고 말한다. 그렇다면 한자어건, 서양어건, 변방의 사투리건, 사어(死語)가 되어버린 고어(古語)건 그것들을 가져다 쓰지 않을 이유가 어디 있겠는가. 그는 또한 "宗敎도, 그리고 言語도, 바로 저런 '추악한 相'을 꾸밀 때, 우주를 토막내지 않고, 서로 보태어, '바벨탑' 쌓기를 성공하게 할 것"이라고 말한다. 그는 기존의 우리말 어휘를 끊임없이 발굴하여 사용하는 것뿐이 아니라, 현재에는 거의 사용되지 않는 우리말의 고어(古語)와 여러 지방의 사투리를 적극 활용하고 있으며, 필요에 따라 새로운 어휘를 만들어 쓰는 것도 서슴지 않는다. 그래서 그는 수많은 토씨를 만들어 쓰는가 하면, 다양한 종류의 합성어를 만들어 사용하고 있으며, 이두문자를 활용하는 시도까지 보여주고 있다. 종교와 마찬가지로 한 언어가 '우주적인 것'이 되려면, "많은 잡것, 불순물을 섞고서도, 그것의 主體性을 잃지 않는" 그런 언어가 되어야 한다는 것이다. 이제 박상륭의 어휘 사용에 대해서 좀더 구체적으로 살펴보기로 하자.

2-1. 숨겨진 우리말 어휘 발굴

박상륭 작품을 대하면서 독자들이 우선 부딪치게 되는 어려움은 수없이 등장하는 생경한 어휘들이다. 힌두교와 관련된 산스크리트어의 외래어, 밀교와 관련된 티벳말, 각종 종교와 신화 그리고 무속 신앙과 관련된 용어, 낯선 우리의 옛말, 각종 방언, 박상륭의 작품을 제대로 읽기 위해서는 여러 종류의 사전이 필요하다. 특히 외래어 중 '프라브리티' '니브리티' '바르도'와 같은 어휘들은 박상륭 작품의 핵심어에 해당하는 용어들이다. 박상륭의 어휘 사용에 있어서, 무엇보다 중요한 미덕은 작가가 우리말의 활용 가능성을 확장시키기 위해 부단히 노력해왔다는 것이다. 작가는 숨겨져 빛을 못보고 있는 수많은 우리말 어휘들을 끊임없이 발굴하여 사용하고 있다. 몇 개만 예를 들기로 하자.

- 村老의 **침치무레한**, 물크러져 작아진 눈에 비해, (『七祖語論 1』, p. 259)
- 자기네들 살기가 고단하다 보니, 날씨까지 **쌍곰하다**고 느끼게 된 것이라고 (『七祖語論 1』, p. 324)
- 그 **낫토롬한*** 사공이 보이지를 않더니 (*낫토롬한=나이가 들어 보이는) (『七祖語論 2』, p. 167)
- 홍조 띤 늙은 상판은 **슬믜외라**(『神을 죽인 자』, p. 281)
- "시님, **앙구찮애** 나온 거 나 알지라우"(『죽음의 한 연구』, p. 31)

- 가라앉기가, 차라리, 뜨기보다 **호숩다**? (『七祖語論 1』, p. 334)
- 저 점잖은 이들의 **불카한** 얼굴에다 오물을 끼얹기 같은 소린즉, (『평심』, p. 162)

(* 이후 진하게 강조한 모든 글자는 필자에 의함)

위의 어휘들 중에서 '호숩다'('재미있다'의 전남 방언)와 '불카한'(불콰하다, 얼굴빛이 술기운을 띠거나 혈기가 좋아 불그레하다)은 사전에 나와 있는 어휘들이다. 나머지 어휘들, '침치무례한' '쌍곰하다' '낫토롬한' '슬믜외라' '앙구찮애' 등의 어휘는 출처가 분명치는 않지만 아마도 여러 지방의 사투리이거나 작가가 스스로 만들어 사용하는 어휘일 것이다. 아울러 『박상륭 어휘 사전』에 수록된 어휘 중 몇 개만 더 적어보기로 하자.

개밥주는별: 개밥바라기, 금성, 샛별
개좆부리: (비어) 감기
노적가리: 한데 쌓아둔 곡식더미.
뒈세기병: 두통. 머리가 아픈 증세.
몽글다: 곡식의 낟알이 까끄라기나 허섭쓰레기가 없이 알속 있게 깨끗하다.
무쭈룩하다: 무언가가 무겁게 매달려 있거나 쳐져 있는 듯한 느낌을 이르는 말.
미뜰어넣다: 갑자기 힘있게 밀어 버리다.
미투리: 삼이나 노 따위로 짚신처럼 삼은 신.
바리: 말이나 소에 잔뜩 실은 짐을 세는 단위.

빼꽹이: 꾀병이.

보독씨리다: 보독시리다. 발을 동동 구르며 초조해하다.

보독하다: 물기있는 물건이 거의 말라 굳은 듯하다.

봉대기: (전북 방언) 산봉우리.

분깃: 유산을 나누어 주는 몫.

샛서방: 남편 있는 여자의 남편 몰래 관계하는 남자.

서글다: (옛말) 번뇌하다.

앙구찮: 편하지 않다. (전라 방언)

애와티다: (옛말) 분해하고 슬퍼하다.

애왇브다: (옛말) 원통하다. 슬프다.

어거하다: 소나 말을 몰아 바른 길로 나아가게 하다.

옴지랄: 음지랄. 음란한 짓을 과도하게 보챔.

우멍하다: 겉으론 어리석은 것처럼 보이면서 속으로는 엉큼한 생각을 품다.

이내: 해질 무렵에 멀리 보이는 푸르스름하고 흐릿한 기운. 남기.

잉아: 씨북. 베틀의 날실을 끌어 올리도록 맨 굵은 줄.

파사하다: 메마르고 연하여 잘 부서지게 부피만 엉성하다.

통실하다: 모조리 알다.

투도기: 남의 물건을 훔치는 나쁜 버릇.

툽툽하다: 텁텁하다. 성미가 까다롭지 않고 청탁을 가리지 아니하다.

흘레돝집: 돼지 따위를 흘레붙이는 장소.

이중 일반 독자가 이미 알고 있는 어휘는 얼마 되지 않을 것이다. 이 밖에도 우리의 옛말〔古語〕, 여러 지방의 방언, 비속어 등 작가가 발굴하여 사용한 어휘는 헤아릴 수 없을 만큼 많다. 이러한 어휘들이 작가의 머릿속에서 그냥 나왔을 것 같지는 않다. 아마도 작가는 의도적으로 이러한 어휘들을 발굴하고 개발하여 사용했을 것이다.

2-2. 사투리 활용

박상륭은 어떤 특정 지역이나 특정 분야의 개별적 언어를 모두 사투리(방언)라고 부른다. 하기야 '센타'는 정하기 나름이라면 모든 언어는 '센타語'이면서 동시에 사투리가 아니겠는가. 하지만 여기에서의 사투리란 좁은 의미로 우리말의 표준말과 대립되는 개념으로서의 사투리를 말한다. 박상륭의 사투리 사용에 대해서는 대체로 두 가지의 독특한 점이 발견된다. 하나는, 작가 자신이 밝히고 있는 바와 같이, 우리 민족 고유의 풍류와 정한(情恨)을 나타내기 위해서는 표준어보다는 사투리가 보다 더 효과적이기 때문에 사투리를 사용한다는 것이다.[4] 그는 우리나라 여러 지방의 방언을 많이 활용하고 있는데, 어떤 특정 지역의 방언(특히 남도 사투리)을 그대로 사용하는 경우도 있지만, 대체로 이를 변용하거나 재창조하여 사용하는 경우가 많다. 이렇게 변용된 사투리를 '서투리'라고도, 혹은 '유리 사투리' '박상륭 사투리'라고도 부르기도 하는데, 작가는 자신이 고안한 여러 벌의 사투리를 갖고 있는 듯이 보인다. 작가의 사투리 사용의 또 하나의 특징은, 작중 인물을 변별하는 방법으로 사투리를 사용한다는 점이다. 박상륭 작품의 작중 인물들은 어떤 특정한 이름을 갖지 않는다. 대체로 작중 인물의 호칭은 그 인물의 신

분상의 특성을 나타내는 보통명사로 대치된다. 예를 들면, 작품 『죽음의 한 연구』에서 작중 인물들은 '육조' '칠조' '장로' '손녀딸' '존자 스님' '십장' '수도부' 등으로 호칭되고 있다. 이러한 호칭 방법은 호칭의 상징성을 강화하여 작중 인물을 어떤 특정 인물로 개별화하기보다는 한 범주의 인물로 보편화하려는 의도를 갖고 있는 듯이 보인다. 작가는 또한 각 인물들의 외모나 성격 등을 구체적으로 형상화하고 있지 않아 각 인물들은 다분히 추상성을 띠게 되는데, 이러한 사실도 같은 의도로 보인다. 그래서 작가는 작중 인물들의 어투(사투리)를 차별화함으로써 인물들을 구별하는 방법을 사용한다. 육조의 일인칭 시점으로 서술되는 이 작품에서 육조인 '나'와 '수도부'와의 대화의 한 장면을 보기로 하자.

"헌디 시님은 무신 못씰 죄를 졌간디, 물도 괴기도 없는 디서 괴기를 낚울라고 허끄라우이?"
"임자, 나하고 어디 후미진 골짜기로 나가, 초가 짓고, 밭 갈고, 씨배 먹고 살지 않을란가?" (『죽음의 한 연구』, p. 97)

이번에는 '칠조'의 어투를 보기로 하자.

눈과 빛은 그래서 같은 것이다, 말입지, 그런 결론이더라 말입지. 그러고 났더니 말입지, 뽑혔어도 산 눈이 말입지, 소승의 창자 속을 떼굴떼굴 구르며입지, 그 안의 왼갖 추악함을 보며 핥고 있는 듯합지, 그건 고통스런 눈이군입지, 이물입지, 창자의 어느 구석에 뭉친 돌 같은 것입지. 그것은 어쨌든 뽑아내야겠읍지? 아직 소승은 어떻게 유산시킬지는 모르지만입지, 그 애의 아비는 대사가 아니겠느냐 말입지, 헷헷헷. 그럼 평강하십지. 아 성불하십지. (『죽음의 한 연구』, p. 125)

육조인 나의 어투는 표준말에 가깝고, '수도부'의 어투는 남도의 어느 사투리를 닮았지만 꼭 어느 지방의 사투리라고 말하기도 어려운 말투이다. 칠조의 어투는 '~ㅂ지'라는 독특한 종결어미를 사용하는 것으로 특징지어진다. 이처럼 박상륭은 여러 종류의 사투리를 사용하여 인물들을 차별화하는 방법으로 사용한다.

2-3. 새로운 어휘 창출

박상륭은 사전 속에서만 잠자고 있던 기존의 우리말을 발굴하여 사용하는 것에 머물지 않고, 수많은 새로운 어휘를 만들어 사용한다. 그는 마치 품사 사이에 경계가 없는 듯이 어휘를 자유롭게 변형한다. 부사의 명사화, 명사의 동사화, 명사의 형용사화 등 그는 적절하고 효과적인 표현을 위해서라면 기존의 언어 사용 관습을 거침없이 넘어선다.* 의성어를 사용함에 있어서도 박상륭은 기존의 의

---

* 예를 들면,
부사의 명사화: "그것은 허물어진 절간 한 채의 **오소록**인 듯이만 여겨졌다." (『죽음의 한 연구』, p. 19)
명사의 동사화: "**論介**했던 모양이었다. 그러니 論介도, 죽음을 각오했었더라는 말이 아니겠는가." (『七祖語論 4』, p. 355)

성어뿐만 아니라, 필요에 따라 의성어를 자유자재로 만들어 사용한다. 운율을 살려 앞뒤의 말과 자연스럽게 연결되도록 의성어를 만들어 사용하기도 하며,* 의성어에 의미를 부여하여 사용하는가 하면,** 어떤 동작을 나타내는 설명 대신에 의성어를 사용***하기도 하는 등, 의성어를 다양하게 활용하고 있다. 그러나 새로운 어휘 창

---

* 아래 인용문에서 진하게 되어 있는 글자들은 가얏고 소리의 의성어인데, 앞의 말의 끝 음절과 이어지는 다음 말의 첫 음절을 일치시켜 소리가 자연스럽게 이어지도록 하고 있으며, 또한 운율의 효과를 살려내고 있다.

  "그러며, 내가 저 소리에 의해 병들고, 그 소리의 번열에 주리틀려지며, 소리의 오한에 뼈가 얼고 있는 중에 저 새하얗게 나는 천의 비둘기들은 삼월도 도화촌에 에인바람 **람드린 날 날라라리 리루 루러 러르르흐 흩어지는 는 는느 느등 둥드 드둥 둥드 드도 도동 동 동도** 도화 이파리 붉은 도화 이파리, 이파리로 흩날려 하늘을 덮고, 덮어 날을 가리고, 가려 날도 저문데, 저문 해 삼동 눈도 많은 강마을, 강마을 밤중에 물에 빠져 죽은 사내, 사내 떠 흐르는 강흐름, 흐름을 따라 중몰이의 소용돌이 잦은몰이의 회오리 휘몰아치는 휘몰이, 휘몰려 스러진 사내, 사내 허긴 남긴 한 알맹이의 흰소금 흰소금 녹아져서, 서러이 봄 꽃질 때쯤이나 돼설랑가, 돼설랑가 모르지," (『죽음의 한 연구』, pp. 338~39)

** 아래 인용문은 요령 소리의 의성어인데, "딸랑 따으랑 달랑 땋랑"은 단순한 소리의 의성어가 아니라 각각 '따님, 땅, 달, 땋는 님'의 의미를 내포하고 있는 의성어로 사용하고 있다.

  "요령 소리 - 딸랑 따으랑 달랑 땋랑
  딸(따님)랑
  따으(地)랑
  달(月)랑
  땋(땋는 님, 조화造化, 화리化理)랑
  딸랑 따으랑 달랑 땋랑" (『평심』, p. 220)

*** 아래 인용문에 사용된 의성어에는 친절하게도 그것이 무슨 소리인지 괄호 안에 설명을 부연하고 있는 것이 흥미롭다. 하긴 설명이 없으면 그것이 무슨 소린지 독자가 어찌 알겠는가.

  "홰―홰―(패관자가 손 젓는 모양)" (『잠의 열매』, p. 215)
  "캐―캐―캐(그라이 자매들 캐클거리는 소리), 쏴―쏴―쏴(그라이 자매들 한숨 내뿜는 소리)" (『잠의 열매』, p. 251)

출의 내용에서 보다 괄목할 만한 내용은 종결어미의 다양화와 박상륭 특유의 조어법, 그리고 이두문자의 활용이다.

2-3-1. 종결어미의 다양화

서양어와는 달리 우리말의 평서문 문장은 대체로 '~다'라는 종결어미로, 의문문은 '~까?'로 끝나는 경우가 대부분이다. 이는 한 문장에서 술어의 위치가 맨 마지막에 위치하게 되는 우리말 어법상 불가피한 것이기도 하다. 하지만 반복해서 같은 어미로 끝나는 문장들은 종결어미의 단조로움으로 인해 운율을 살릴 수가 없고, 읽는 사람을 매우 답답하게 만든다. 이러한 단조로움과 답답함을 극복하기 위해 작가는 매우 다양한 종결어미를 개발하여 사용한다. 몇 가지 예를 들어보자.

- "시님, 앙구찮애 나온 거 나 **알지라우**"(『죽음의 한 연구』, p. 31)
- 어떤 밝은 날이**었을라쌌**. (『七祖語論 3』, p. 45)
- 하초로 '하나'를 삼고, 불알 한 쪽이 '둘,' 불알 두 쪽이 '셋' …… 그리고 남은 것은? **많多**…… 그런즉 '多數'란, 공입지, '셋'보다 많은 數가 아니겠느냐? (『七祖語論 3』, p. 82)
- 山田水田 다 겪은 부모들이 보는 별보기총각과, 치마폭에, 그래도 약간의 푸른 구름 조각을 싸아갖고, 山田水田을 내어다보는 큰애기들이 보는 별보기총각은, 반드시 같은, 한 총각은 아니**었을심다**. (『七祖語論 3』, p. 376)
- 이만큼이나 씨부리고 났더니, 本者語佛, 목도 컬컬허구먼, 술 한잔 **내게람**! (『七祖語論 4』, p. 502)

- 會衆은, 일제히, 꽃을, 한 송이씩, 들어올려, **보이느냐**! (『七祖語論 4』, p. 502)
- 크흐, 흐흐훗, 흐래서 젊은네는, 나쁜 용이나, 도깨비 방망이 같은 그런 것도 말고, 마, 마음을 찾으러 **나셨구나으**? (『평심』, p. 97)
- 시간이 참 안 흐른다고 투정을 부리고 **있다는다**? (『평심』, p. 127)
- 그러면 그 폈거나 오무린 손바닥에 쥐어져 있는 것은 **무엇입메**? (『七祖語論 2』, p. 254)

박상륭이 사용하는 다양한 토씨와 종결어미는 아마도 우리나라 여러 지방의 방언, 또는 우리말 고어의 종결어미를 활용한 것이 아닌가 생각된다. 때로는 전혀 새로운 종결어미를 만들어 사용하기도 하는데, 심지어는 '많多'의 경우에서 보듯이 한자어를 종결어미로 사용하기도 한다. 이것은 일종의 말장난처럼 보일 수도 있지만, 종결어미로 사용된 이 '多'는 한자의 의미까지 중첩되어 이중으로 '많다'는 것을 강조하고 있다. 이러한 토씨의 다양화는 우리말 산문에 나타나는 운율의 단조로움을 극복할 수 있는 가능성을 열어준다.

2-3-2. 조어법

박상륭의 어휘 사용에서 가장 독특한 점은 그의 조어법(造語法)이 될 것이다. 영어(혹은 서양어)에서는 서로 다른 두 개 혹은 세 개의 단어를 합성하여 하나의 단어로 만들어진 합성어를 많이 사용하고 있다. 합성어는 복합적 의미를 나타내기 위한 매우 유용한 조어법이라 할 수 있다. 우리말은 음절 구성이 자유롭지 않기 때문에 서양어처럼 합성어를 조립하는 것이 그렇게 용이하지 않다. 때때로 박상륭은 음절 구성 법칙을 파괴하면서까지 합성어를 만들어낸다. 그가 만든 합성어는 다만 두 개 혹은 세 개의 의미를 복합적으로 나타내는 것만이 아니라, 그 이상의 어떤 새로운 통합적 의미를 나타내는 경우가 많다. 박상륭의 조어법은 매우 다양한 방법으로 이루어진다. 여기에서는 작가가 만든 중요한 조어, '뫎' '앓음다움'을 중심으로 몇 가지 합성어의 예를 살펴보기로 하자.

(1) 뫎: '몸+말+맘'의 합성어

'뫎'은 박상륭의 합성어 가운데 가장 중요한 말이 될 것이다. 이 합성어는 작가의 진화론을 한 음절로 압축해놓은 어휘라 할 수 있다. 여기에 관해서는 이미 '머리말'에서 상당 부분 언급한 바 있기 때문에, 여기에서는 간략하게 살펴보고자 한다. '뫎'은 '몸'과 '말'과 '맘'을 하나의 음절로 합성한 것이다.

박상륭의 우주론에서 '몸의 우주' '말씀의 우주' '마음의 우주'는 그의 사유의 핵심을 이루는 개념들이다. 유정의 해탈을 위한 종적 진화는 '몸의 우주'에서 '말씀의 우주'로, 다시 '마음의 우주'로 진화의 과정을 밟게 된다. 그러나 몸, 말, 맘의 우주는 서로 분리되어 있는 별개의 우주가 아니라, 인간에 내재하는 서로 다른 차원의 우주를 말한다. '몸-말-맘의 우주'를 모두 갖고 있는 유정은 '인간'뿐이다. 그래서 '뫎'의 우주란 인간만의 우주를 말한다. '뫎'은 '몸'과 '말'과 '맘'이 서로 별개의 존재가 아니라 하나임을 나타내기 위한 매우 적절한 합성어가 아니겠는가. 이처럼 박상륭의 '합성어,' 혹은 '합의체 단어'는 단순히 두세 개의 개념을 합성하는 편리한 수단인 것만이 아니다. 합성된 두 개념은 서로 긴밀하게 결합하여 새로운 의미를 창출한다. 또한 박상륭이 만든 합성어들은 작가가 지향하는 일원론적 우주관과 관련된다. 그의 사유에서 일견 서로 대립되는 것으로 보이는 것들도 실제로는 서로 다른 것이 아니다. 니르바나와 상사라, 色과 空, 삶과 죽음, 선과 악, 저주와 은총, 흐름과 멈춤 등등은 근본적으로 서로 다른 별개의 것들이 아닌 것이다.

(2) '앓음답다' : '앓다'와 '아름답다'의 합성어

'앓다'와 '아름답다'를 합성하여 작가 자신이 만든 '앓음답다'라는 이 조어(造語)는 박상륭의 사유에서 핵심어 중의 하나라 할 수 있는데, 이 말은 박상륭의 진화론과 관련해서 매우 중요한 의미를 갖는다. 우선 다음의 인용문을 보도록 하자.

① 꽤는 서정적으로 친절한 이들은, 그 작은 풀꽃들이, 그것 나름들의 삼천대천세계를 품고 있거나, 받침하고 있다는 투로 이르는데, (아으, 서정적 정조 抒情的 情操란 어머니의 치마폭 같은 것이구나, 좋아랄 그 안에 푹 싸이기는.) 오늘 늙은네께는, 그것이 무슨 경이거나 신비이기는커녕, 〔……〕 봄 아피 앓이로밖에 보여지지 않고 있다. 꽃은 그래서 **앓음답다**. 꽃이란 다름 아닌, 그 초목의 요니라고 이르잖던가. 그래서 보면, 바늘귀만 한 요니에다, 봄은, 그리고 유들유들한 해는, 벗은 웃통에, 털 입은 산염소 다리를 하고시나는, 약대만 한 삘 그림을 쑤셔넣고, 진탕질을 치고 있던 것이다. (『평심』, p. 181)

② 毒酒가 하는, 無時의 召命에 좇아 달려갈 때마다 늙은네는, 송장이 타며 올리는, 먹구름 같은 흐린 연기 속에서만 벌거벗고 나타나, 타는 송장을 디뎌, 몸부림이랄 춤을 추는 시커먼 女火鬼, 타는 송장을 물어 빨아들이는, 일곱 혀의 요니를 가진 계집, 아으, 불의 물에 溺死하기의 황홀한 아픔, 물의 불에 焚死하기의 아픈 열예, 燒滅의 **앓음다움** ─ 燒酒, 일곱 혓바닥으로, 송장의 전신을 쓸어 핥는, **앓음다운** 女火鬼, 그녜를 보았다. 비리데기의 얼굴을 해갖고 있는 **앓음다움**! (『七祖語論 4』, p. 153)

먼저 인용문 ①과 관련해서, '아름답다'는 것은 무엇인가? 봄날에 저 들판에 피어 있는 풀꽃들은 아름다운가. 저 풀꽃들을 보고 우리는 생명의 경이로움이나 신비를 찬탄하면서 아름답다고 생각할 수 있을 것이다. 그러나 작가의 눈에 비친 저 풀꽃들은 지금 봄을 앓고 있는 것이다. 생명은 경이로움과 신비이면서 또한 아픔과 고통이다. 저 풀꽃들의 아름다움 그 너머로 좀더 깊은 통찰력을 갖고 본다면, 저 풀꽃들은 다만 저렇게 아름답게 피어 있는 것만이 아니라, 봄날의 햇살과 치열한 전쟁을 치르고 있는 것이다. "바늘귀만 한 요니에다, 봄은, 그리고 유들유들한 해는, 벗은 웃통에, 털 입은 산염소 다리를 하고시나는, 약대만 한 뻴그럼을 쑤셔넣고, 진탕질을 치고 있던 것이다." 풀꽃들은 지금 봄을 앓고 있는 것이다. 저 피어나는 꽃들은 '앓기'를 통해 '아름다움'을 뿜어내는 것이다. 그래서 저 꽃들은 다만 아름다운 것이 아니라, '앓음다운' 것이다. 모든 피어나는 생명의 아름다움은 저런 것이다. 그래서 저 풀꽃들은 '앓음답다'

는 것이다.

　인용문 ②는 생매장된 칠조의 무덤 곁에서 무덤 속에 갇혀 있는 칠조를 죽음을 무릅쓰고 보살피는 한 늙은 박수(남자 무당)가 독주에 취해, 송장을 불태우는 불꽃(女火鬼)의 모습을 상상하는 장면이다. 저 불꽃은 송장을 디뎌 '일곱 혀의 요니'로 송장을 물어 빨아들이고 있다. '일곱 혀의 요니'를 날름거리며 벌거벗고 춤추는 저 불꽃의 피어오름은 성숙한 처녀의 열정만큼이나 아름답다. 스스로를 소진하면서 저 '불꽃-女火鬼의 욕정적 아름다움은 '불의 물에 溺死하기의 황홀한 아픔'의 아름다움이다. 그래서 저 불꽃은 '앓음답다.' '타는 송장을 디뎌' '일곱 혀의 요니'로 '송장을 물어 빨아들이는' 저 불꽃 '女火鬼'는 바즈라요기니의 영상과 겹친다. 시꺼먼 '송장의 가슴을 딛고' 춤추는 '전신이 홍옥처럼 빛나는' 열여섯 살의 성숙한 처녀, 바즈라요기니, 송장을 딛고 춤추는 저 계집은 "그 요니로, 저 송장의 불(意味) 꺼져 시꺼메진, 그러니 숯, 그것을 물어, 비벼, 불, 불을 꼬나 일으켜"(『七祖語論 3』, p. 308) 세운다. 또한 저 '女火鬼-불꽃'은 온갖 고난 끝에 서천 서역국에 가서 약수(藥水)를 구해 와 죽은 아버지를 살린 무녀(巫女) '비리데기(바리공주, 바리데기)'의 얼굴이다. 한 생명의 육신적 소멸은 생명의 종말이 아니다. 그 소멸로부터 새로운 불꽃이 피어오른다. 그래서 저 '燒滅의 앓음다움'은 생명의 종적 진화 과정의 '앓음다움'이다.

　박상륭의 작품은 종교와 예술의 혼융이라 할 수 있는데, '앓음답다'라는 말은 종교와 예술의 혼융에서 태어난 말이다. '아름답다'는 예술과 관련되며, '앓다'는 종교와 관련된다. 예술은 아름다움을 추구한다. (예술적) '아름다움'은 우리에게 차원 높은 즐거움을 제공

하지만 예술도 또한 결국은 '허무주의의 다른 뺨'이라고 작가는 말한다. 그래서 박상륭은 어떤 대상을 가리켜 '아름답다'고 표현하지 않는다. '앓기'가 수반되지 않은 아름다움은 결국은 허무할 뿐이다. 몸을 입고 있는 유정, 특히 인간이란 유정의 삶은 필연적으로 고통을 수반하지만, 인간은 고통 즉 '앓기'를 통해서만 해탈을 향한 종적 진화를 이룰 수 있다. '앓음답다'는 '앓기'를 수반한 '아름다움'이다. 한 생명의 진정한 아름다움은 아픔을 동반한 아름다움, 궁극적 진화의 성취를 위해 '앓기'를 통해 종적으로 진화해나가는 역동적 아름다움, 혹은 자연의 상극적 질서 속에서 한 유정이 필연적으로 겪어야 하는 고통을 수반한 아름다움, 그런 아름다움이다. 그래서 그런 아름다움은 '앓음다움'이 된다. "아으 저 고통하기의 아름다움, 살기의 아름다움, 황폐해지기의 아름다움! 죽기의, 그리고 되돌아오기의 아름다움! '낳기'의 '아,' '늙기'의 '름,' '병들기'의 '다,' '죽기'의 '움,' 아름다움, 아——움, 옴"(『七祖語論 4』, p. 39), 한 생명의 '낳기-늙기-병들기-죽기'의 온 과정을 통해 나타나는 아름다움, 생명의 본질과 관련된 저 비극적 생명의 아름다움을 나타내는 말이 '앓음다움'일 것이다.

한편, '앓음다움'이란 조어는 다음에서 보는 바와 같이 여러 형태로 다양하게 변주되어 사용된다.

    육신으로 하늘 하늘 하늘 걸어올라가기는 **하느랋음다운가**? (『평심』, p. 226)

제길헐, 有情은 狂症이거든입지, 矛盾撞着이거든입지. 그럴 것이, 그것들은, 프라브리티라는 상극의 베틀에, 矛盾撞着으로 잉아걸어, 幻絲로 짜여진 無明베라 그렇습지. 그래서 有情들이, 이 베옷을 입고 있는 한, 세상은 진하디진한 실다움 자체일 것. 고통하기의 아름다움(쾅〔狂〕!), 살기의 **아름살움**(쾅!), 샘을, 한 그루의 목련을, 심지어는 하늘의 어느 별을 私有키의 **아름스러움**(쾅!), 허연 머리카락의 **아름늠다움**(쾅!), 아 그리고, 죽기의 **하름다움**(쾅!), 쌔! (『七祖語論 1』, p. 59)

위와 같은 조어들이 정확하게 무엇을 나타내는가를 알기는 어렵지만, 여기에서 '하느랗음' '하늘 하늘'이란 부사와 '하늘'이란 명사와 '앓음'과 '아름다움'이 복합적으로 결합된 합성어로 보인다. 또한 '하느랗음다운가?'는 '얼마나 앓음다운가'로 읽힐 수도 있을 것이다. '아름살움'은 '아름다움'과 '살기'를 합성한 것으로 볼 수 있으며, '아름늠다움'은 완숙된 아름다움을, '하름다움'은 어떤 슬픔이 묻어 있는 아름다움을 나타내고 있는 듯이 보이지만, 이들 합성어들은 의미보다는 그 소리의 울림에서 더 많은 것들을 느끼게 해주는 듯싶다.

(3) '앎': '앓음'과 '알음(知, 또는 覺)'의 합성어

'앎'은 '앓음'과 '알음(知, 또는 覺)'의 複意體 단어로서, '옴'과도 유사한 音性을 갖는 것이 주목된다. 飜案, 또는 通譯을 한다면, '卵生이여, 앓(苦痛)을지어다, 앓기를 통해, 알(知覺)을지어다!'로 될

것이었다. (『七祖語論 4』, p. 426)

八萬有情이 宗敎를 갖고 있다. 그렇게 하기로써, 有情들은 '궁극적 眞理'에 도달한다. 한 우주가 송두리째 한 寺院임, 修道場임이라. "앎!"(『七祖語論 4』, p. 143)

'앎'은 '앓음'과 '알음'의 합성어이다. 이것은 '앓기'를 통해 깨닫게 되는 유정들의 '궁극적 진리'와 관련된다. 또한 작가는 이 '앎'이 우주의 궁극적 진리를 나타내는 " '옴'과도 유사한 음성(音性)을 갖는 것이 주목된다"고 말한다. 그러므로 이 '앎'은 단순한 지식이 아니라 깨달음의 의미를 갖는다. 그런데 이 '앎'이라는 단어는 받침에 자음이 세 개 들어가 있는데, 이것은 현재 우리말 음절 구성 법칙으로는 불가능한 글자이다. 여기에는 우리말 어법 파괴 현상이 나타나는데, 작가는 적절한 의미나 소리의 표현을 위해서라면 현재의 문법 체계에 얽매이지 않는 파격적 시도를 감행한다. 외래어의 우리말 표기와 관련해서, 현재의 우리말 음운 법칙에 따르면 영어의 'L' 발음과 'R' 발음조차 우리말로 구별하여 표현하지 못하고 있는 실정이다. 박상륭은 외래어 발음을 우리말로 보다 정확하게 표현할 수 있는 방법을 모색하면서, 원래는 있었으나 현재는 사용되지 않는 'ㅍㅎ' 'ㅌㅎ' 같은 복합자음의 사용[5]을 시도하기도 한다. (요가의) 變身(遁甲)術'을 티베트인들은 "pho-wa"라고 부르는데, 이 원어의 우리말 표기를 작가는 'ㅍㅎ'의 복합자음 밑에 모음 'ㅗ'를 붙여 'ㅍㅎ와'로 표기한다. 한편 어떤 요기가 客鬼가 되어 넋을 잃은 어떤 몸을 차지해드는 요가를 "Thron-jug"이라고 하는데, 이 원어의 우리말 표기를 작가는 'ㅌㅎ'의 복합자음 밑에 모음 'ㅡ'를 붙여 'ㅌㅎ롱-죽'으로 표기하고 있다. 즉 영어의 'ph'는 'ㅍㅎ'으로, 'th'는 'ㅌㅎ'로 표기하고 있다. 필요하다면 없는 글자라도 만들어 써야 할 판인데, "옛날에 있었으나, 中年에 脫落해버린 것들이라도, 새로 들춰내어, '먼지 털고, 끈 달아' 쓰는 것에, 무슨 害가 있는가"⁶⁾라고 작가는 묻는다.

(4) '곳' : '곳'과 '것'의 합성어

'곳'과 '것'의 합의체인 '곳'이란 합성어는 '천국' '에덴' '바르도' '니르바나' 등과 같이 실재하는 어떤 구체적 장소(곳)라고 하기도 어렵고, 또한 어떤 현상이나 사물(것)을 나타낸다고 하기도 어려운 그런 대상을 말할 때 사용된다.

① '重力이 쏟겨드는 中心'에 있다는 '地獄'이란, 그러니 '몸-重力'과 관계된 '場所'일 수 있으되, '天國'도 또한 '場所'라고 상정하는 것은, 잘못된 '文學的 想像力'의 결과인 것을 알게 한다. '天國'은 왜냐하면, '거듭 태어 낳은 자,' 즉슨 '重力'을 벗은, '靈'들만이 가는 곳〔이것은 '것'이어야만 옳은데도, '國'이라거나, '가는……' 따위가 섞인 修辭學이 가하는 압력을 좇다 보면, 저렇게 '것'과 '곳'의 合成語라도 쓰게 한다는 것도, 관찰해둬야 할 것인데,〕〔……〕 "地獄은 場所"일 수 있어도, "天國은 狀態"라고 이르는 것일 것이다. 보다 소탈하게 말하기로 하면, "잘못 운영된 살〔肉身〕이 地獄이던 것이며, 잘 운영된 마음이 天國이던 것"이다. (『七祖語論 3』, p. 306)

② 바르도란 그런고로, 저 '죽음과 재생 사이의, 한 중간적 상태'라고 이르는 것이겠거니와, 우리가 눈에 불을 켜, 열심히 들여다보아야 되는, 매우 중요한 우주적 사실 하나는, 바르도는, 逆바르도(이승)와 같이, 그것이 집단적, 또는 공동적으로 체험이 안 되는, 우주간의 이상한 곳(곳+것)이라는 것입습지. (『七祖語論 1』, p. 92)

'천국(天國)'은 실재하는 장소인가, 아니면 어떤 상태인가? '~국(國)'이란 말과, 또한 '천국에 (들어)간다'라고 하는 것을 보면 '천국'은 얼핏 어떤 장소를 일컫는 것 같다. 그러나 '천국'은 '거듭 태어 낳은 자,' 즉 '重力'(육신)을 벗은, '靈'들만이 가는 곳이라 한다면, 그것은 실재하는 어떤 구체적인 장소는 아닐 것이다. 그것은 차라리 어떤 마음의 상태, 혹은 추상적 장소를 말한다. 한편, '바르도'란 '죽음과 재생 사이의, 한 중간적 상태'를 말하는데, 이것 또한 이승을 떠난 넋들이 드는 곳이어서, 실재하는 어떤 구체적인 장소라고 하기는 어렵다. 작가는 이와 같이 실재하는 구체적 장소('곳')라고 하기는 어렵고, 또한 어떤 사물을 가리키는 '것'이라 하기도 애매한, 그런 대상을 말할 때, '곳'과 '것'이 결합된 '곳'이란 합성어를 사용한다.

이밖에도 박상륭은 '번뇌'와 '벌레'의 합성어인 '벌뢰'*('번뇌'는 인간의 혼을 파먹는 '벌레'라는 의미에서), 흐름(動) 자체가 멈춤(靜)

---

* "그러고 보니, 나는 여태도 번뇌하고 있구나. 번뇌(煩惱)의 벌레에 파먹히고 있구나. 벌뢰의 벌레에 시달리는 혼일레여, 허긴 번뇌하라, 벌뢰하라, 끝까지 인간이기를 고집하는 것, 그것은 번뇌로써뿐일 것, 번뇌여, 벌뢰여, 벌레여." (『죽음의 한 연구』, p. 445)

을 의미하는 흐름과 멈춤의 합성인 '멈름,'* '떠오르기'와 '가라앉기'의 합성인 '떠오랂기,'** '슲기'(슬프기?)와 '싫기'의 합성인 '슯기'*** 등 여러 종류의 합성어를 만들어 사용하고 있다.

(5) 기존 어법을 변용한 조어

이상에서 보는 바와 같이 기존의 어법을 완전히 파괴하면서 만들어진 조어가 있는가 하면, 기존의 우리말 어법에 크게 벗어나지 않는 비교적 덜 파격적인 합성어들이 있다. 몇 가지만 예를 들어보기로 하자.

① **눈아피病**도 되고, **눈나쉐藥**도 되고 그랬다. (『七祖語論 1』, p. 226)

② 거 뭐 반 푼어치나 알고 있는다 해도, 그걸 **개좆글**하려 할 일은 못 될 것이, (『평심』, p. 163)

③ 그가 말로는, 저렇게 **숭푹**(이게 무슨 누무 사투리인지, 그건 뜻

---

* "(이런즉) 흐름(動) 자체가 멈춤(靜), 멈춤이 흐름, 멈름. (ㅁ[미음]읍으로 닫혀진 口腔. 毒龍으로부터 해방을 성취해버린. 한마디의 말[言語], 위대한 침묵, 옴.)" (『七祖語論 1』, p. 148)
** "떠오르기, 가라앉기, 떠오랂기, 는 輪廻" (『七祖語論 3』, p. 319)
*** "적어도 이 한 순간만은, 저 벽에 뚫린 구멍이, 촛불중께, 저쪽에의 몸서리쳐지는 그리움이나, 그런 그리움이 그것의 치마폭에 싸아 안고 와서 풀어헤친, 그쪽에의 두려움, 그리고 이쪽에 있기에의 몸서리쳐지는 슲(슬+싫)기, 그런 슯기가 데불어온 발광기 같은, 그런 어떤 감정도 일으켜내고 있는 듯하지는 않다." (『七祖語論 4』, pp. 23~24)

이기보다, 느낌에 호소하는 소린 듯하다는 것말고는, 패관도 못 말해준다. 사전은 들춰보아도 묵묵부답일 터이니, 국어선생께나 물어봐라. 패관은, 잡초 씨앗이라도 많이 뿌려, 밭, 말의 밭이 다양하게 울창해지기를 바라고, 선생은, 사실이 그런지 어쩐지, 그것도 또 물어봐야 될 듯하지만, 밭이 이랑 고랑 정연해 있기를 바라는, 다름이 있다. 콩 심은 데에도 팥이 나는 걸 즐거워하는 자와, 콩 심은 데서는 콩만 나야 된다고 믿는 자가 있다)을 떨어싸도, 만년 세월을 한사코 살아갈지, 글쎄 그건, 모르는 일. (『神을 죽인 자』, pp. 94~95)

위의 인용문 ③ 중 '숭푹'은 의미보다는 소리의 느낌에 근거해서 작가가 만든 말이어서 얼핏 보아 그 의미를 파악하기가 쉽지 않지만, 나머지 '눈아피病' '눈나쉐藥' '개좆글' 등의 조어들은 처음 대해도 그 의미가 분명히 드러난다. '눈아피病' '눈나쉐藥'은 각각 '눈병'과 '눈약'을 순수한 우리글을 사용하여 흥미롭게 만든 말이며, '개좆글'은 '개좆같은 글'을 복합명사화한 것이라 할 수 있다.

(6) 한자어 조어

박상륭의 조어에 대한 실험은 우리말뿐 아니라 한자어를 활용하는 데에까지 확장된다. 순수한 우리말에 그와 흡사한 음독의 한자어를 입혀 우리말의 의미를 확장시키는가 하면, 우리말의 의미와는 전혀 다른 의미를 중첩시켜 활용하기도 한다. 그는 또한 추상명사인 한자어를 순수한 우리말로 풀어 써 그 의미를 구체화하거나 새롭게 조명하기도 한다. 한편, 한자의 몇 개의 부수를 조립하여 기존에 없는 한자어를 새로 만들어 사용하기도 한다.

① 허기는 달이, 우리 속에서, 그런 無佛性스런 **鬱音**을 뽑아내고 있다. (『七祖語論 1』, p. 221)

② 또 한 자리 **씨부[詩賦]랄** 소리나 읊조리겠지, 〔……〕 되도 못한 씨부[詩賦]랄 개좆글 읊어내기가 풍류가 아닌 것을! (『평심』, p. 174)

③ 자기가 **보았어야(見) 될 뿌리(性)**를 볼 수가 없다고, (『七祖語論 3』, p. 81)

④ (전에 우리들, 서로 '有識하게 웃느라'고, 만들어낸 글자 중에, 〔……〕 누구나 놀라게 되면, 눈이 뚱그렇게 커진다고 하여, '놀랠 놀' 字라고 일렀었다.) 昗―히.히.히. (『七祖語論 3』, p. 459)

⑤ 覮―팍! '破'와 '覺'의 合成語 (『七祖語論 4』, p. 420)

인용문 ①의 '鬱音'은 우리말의 '울음'을 이두문자처럼 한자어로 표현한 것인데 우리말의 '울음'에 한자어의 의미가 포개지어 그 '울음'의 음울한 느낌을 동시의 나타내고 있다. 인용문 ②의 '씨부(詩賦)랄 소리'는 '詩랍시고 내뱉는 씨부랄 소리'라는 말을 함축적으로 나타낸 것으로 보이며, 인용문 ③에서 '보았어야(見) 될 뿌리(性)'는 '見性'이란 한자어를 우리말로 풀어 원래의 한자의 의미를 확장, 변화 혹은 구체화하고 있다. '見性'이란 쉽게 말하면 '뿌리(근원)'를 보는 것이 아니겠는가. 인용문 ④는 일종의 말장난으로 나란히 붙어 있는 '눈 목(目)'자 두 개 아래 '큰 대(大)'자를 써 두 눈이 휘둥그레 커지는 모습을 나타내어 '놀랠 놀'자라고 이름 붙인 한자어 조어이며, 인용문 ⑤는 '破' 밑에 '覺'의 아랫부분의 부수를 합성하여 만든 합성어로 '〔곽〕 깨뜨려서 깨우친다'는 의미를 한 글자의 한자어로 만든 것이다.

2-3-3. 이두문자의 활용

우리말 활용을 극대화하기 위한 박상륭의 우리말 찾기는 고어뿐만 아니라, 이두문자에까지 거슬러 올라간다. 이두는 한자의 음과 훈(訓)을 빌려 우리말을 적던 표기법이며, 넓은 의미로는 한자차용표기법(漢字借用表記法) 전체를 가리킨다. 작가는 흥미로운 말장난의 차원에서 이두문자식 표현법을 사용하고 있는 듯한데, 이두문자 활용의 가능성을 실험하는 것으로 보이는 재미있는 표현의 예를 들어보자.

① 존재를 꿀려내는 그 쑤물거림 속에
꿈(夢)틀(態)거림(動)을, (『평심』, p. 221)

② 천의무봉 고운 옷 입은 시악씨들이 (히히히, 弓〔활〕鷄〔닭〕脫〔벗고〕衣〔옷〕였으면 더 안 좋겠는가?) (『神을 죽인 자』, p. 166)

위의 인용문 ①에서, '꿈틀거림'을 이두문자식으로 나타내어 '夢態動'이라 표기한 것인데, 작가는 독자의 이해를 돕기 위해 '꿈(夢)

틀(態)거림(動)'으로 표현하고 있다. 인용문 ②에서 '弓〔활〕鷄〔닭〕脫〔벗고〕衣〔옷〕였으면'은 아마도 '홀딱 벗고 오셨으면'을 이두문자식으로 표현한 것으로, 이를 이두문자로 나타내면 '弓鷄脫衣'가 될 것이다. 여기에서 '衣'는 音(오셨)과 訓(옷)이 복합적으로 사용되고 있다.

3. 시적 문체

　박상륭 문체의 두드러진 특징 중의 하나는 그의 문장이 매우 시적(詩的)이라는 것이다. 시적이라는 말은 운율과 비유가 활성화되어 있다는 뜻이다. 박상륭의 작품은 대체로 소설의 형태를 취하고 있지만 문장 하나하나는 운문에 가깝다. "내 언어는 대단히 토속적이고 시적이다"[7]라고 작가 스스로 말하고 있다. 그래서 그의 작품은 시를 읽듯이 그렇게 천천히 온몸으로 읽어야 할 것이다. 박상륭은 리듬을 활성화하기 위해 쉼표를 적극적으로 활용하고 있으며, 우리의 옛 시가의 운율을 많이 활용하고 있다. 또한 두운과 중간운의 활성화를 위해 기존의 어휘를 변형하여 사용하기도 하며, 압축과 생략의 표현법을 많이 활용하기도 한다. 한편 작가는 결코 상투적인 비유를 사용하지 않으며, 토속적이고 해학적인 독창적 비유를 끊임없이 새롭게 만들어 사용한다.

3-1. 운율

박상륭 문체에서 외면상의 가장 두드러진 특징은 쉼표를 많이 사용하고 있다는 것이다. "쉼표는 운율에 맞춰 쉬라는 뜻"[8]이라고 한다. 쉼표는 한 문장에서 리듬의 단위가 되는데, 그의 문장을 쉼표의 리듬에 맞춰 소리 내어 읽어보면, 전형적인 운문과 조금도 다를 바 없다는 것을 알 수 있다. 이렇게 박상륭의 산문은 운문에 가깝다. 그의 문장은 시를 읽을 때와 마찬가지로 쉼표(리듬)에 맞추어 (마음속으로라도) 소리 내서 천천히 읽을 때 훨씬 더 잘 전달된다. 다음 예시에서 보듯이, 한 행은 자연스러운 호흡의 리듬에 맞추어 대체로 3~5개의 쉼표로 리듬이 분할되어 있다.

참 하늘도 맑지, 푸르다, 혹간 세상은 아름다운가. 마을은, 말하자면 作爲키를 포기했으니, 시간도 흐를 까닭이 없어, 매우 한스러운데 처해, 달리다 멈춘 노루가, 달리던 그 까닭까지도 잊고 풀을 뜯듯, 하늘을 뜯었다. (『七祖語論 1』, p. 382)

위 예문에서 보듯이 쉼표는 리듬 혹은 호흡의 단위를 가름한다. 이때 리듬의 단위는 자연스러운 호흡의 단위가 되는데, 이것은 음절 수에 따른 것이 아니라 의미의 분할에 따른 것이다. 이러한 리듬은 글의 내용에 따라 마치 우리 가락의 진양조에서 휘모리에 이르는 변화처럼 다양하게 변주된다. 다음 예문들을 보자.

① 한 왕녀는, 꿈에, 한 거대한 흰 코끼리의 내방을 받았더라고 하며, 그날부터 胎氣 있어, 한달두달피를모아석달늑달입덧나다섯달에반짐실어여섯달에肉정안구일곱달에는九朔받아여덟달에한짐가득실어아홉달에운무좌겨하읍시고열달가만을곱게지와좋은날좋은시를당한즉, (『七祖語論 1』, p. 112)

② 그, 그 婚, 婚姻은, 그, 크, 큼, 크렇게, 큼, 흑, 흐, 흐떻게 해서, 성사를 했다던가, 어쨌다던가 했다. (『七祖語論 2』, p. 108)

③ 어? ㅁ, ㅜ, ㅓ, ㅅ, 이라굽지? (『七祖語論 3』, p. 340)

④ 흐르적 흐르르 흐르르, 흐르다가, 스러져버릴 것, 흐르다, 흐르, 흐, ㅎ. ㅡ, -,…… (『七祖語論 4』, p. 55)

①의 예문은 우리 고유의 옛 시가의 리듬을 활용한 것인데, 두 줄 전체가 쉼표는커녕 띄어쓰기조차 되어 있지 않아 마치 휘모리 장단처럼 단숨에 휘몰아치듯 읽어야 할 것이다. ②의 예문은 한 줄에 무려 12개의 쉼표를 사용하여 한 음절씩 더듬거리며 천천히 발설되는 모습을 의성어를 섞어가며 흥미롭게 표현하고 있다. ③의 예문은 하나의 음절을 각각의 음소로 분해하여, 음소 하나하나에 쉼표를 사용하여 리듬을 극도로 완만하게 한 것으로, '뭣'이라는 한 음절을 4개의 음소로 분해하여 각 음소마다 쉼표를 사용하고 있다. ④의 예문은 한층 더 나아가, '흐르다'라는 하나의 단어를 각각의 음절로 분리하고, 다시 '흐'라는 음절을 음소보다 더 작은 단위로 분해하는

방법을 통해, 서서히 흘러가다 스러져가는 모습을 마치 시각적으로 보여주고 있는 듯이 보인다.

한편, 박상륭은 운(韻)을 살리기 위해 앞에서 본 바와 같이 종결어미의 토씨를 다양하게 만들어 사용하기도 하며, 기존의 어휘를 변형해 새로운 말을 만들어 운을 맞추기도 한다. 또한 작가는 표현의 압축과 생략, 동음이의어의 활용,* 언어유희** 등을 통해 시적 효과를 살리기도 한다. 먼저 운을 살리기 위해 기존의 어휘를 변형시켜 어떻게 새로운 말을 만들어 사용하는가를 보도록 하자.

"그 중은 떠나는 길이었고, 나는 **떠들어가는** 길이었는데"(『죽음의 한 연구』, p. 10)

"오늘날뿐만 아니라 **어젯날**에도"(『잠의 열매』, p. 216)

우리말은 언어의 특성상 각운을 사용하는 것이 서양어처럼 자유

---

* 동음이의어의 활용의 예시.
"난(蘭)이라도 가꾸면 좋지. 서늘할 땐엔 뜰을 거닐고, 한낮엔 벌들이 윙윙대는 소리에 졸고, 밤중쯤에는 어디 별에서라도 흘러내리는 애울음 소리를 들어도 좋다…… 이러한 바람〔願〕은 또한 바람〔風〕이어서, 나를 자꾸 불어 간다."(『죽음의 한 연구』, p. 180)
"나는 그리하여 사망(死亡)으로써 사망(思望)하기 시작한다."(『죽음의 한 연구』, p. 452)
"(야심을 품은 자에겐, 天國은 天國에도 없다)"(『七祖語論 4』, p. 17)
"마음은 몸으로부터 부표(浮標)모양 떠올라, 부표하고 있었다."(『평심』, p. 143)
** 예를 들면, 펼쳐진 손가락 개수와 한자들과의 상응 관계를 이렇게 나타내고 있다.
"凸? 凹? 山? 心? 必? (손가락들을 활짝 편 손이나, 오무려 쥔 주먹은) 無? (그러면 그 폈거나 오무린 손바닥에 쥐어져 있는 것은 무엇인메? 아나트만!)"(『七祖語論 2』, p. 254)

롭지 못하기 때문에 운을 살리기 위해서는 각운보다는 두운이나 중간운을 흔히 사용하게 된다. 작가는 운을 맞추기 위해 접두어나 접미어를 파격적으로 사용한다. 첫번째 예시에서, 원래 '떠들어가는'이란 말은 사용하지 않는다. 그러나 여기에서는 앞의 '떠나는'과 두운을 맞추기 위해 '들어가는' 앞에 '떠'라는 접두어를 붙여 '떠들어가는'이란 말을 만들어 사용하고 있다. 두번째 예시에서, '어젯날'이란 말 또한 사용되는 말이 아니지만 '오늘날'과 운율을 맞추기 위해 만들어진 말이다.

운문의 또 하나의 특징은 표현의 압축과 생략이다. 다음 예시를 통해 표현의 압축과 생략이 어떻게 이루어지는가를 보도록 하자.

① "늙은네들은, 휘인 척추에 기대 꼴깍 잠에도 들고, 어린 것들은, 어미의 젖꼭지에서 잠을 빨았다."(『七祖語論 1』, p. 392)

② "대문 닫기는 소리와, 빗장이 걸리는 소리가 자정이었다."(『七祖語論 2』, p. 43)

③ "오랜만에 늙은네는, 반나절쯤 혼곤히 잤다. 깼다. 황혼이었다."(『잠의 열매』, p. 62)

④ "관 속에다 주판을 넣어갈 생각은조차도 할 일은 아니겠다."(『평심』, p. 135)

⑤ "저 '극소의 시간' 속에서는 언제나, 흐름이라는 것이 순서 있

게 나타나는 법이 잘 없기 때문입니다."(『죽음의 한 연구』, p. 273)

⑥ ", 지는었되 게있 에장헌 그, 가새 그 게떻어 면러그"(『七祖語論 4』, p. 356)

①의 예문에서 "젖꼭지에서 잠을 빨았다"라는 표현은 '젖을 빨면서 잠에 들었다'라는 말을 압축한 것이며, ②의 예문에서 "대문 닫기는 소리와, 빗장 걸리는 소리가 자정이었다"라는 말을 평범하게 표현한다면 "대문 닫기는 소리와, 빗장 걸리는 소리가 (들리는 것으로 보아 시간은) 자정이었다"라는 말이 될 텐데, 여기에서 "(들리는 것으로 보아 시간은)"이란 말이 생략되어 있다. ③의 예문은 동사 하나로 한 문장을 대신하는 압축과 생략의 극단을 보여준다. 한편, 작가는 우리말의 토씨나 부사를 기존의 사용 방법과는 다른 방식으로 사용하기도 한다. 예를 들면, ④의 예문에서 '생각은조차도'라는 말은 현재 우리말 어법에는 맞지 않는다. 이 말을 어법에 맞게 풀어쓴다면, '관 속에다 주판을 넣어갈 생각, 그런 일은 아예 생각조차 할 일은 아니겠다' 정도가 될 것인데, 작가는 이 말을 간결하게 표현하기 위해 '생각은조차도'라는 표현을 사용한 것으로 보인다. 또 다른 예를 보면, ⑤의 예문에서, '잘 없기'라는 표현 또한 현재 우리말 어법에는 맞지 않는다. 이 말은 '전혀 없지는 않지만 흔치는 않다'라는 뜻일 텐데, 이것을 간략하게 표현한 것이라 할 수 있다. 한편, 작가는 문장의 역순 배열을 시도하고 있는데, 좌에서 우로 배열되는 문장 배열의 원칙을 파괴하고, ('이미 종결된 시간을, 약간 逆流 遡及'하여 나타내기 위해) 우에서 좌로 배열되는 문장을 사용하

기도 한다. ⑥에서 보는 바와 같이; '그러면 어떻게 그 새가, 그 현장에 있게 되었는지,'가 역순으로 배열되어 ", 지는었되 게있 에장현 그, 가새 그 게떻어 면러그"로 표현되어 있다.

3-2. 비유

박상륭의 시적 문체는 무엇보다도 비유와 상징의 풍요로움에서 실감하게 된다. 운율의 활성화가 형식적인 면에서 시적 문체의 특징이라면, 비유와 상징 그리고 관념의 이미지화(형상화)는 내용 면에서 시적 문체의 특징이라 할 것이다. 그의 작품은 온통 상징과 비유로 되어 있다 해도 과언이 아니다. 그는 고도의 형이상학적 관념들을 수많은 비유와 상징으로 풀어내고 있다. 그래서 그의 작품은 무엇보다 문학작품, 한 편의 장대한 서사시가 된다. 상징에 관해서는 앞에서 상당 부분 언급되었으므로, 여기에서는 그가 사용하는 비유에 대해 살펴보고자 한다. 박상륭이 사용하는 비유는 매우 독창적이어서, 우리는 그의 작품에서 낯익은 비유를 찾아보기 어렵다. 그의 비유는 우주적 상상력에 토대를 두고 있으며, 매우 토속적이고 사물의 정곡을 찌르면서도 매우 해학적이다. 그는 구상과 추상의 경계를, 품사들의 경계를 자유롭게 넘나들며 생동하는 비유를 끊임없이 창조해낸다. 작가가 사용하는 독특하고 풍요로운 비유야말로 독자를 끊임없이 작품 속으로 끌어들이는 매력의 원천이 아닐 수 없다. 이러한 비유 때문에 독자는 그의 작품을 읽어가면서 때때로 행복한 미소를 짓게 된다. 몇 가지 예를 보도록 하자.

① '산'을 읽고 싶어 하는 자에게라면, 산을 타려 하기보다는 산등성이에 핀, 한 송이의 풀꽃의 속이라도 들여다보라고 이를 일이겠는가, 살아 있는 화산(火山)을? 그렇게나 섬약한 풀대궁을 통해서도, 왼 산 하나가 다, 터뜨려져 오르는 것을? (『평심』, p. 190)

② 달은 전날보다 조금 게으르게 한 모서리가 깎인 중머리로, 돋아올라오며, 그늘이 기복해 있던 자리에다 외꽃을 피우고, 석양 담겼던 붉은 이랑에다 검은 두엄을 덮었다. (『죽음의 한 연구』, p. 114)

③ 달은 이미, 그 창을 벗어나 보이지 안했으되, 추녀 끝을 통해 촛불중은, 한 평쯤의 흑록색 하늘이, 몇 방울 이슬 같은, 몇 방울의 별을 맺혀 갖고 있음을 보았다. (『七祖語論 2』, p. 41)

④ 한잔 받게라근여, 한잔 먹세라근여, 어욱새 속새 덥가나모 백양 속에 가기곳가면 뉘 흔존 먹자 흐고, 아으, 비인 잔은 허무한가, 이눔 그런즉, 비워진 잔은 서둘러 부어 채워라, 넘치도록 채워라, 허으흑, 넘치는 잔은 요염한가, 도화촌 삼사월 덮어 날으는 나비, 도화보다 붉은 그 몸은, 무릉 삼복보다 더운가, 물것 탓에 가려워 송신해 못 살겠었더니, 에라 오늘은, 이 볕 좋은 데서, 골마디 고랑 따라 이(蝨甫)나 잡아, 개고기에 양념 삼아, 그 백팔 범주 풀어내라, 그것으로 算놓아 가며, 蝨甫 한 마리, 愁心 한 가닥, 염주 하나 고량주 한잔, 허윽, 이 보아라, 오늘 궐명에 東天 흐르던 한 조각 浮雲이, 中天을 흐르고 있더니, 우리 쥐인 잔 속에다 그 그리매(그늘, 그림

자)를 빠뜨렸구나. (『七祖語論 1』, p. 187)

⑤ 제길헐, 有情은 狂症이거든입지, 矛盾撞着이거든입지. 그럴 것이, 그것들은, 프라브리티라는 상극의 베틀에, 矛盾撞着으로 잉아걸어, 幻絲로 짜여진 無明베라 그렇습지. 그래서 有情들이, 이 베옷을 입고 있는 한, 세상은 진하디 진한 실다움 자체일 것. (『七祖語論 1』, p. 59)

⑥ 해골바가지 속에 괸 물맛하고 비슷하다던, 그 단어가 뭐라던가, 아으 그렇지, '무상(無常)'이랬지. (『평심』, p. 133)

⑦ 그 발이, 그 상을 칵 내리찍어 디뎌버린 것이다. 그랬으니, 짐을 무겁게 실었던 그 상은 그 당장 박살이 나버린 것이고, 그 주위의 처들어 올렸던 손들은, 그만큼의 허공 중에서 경직을 일으켜, 저승 나뭇가지들처럼 우거져 있었으며, 웃던 얼굴들에서는, 웃음들만 소금이 되어, 부스러져내리는 지경이었다. (『七祖語論 2』, p. 126)

⑧ 유아는 젖을 빨며, 저 맑지만 뭔지 닫힌 눈으로, 그냥 어머니를 바라보는 것이다. 그러다 젖꼭지를 놓고 소리 없이 웃는데, 그 웃음의 의미는 모른다. 다시 젖꼭지를 물고, 그리고 잠이 눈에 퍼부어 더 뜰 수 없을 때까지, 어머니를 올려다본다. (『죽음의 한 연구』, p. 175)

①에서는, '산등성이에 핀, 한 송이의 풀꽃'을 '살아 있는 화산(火山)'에 비유해서 한 송이 풀꽃이 갖고 있는 거대한 우주적 생명력

을, 모든 생명의 '비상(飛翔)에의 꿈'을 보여 주고 있다. ②와 ③과 ④는 우리 고유의 토속적 운율과 이미지로 되어 있는 비유이며, ⑤와 ⑥은 추상적 개념과 구상적 실체를 자유롭게 넘나드는 비유의 모습을 보여주고 있다. 한편, ⑦에서는 웃던 얼굴에서 갑작스러운 충격에 온몸이 경직되어 웃음기가 갑자기 사라지는 모습을 부스러져내리는 소금에 비유하고 있는데, 이 표현은 얼마나 적절하고 해학적인가. ⑧에서는, 어머니의 젖꼭지를 물고 행복과 사랑에 겨워 소리 없이 웃다가 잠드는 저 천진난만한 유아의 모습이 저렇게 서정적으로 표현되어 있다. 마지막으로 『죽음의 한 연구』에서 육조의 연인이었던 장로의 손녀가 타는 '가얏고' 소리에 대한 묘사를 보기로 하자. 이 대목은 박상륭 문체의 특징적인 면들을 총체적으로 보여주고 있다.

나는 대답으로서, 마루 끝에 어중간히 걸터앉고, 그런 뒤, 별로 의미 없이 한번씩 현을 퉁겨보는, 그녀의 섬세한 손을 건너다보았다. 그러는 중에 그런데, 그 손이, 흰 비둘기처럼 비상하며, 저 죽은 가얏고 위를 춤추기 시작하자, 가얏고가 살아나는 아픔을 비명해대기 시작했다. 그것은 하나의 괴력으로서 내게 체험되기 시작한 것이다.
하나의 죽음이, 처음에 아주 느리게 살아나고 있었는데, 그때는, 가얏고 위를 나르거나 춤추는 손은 손이 아니라 온역이었으며, 청황색 고름이었으며, 광풍이었고, 그것이 병독의 흰 비둘기들을 소금처럼 흩뿌리는 것이었다. 내가 흩뿌려지는 것이었다. 그러며, 내가 저 소리에 의해 병들고, 그 소리의 번열에 주리틀려지며, 소리의 오한에 뼈가 얼고 있는 중에 저 새하얗게 나는 천의 비둘기들은 삼월도 도화촌에 에인바람 람드린 날 날라리리 리루 루러 러르르흐 흩어지는 는 는느 느등 등드 드등 등드 드도도동 동 동도 도화 이파리 붉은 도화 이파리, 이파리로 흩날려 하늘을 덮고, 덮어 날을 가리고, 가려 날도 저문데, 저문 해 삼동 눈도 많은 강마을, 강마을 밤중에 물에 빠져 죽은 사내, 사내 떠 흐르는 강흐름, 흐름을 따라 중몰이의 소용돌이 잦은몰이의 회오리 휘몰아치는 휘몰이, 휘몰려 스러진 사내, 사내 허긴 남긴 한 알맹이의 흰소금 흰소금 녹아져서, 서러이 봄 꽃 질 때쯤이나 돼설랑가, 돼설랑가 모르지, ……계면(界面)하고 있음의 비통함, 계면하고 있음의 고통스러움, 계면하고 있음의 덧없음이, 그리하여 덧없음으로 끝나고, 한바탕 뒤집혔던 저승이 다시 소롯이 닫겨 버렸다. 손은 그래서 다시 손으로, 오동나무 공명관은 다시 오동나무로, 겨울에 죽은 한 마리의 가마귀처럼, 흰 벌에 누워 버렸는데, 거기 어디에 그런 괴력스런 산조(散調)가 사려넣어 있었던지 그것은 알 수가 없었다. 그것은, 삶의 전단계를, 생명이 당하는 괴로움의 온갖 맛을, 말세까지의 한바탕 흐름의 전 물굽이를 한 마당 휘몰아친 가락에 담은 것이어서, 그것이 소롯이 잠들었을 때, 나를 울게 했다. 나는 아마 눈물을 흘려내고 있었다. 이것은 가공할 만한 하나의 푸닥거리, 한 장면의 신굿처럼 내게는 여겨졌다. 나는 그래서, 가냘프게만 보아 왔던 저 손을 무녀로서 존중하고, 소리의 백년잠을 일시에 깨어 흩뿌리는 그 손의 주술을 두려워하여 무릎을 꿇어, 떨림으로 그 손을 모두어 쥐고, 나도 모른 새 입을 맞추며, 내 가슴에 꼭 대고 있었을 것이다. (『죽음의 한 연구』, pp. 338~39)

4. 복합문체

　박상륭 작품에는 매우 길고 복잡한 문장들이 많다. 한 문장이 대여섯 줄 되는 경우는 흔하고 열 줄이 넘는 경우도 자주 발견된다. 이러한 긴 문장은 많은 쉼표에 의해 리듬 단위로 나뉘어 있다. 문체는 글의 내용을 담는 그릇이다. 한 문장이 이토록 길고 복잡해지는 것은 일차적으로 복합적인 글의 내용에서 비롯된다. 문장 속에 문장이 겹겹이 들어가 있는 이러한 문체를 작가는 '복합문체'(만연체가 아니라)라 부른다. 박상륭의 복합문체는 마치 관계절과 종속절이 많이 들어가 있는 서양어의 복문과 흡사하다. 실제로 우리는 서양어의 복잡한 복문을 번역해놓은 듯한 문장들을 어렵지 않게 발견할 수 있다. 다음 문장을 보자.

　　황원(荒原). 가운데. **그것**에 의해 사위가 드러나고, 중심이 잡히는 듯한, 거인 크기의 선바위. 밑. 뜨끈해서 구근(球根) 같은 주검 하나, 번듯이 누워 있다. 시동. (『雜說品』, p. 144)

위 문장은 중간에 마침표가 여럿 있지만 이 마침표들은 문장이 끝났음을 나타내는 것이 아니다. 이 문장은 뒤에 여섯 줄이 더 연결된 후에야 종결된다. 이 마침표들은 쉼표를 대신하고 있다고 볼 수 있는데, 문장의 리듬을 보다 확실하게 분할하기 위한 부호라 할 수 있다. 위 문장에서 '그것'은 '선바위'를 가리킨다. 그런데 '선바위'는 '그것' 뒤에 나타나 있다. 우리말에서 '그것'이란 대명사는 앞에 나온 말을 대신하지 뒤에 오는 말을 대신해서 사용하지는 않는다. 위 문장을 서양어의 구조로 분석하면, '**그것**에 의해 사위가 드러나고, 중심이 잡히는 듯한'은 '선바위'를 수식하는 관계절이 되는데, 여기서 '그것에 의해'를 영어 구문처럼 분석해본다면, '그것에 의해'는 전치사가 선행된 관계대명사(by which)에 해당된다. 이때 '선바위'를 수식하는 관계절을 먼저 번역하면 '그것'이 '선바위' 앞에 오게 된다. 위 문장을 우리말의 평이한 문장으로 풀어 쓴다면, '황원 가운데 거인 크기의 선바위가 있는데, 그것에 의해 사위가 드러나고 중심이 잡히는 듯하다. 그 선바위 밑에 뜨끈해서 구근(球根) 같은 주검 하나, 시동이 번듯이 누워 있다'로 될 것이다. 이렇게 평이하게 풀어 쓴 문장으로는 원문에서 보는 바와 같은 운율과 압축적 표현을 사용한 시적 문체의 효과를 나타낼 수 없을 것이다. 서양어에서는 관계대명사나 접속사가 발달되어 있어 한 문장 속에 얼마든지 복잡한 많은 내용을 담을 수 있다. 그러나 우리말은 관계사와 접속사가 잘 개발되어 있지 못해 한 문장 속에 복합적인 많은 내용을 담는 것이 용이하지 않다. 그래서 우리말에서는 대체로 복잡한 내용을 여러 개의 단문으로 쪼개어 순차적으로 나타내게 된다. 그러나 복합적인 내용을 한 문장 속에 동시적으로 나타내는 것과 여러 개의 단문 형태로 순차적으로 나타내는 것과는 많은 차이가 있다. 박상륭의 복합문체는, 관계사나 적절한 접속사가 개발되어 있지 않은 우리말을 가지고, 복잡하고 긴 호흡을 필요로 하는 내용을 서양어에서처럼 하나의 문장 속에 적절하게 표현하는 방법 중의 하나이다. 그는 관계절이나 종속절를 대신할 수 있는 표현 방법으로, 쉼표를 적절하게 사용하기도 하고, 다양한 종류의 괄호(소괄호, 중괄호, 대괄호 등)*를 사용하기도 하며, 괄호를 사용하지 않을 경우에는, '~(이)다'의 종결어미로 끝나 마땅히 마침표를 찍어야 할 자리에 쉼표를 찍어, 다음에 '라는즉슨' '~란' 등의 표현을 사용하여 앞의 말을 보완**하기도 하는 등, 다양한 방법을 시도하고 있다. 이런 연유로 문장이 복잡해지는 경우가 많이 있는데, 문장이 길고 복잡하다고 해서 그 문장이 명료하지 않은 것은 아니다. 그의 문장을 세밀하게 분석해보면 문장 하나하나가 우리말 어법에 어긋나지 않을 뿐만 아니라 그 의미가 매우 명료하다는 것을 알 수 있다. 박상륭은

---

* 예를 들면,
"저 '無爲'라는 道尺은, '自然(또는 畜生道)'을 재는 것이며, (그래서 예를 하나 들기로 하면, 실한 호랑이가, 갓난 노루새끼를 잡아먹는 것까지도 無爲之道의 一環인데), 그것으로, 그 自然으로부터, 최소한 목까지라도 벗고 나온, '人世'라는 有然(잠깨기, 文化, 익기, 藝術)'을 재려 하면, 결과는 誤尺行뿐이던 것이다." (『七祖語論 1』, p. 276)
※ 박상륭의 괄호 사용 방법: 우선 소괄호( )를 사용하고, 소괄호 안에 또 삽입되는 말은 중괄호{ }를, 그리고 중괄호 안에 삽입되는 말은 대괄호[ ]를 사용한다(『七祖語論 3』, p. 306 참고).

** 예를 들면,
"어떠한 난관이나 역경에서도, 他有情께 그 평계를 돌려서는 안 되며, 그러기보다는, 도류들은, 이것을 고려해보아야 할 것이다, 라는즉슨, '自我라는게 있지도 않은 것을, 自我라고 집착하고 있는, 이 '마음'이란 무엇인가?'라는 것." (『七祖語論 1』, p. 370)

글을 쓸 때 열 번 이상 고쳐 쓰기 때문에 자신의 문장에는 우연이 개입될 여지가 없다고 말한다. 작품『죽음의 한 연구』의 첫 문장은 이렇게 시작된다. 이 문장을 분석해보기로 하자.

공문(公門)의 안뜰에 있는 것도 아니고 그렇다고 바깥뜰에 있는 것도 아니어서, 수도도 정도에 들어선 것도 아니고 그렇다고 세상살이의 정도에 들어선 것도 아니어서, [……] 그냥 걸사(乞士)라거나 돌팔이중이라고 해야 할 것들 중의 어떤 것들은, 그 영봉을 구름에 머리 감기는 동녘 운산으로나, 사철 눈에 덮여 천년 동정스런 북녘 눈뫼로나, 미친 년 오줌 누듯 여덟 달간이나 비가 내리지만 겨울 또한 혹독한 법 없는 서녘 비골로도 찾아가지만, 별로 찌는 듯한 더위는 아니라도 갈증이 계속되며 그늘도 또한 없고 해가 떠 있어도 그렇게 눈부신 법 없는 데다, 우계에는 안개비나 조금 오다 그친다는 남녘 유리(羑里)로도 모인다."(『죽음의 한 연구』, p. 9)

작품을 시작하는 첫 문장이 이렇게 길고 복잡하니 독자가 질리지 않을 수 없을 것이다. 얼핏 보아 우선 이 문장에서 주어와 술어를 찾는 것조차 쉽지가 않다. 이 문장의 구조를 분석해보면, '~어떤 것들은'이 문장 전체의 주어가 되고 '~남녘 유리로도 모인다'가 술어가 된다. 그러므로 이 문장 전체의 기본 구조는 '~어떤 것들은 ~남녘 유리로도 모인다'가 될 것이다. 이 문장을 서양어 문장을 다루는 방식으로 분석해보기로 하자. 먼저 이 문장 전체의 주어 부분을 살펴보자. 이 문장에서 '그냥 걸사(乞士)라거나 돌팔이중이라고 해야 할 것들 중의 어떤 것들은'이 주어가 되는데, 여기에 '공문(公

門)의 안뜰에 있는 것도 아니고 그렇다고 바깥뜰에 있는 것도 아니어서, 수도도 정도에 들어선 것도 아니고 그렇다고 세상살이의 정도에 들어선 것도 아니어서'라는 관계절이 '그냥 걸사(乞士)라거나 돌팔이중'을 수식하고 있는 구조를 이루고 있다. 다음에 술어 부분을 부면, '남녘 유리로도 모인다'라는 술어에 양보(혹은 대립)절로 '그 영봉을 구름에 머리 감기는 동녘 운산으로나, 사철 눈에 덮여 천년 동정스런 북녘 눈뫼로나, 미친 년 오줌 누듯 여덟 달간이나 비가 내리지만 겨울 또한 혹독한 법 없는 서녘 비골로도 찾아가지만'이 삽입되어 있고, 이 양보절에서 '동녘 운산' '북녘 눈뫼' '서녘 비골'에 각각 관계절이 딸려 있으며, 술어 부분에서 '남녘 유리'를 수식하는 말로 '별로 찌는 듯한 더위는 아니라도 갈증이 계속되며 그늘도 또한 없고 해가 떠 있어도 그렇게 눈부신 법 없는 데다, 우계에는 안개비나 조금 오다 그친다는'의 관계절이 딸려 있는 형태로 구성되어 있다. 이렇게 분석해볼 때, 이 문장은 형식에 있어서나 의미에 있어서나 완벽한 문장 구조를 갖추고 있음을 알 수 있다. 이 문장을 영어(서양어)의 관계대명사와 접속사를 사용하여 서양어로 표현한다면 조금도 특이한 문장이 아니다. 만약 이 문장을 좀더 평이한 몇 개의 문장으로 쪼개어 풀어 쓴다면 다음과 같이 될 수 있을 것이다.

'공문(公門)의 안뜰에 있는 것도 아니고 그렇다고 바깥뜰에 있는 것도 아니어서, 수도도 정도에 들어선 것도 아니고 그렇다고 세상살이의 정도에 들어선 것도 아니어서, 이런 자들은 그냥 걸사(乞士)라거나 돌팔이중이라고 해야 할 것이다. / 이런 것들 중 어떤 것들은,

그 영봉을 구름에 머리 감기는 동녘 운산으로나, 혹은 사철 눈에 덮여 천년 동정스런 북녘 눈뫼로나, 또는 미친 년 오줌 누듯 여덟 달간이나 비가 내리지만 겨울 또한 혹독한 법 없는 서녘 비골로도 찾아간다. / 그러나 또 어떤 것들은 별로 찌는 듯한 더위는 아니라도 갈증이 계속되며 그늘도 또한 없고 해가 떠 있어도 그렇게 눈부신 법 없는데다, 우계에는 안개비나 조금 오다 그친다는 남녘 유리로도 모인다.' (필자의 재구성)

원래의 문장을 이렇게 세 개의 독립된 문장으로 나누어놓게 되면, 이들 독립된 세 개의 문장들은 서로 단절되어 전체적인 맥락이 모호해지고, 세 개의 문장 전체의 핵심이 무엇인지 분명하지 않게 된다. 이렇게 되면 원래 문장이 나타내는 주어('그냥 걸사(乞士)라거나 돌팔이중이라고 해야 할 것들 중의 어떤 것들은')와 술어('남녘 유리로도 모인다')의 긴밀한 관계가 파괴되고 만다. 이와 같이 분석을 해보면, 우리는 작가가 왜 이토록 문장을 길고 복잡하게 쓰고 있는가를, 즉 복합문체를 사용하고 있는가를 이해하고 공감하게 된다. 작가의 복합문체는 복합적인 작가의 사유를 가장 적절하고 효과적으로 표현하기 위해 작가가 개발한 글쓰기 방법이라 할 수 있다.

지금까지 박상륭의 문체에 대해 살펴본 바를 요약한다면, 작가는 우리말 어휘의 확장을 위해 사전 속에서만 잠자고 있는 수많은 어휘와 여러 지방의 사투리를 발굴하여 사용하고 있으며, 이미 사어(死語)가 되어버린 우리말의 고어와 이두문자까지 되살려내고 있다. 또한 정확한 의미 전달을 위해 일반 독자들에겐 너무도 낯선 수많은 외래어를 사용하는가 하면, 우리말 어법을 파괴하면서까지 다양한 조어법을 사용하여 수많은 새로운 말들을 만들어 사용하고 있다. 한편 박상륭은 시적 문체를 사용하고 있는데, 그는 우리말의 운율을 살리기 위해 수많은 새로운 토씨를 개발하여 사용하는가 하면, 우리말의 리듬을 살리기 위해 쉼표를 획기적으로 활용하고 있으며, 압축과 생략의 표현법을 사용하여 시적 표현을 강화하고 있다. 그는 또한 복합적인 사유를 적절하게 표현하기 위해 이른바 복합문체를 사용하여 관계대명사와 다양한 접속사가 개발되어 있지 않은 우리말의 표현 한계를 극복하고자 한다. 이상에서 살펴본 바와 같이, 박상륭 특유의 독특하고 실험적인 문체는 우리말 표현의 가능성을 확장하기 위한 집요한 노력의 결과일 것이다.

미주

제1부 우주론

1) 필자는, '調和,' '相生,' 또는 '和合' 같은 어휘를 쓸 자리에는, '均衡'이라는 단어로 대치하는데, '相剋'을 그 秩序體系로 하고 있는, 프라브리티 우주에서의, 나타나-보임에-있어-和合은, 그 실에 있어선, '均衡을 잡은 相剋' 이상의 아무것도 아니라고 이해하기 때문이다. (『七祖語論 4』, pp. 493~94)

2) 이 프라브리티 우주는 '고해'일 뿐만 아니라, '젖바다'라는 것이 제 관견이어서, '먹이사슬'은 그러면 저절로 끊긴다고 주장하는 소치가, 거기에 있습니다. 그런 저주의 장소를, 어떻게 극복하여 은총의 장소로 바꿀 것인가, 거기, 졸작『죽음의 한 연구』의 주인공 '유리'의 투쟁이 있습니다. (「누가 저 공주를 구할 것인가」, 『박상륭 깊이 읽기』, p. 25)

3) 이것은 이제 '마음의 宇宙'를 염두하고 하는 말이지만, '흐름[프라브리티]'이 없는 것이 있다면 거기서는, '變化[프라브리티]'도 가능치 않을 것인즉, '흐름 없음[니브리티]'과 '變化[易]'는, 예를 들면, 하늘과, 기후의 관계라고 해도 무방하지 않겠는가. (『七祖語論 3』, p. 100)

4) '非化現'과 '無意識'은, 하나는, 즉슨 '非化現'은, '니브리티'에 소속되어 있으면, 다른 하나는 '프라브리티'에 소속되어 있어, 그렇게 다르다. (『七祖語論 3』, p. 281)

5) ('振動'이 물론, 神일 수는 없어도,) 神은 振動(vritti)이다, 宇宙의 振動. 그런고로 "神의 運命은 프라브리티(pravritti, 有爲法)"라고 하는 것일 것, 끝없이 創造하고, 아으 꽃도 피는고야, 피어 흐트러지는고야, 끝없이 破壞하기, 아으, 바람도 맵고야, 찬 눈이 내리느냐. 創造——꽃신발 신은 오른발, 높이 딛기, 破壞——무쇠신발 신은 왼발, 낮게 딛기, 神은 그래서, 별수 없이 절뚝인다. 神은 절뚝인다. (『七祖語論 3』, p. 312)

6) 프라브리티의 두 舞指(또는 舞足), 즉슨 性慾(창조력)과 殺慾(파괴력)이 어떻게, 저 '六道'라는 鍵盤을 두들기는가, 그것에 좇아 일어나는 業影이라고, 그런 얘기나 하게 되겠습지. (『七祖語論 1』, p. 89)

7) 도류들, 이 '세상나무'는, 프라브리티 우주의 중앙, '해골의 골짜기'에 심겨 있는 것으로서, "자연과 문화 사이에서 갈등하는" 인간과 같이, 불순한 짐승들이, 그 나무를 오르기로 순화를 성취한다는 그런 나무인뎁지, 그렇다면 그것인즉은, 다른 아무 것도 말고, 우리들 어머니의 아랫배를 통해, 프라브리티에 밀어져나올 때 입은, 그 '몸'에 대한 (종교적) 은유이거나, (연금술적) 암초이거나 하겠습지. '생명의 나무' 또는 禪木(요가나무) 말씀입지. 그것을 입지 않고는, 진화란 성취되는 것이 아니어서, 神들까지도, 스스로 스스로에게 부여한, 프라브리티라는 운명을 벗어, 니브리티를 성취하려 하면, 몸을 입어 내려온다는, 우주적 법칙을 염두하기로 하십습지. (『七祖語論 1』, p. 26)

8) 왜냐하면, 이 '인간' 하나만이, 축생도와 提婆界, 此岸과 彼岸, 프라브리티와 니브리티의 기로에 서 있기 때문이다. (『七祖語論 1』, p. 357)

9) '羑里의 여섯번째 神殿지기〔六祖〕' 얘기까지로 '色界'의 얘기는 끝난 것이다. 그리고도, 그런 뒤에 쒸어져온 '일곱번째 神殿지기〔七祖〕'의 얘기는, 이제는 '色界'의 얘기가 아니다, 아니고, 이제부터는 '空界〔니브리티 宇宙〕'의 얘긴 것이다. 그러니까 『六祖傳』까지로, 필자의 '色界硏究'는 마무리 지어진 것이었으며, 『七祖記』로부터 '空界硏究'가 시작된 것인데, '뚜껑이 열린, 棺槨 속에 담긴, 해진 신발 한 짝' 들여다 보기―. (『七祖語論 4』, p. 437)

10) '棺槨 속에 놓여진 한 짝 신발'이란, '二重의, 不毛한 子宮(요니),' 즉슨, '骸骨'이 그것 아니겠는가? 〔……〕 '沙漠' 가운데의 '마른 늪', '마른 늪' 벽의 '바위 무덤', '나비를 날려보내고, 봄뜰에 누워 있는, 莊子의 구멍 뚫린 잠'―. 헌데 저것이 바로, 촛불중이 이해하고 있는, '禪'이며, '니브리티'이기도 하다. (『七祖語論 4』, p. 463)

11) 체(體)/용(用), 제단/제사(춤), 취락/속(俗), 떨기나무/불, 암캐/학녀, 또는, 학녀/암캐, 해골/욕망, 등은, 그렇도다, 한편에서는, 언어학에 있어서의, 기호 signifier와 의미 signified의 관계이기도 하되, 다른편에서는, 부두(Voodoo) 속俗에 있어서의, 좀비, 즉 혼 없는 몸과, '호우간, 즉 신장(神將)'의 관계인 것을 알겠도다. (『산해기』, p. 149)

12) 그런데 사실에 있어, 黑(Nigredo) · 白(Albedo) · 赤(Rubedo)의 세 이름들은, 연금술사들의 화학 실험에서 나타난 반응을, 그들의 상징적인 어휘로 표현한 것에서 빌어온 것이라는 것을 먼저 밝힙니다. 그들에 의하면 그러니까 어떤 선택되어진 질료(Prima Materia)가, 금(金)으로 가기까지 그것은 세 단계의 전변(轉變)을 치르는데, '검은 날개의 까마귀'로 비유되는 '黑'이 그 첫 단계며, '흰 비둘기'로서의 '白'이 그 둘째 단계며, '핏빛의 홍옥'으로서의 '赤'이 그 마지막 단계입니다. 이 '赤'은 언제라도 금으로 바꿔 쓸 수 있는, 그러니까 금 자체라고 보아질 어떤 것이라고 합니다. (『죽음의 한 연구』, p. 253)

13) 시간에 있어서의 과거는 시간의 현재의 시점에서 보면, 그것은 일단 끝나 버려서, 거기에는 이미 일어난 사실(史實)의 유령밖에는 남아 있지 않은데, 이 의미는, 과거의 시간은 용(用)을 잃고 있다는 그것입니다. 가령 소승이 함께하고 있는 이런 두개골을 두고 보아도 그것이 전에 남자의 것이었다고 할지라도, 그것은 이미 용을 잃었음으로 해서 체라고 보아야 하는바, 음은 체의 성별적 이름이므로, 시간의 과거를 또 음이라 하고, 죽음이라고도 하며, 그래서 여호와 또한, 그가 남신이든 성부이든, 그런 것과는 상관없이 음·체·죽음의 과거의 시간 속에다 두어두는 것입니다. (『죽음의 한 연구』, p. 255)

14) 용은 용 자체로, 체를 얻지 못하면 아무것도 가능시키지 못하며, 양은 양대로 음을 데불지 못하면, 아무것도 이뤄내지 못한다는 점을 특히 강조했으면 싶습니다. 그것이 시간에 있어서의 미래 자체이기 때문입니다. 현재화하지 못한 미래의 시간이란, 과거의 시간과 꼭같이, 아무런 조화를 일으킬 수 없는 것으로, 이것은 아직 자궁을 얻지 못한 시간의 유계(幽界)의 시간의 혼령에 불과합니다. 그 시간의 혼령이, 현재의 시간의 모태를 얻어 과거화하는 그 과정에서만, 저 유계의 시간은 의미를 획득하는바, 그래서 용과 양은 체와 음을 얻고, 체와 음 또한 용과 양에 순종하는 것입니다. 그 자체로서 아무런 조화도 성취해낼 수 없는 미래의 시간을 그래서 소승은, 용과 양의 편에 둔 것이며, 또한 성자의 편에 둔 것은, 그가 여러분 교의의 삼층 구조에서의 내세 편에 서 있기 때문입니다. 이 내세의 의미는 부활이나 중생의 의미인데, 일신 삼계 중에서 부활이나 중생을 성취한 신격은 예수 하나뿐이었다는 것은 특히 고려될 만한 점입니다. (『죽음의 한 연구』, p. 256)

15) 운동이란 극소한 것이며, 극대한 정지 위에 돋아난, 찰나적 한 빛에 불과한 것이라는 것입니다. 거기에는 어쨌든 한계가 함께해 있다고 보는 것이 옳습니다. 그런데 저 극대한 정지와 무는 아마도 분명히 우주의 개념에 통하는 것일 것인바, 그래서 한 섬광적 운동으로서의 생명이란, 어떤 개체의 자아란 극소하여, 외로운 존재입니다. (『죽음의 한 연구』, p. 259)

16) '시중' 또한, '체중(體中)'과 마찬가지로, 이상한 일점이로되, 여기서는 용과 동의 가라듦이 있으므로, 자궁(子宮)이라고도, 동시에 묘혈(墓穴)이라고도 일러야 할노라. 그것이 용의 중인 것. 얼핏 모순 당착적인 이상한 얘기를 하자면, 그럼에도 그 '시중(時中)' 속에는, 정작으로 시간이 없다는 얘긴 것. 그래서 이것은 '현빈(玄牝)'이라고도 이를 것인데, 바로 그것이 무시간(無時間)이기에, 시간은 거기서 태어나는 것이도다. 그것을 '묘혈'이라 일렀던 까닭은, 그것을 통과해버린 시간은, 죽은 것이어서, '시간의 과거'라고 이르는 것이며, 그것이 '자궁'이라고 이른 것은, 시간의 미래가 그것 속에 담기면, 시간의 현재를 분만할 까닭인 것. 그럼에도 '무시간'이라고 이른 것은, 시간의 미래란 영원히 존재치 않으며, 시간의 과거 또한 이 현재 존재치 않는 시간인데, 현재의 시간은, 분만되기 전에는 시간

의 미래였다가, 분만됨과 동시에, 시간의 과거가 되어버리는 고로, 시간의 현재 또한, 막연한 생각 속에만 존재하고, 존재하는 시간은 아닌 것, 그러므로 그것은 '무시간'이라고 이른 것이었도다. (『神을 죽인 者』, pp. 280~81)

17) 그런 시중은 매 순간 매 찰나에 끼여들어 있어, 사실은 그것이 현재의 시간을 과거화하고, 시간의 미래를 현재화하며, 과거가 된 시간이 흘러빠져(流産)버리지 않게 담아두는 자궁(모래시계를 염두해보면 좋을 터이다), 그래서 과거 속에 쌓인 그 시간을 미래화하고, 미래의 시간을 현재화하는 것이어서, 그것(時中)은 분명히 시간이 아닌 시간임에도(기실 그것은, 현재의 시간도 못 되는 것을 감안한다면, '현재'란 한 번도 존재해본 적이 없다는 것을 헤아려내게는 한다.) 〔……〕 그럼에도 그것이 무시간은 아니다. '시중(時中)'이라는 시체(時體)를 입고 있어, 삼세(과거·현재·미래)를 품은, 어기찬 '시간 아닌 시간' 〔……〕 새끼 배어본 적 없는 암컷들의 자궁에 비하기에 족할 듯하다. (『잠의 열매』, pp. 136~37)

18) 자연과 축생도의 균형은, '번식욕과 식욕(食慾)'이라는 두 축(의 저변에 '易'이 있음일 것)에 의해 조절된다고 하지만, 문화도의 그것은, '에로스와 타나토스'라는 두 자장(磁場) 가운데서 '폭력'이 '易'의 역할을 하고 있는 것으로 관찰되어진다. '폭력'은 야누스의 모양새다. '야누스Janus'는, '문(門)'의 의신화에서 드러난 신'이라는 것은 주지하는 바와 같거니와, 이 '문'의 자리에, '모래시계의 개미허리'가 있을 게다. 〔……〕 '시간'의 개미들이 부지런히 시간을 날라 내리다 보면, 한쪽은 비는 대신, 다른 쪽은 포화 상태에 이른다. 그러면 이제 모래시계는 뒤집혀야 할 차례다. '타나토스가 팽대하면, 사람들은 죽고 싶어 한다.' 이것이 언뜻 뒤집히면 죽이고 싶어 한다. 被/加虐性이 운위될 차례다. 뒤집힘의 역동적 힘은 거기서 일어난다. 까닭에 인세는, 거기가 어디든, 마련된 제단에서, 번제 양이 타며 오르는 연기 속에 생피 냄새가 흐르고 있는 것이, 그 타나토스의 종기를 터뜨려, 얼마쯤의 고름을 짜내는 것으로 보인다. 이 '폭력'에 맞서거나, 폭력이 휩쓸어간 자리에서 '에로스'가 일어날 것인데, 이것 또한, 어느 한계를 지나, 팽창하여 포화 상태에 이르면, 똑같이, 타나토스의 얼굴을 드러낼 것인 것. 그래서 저것을 '야누스'라고도 이를 수 있을 테다. '에로스'도 폭력이다. 폭력주의자들까지도, 그런 대의와 목적을 갖는 것이 분명한 '평화'라는 것을 예로 들기로 해도, 그 아름다운 우주적 인류 전반적 소망까지도, 잠정적 아름다운 한 환상이며, (영구적인) 그런 건 없다. 그러니 그것은 실다움이라거나, 불변의 진리 같은 것은 아니라는 얘기로도 될 것인 것. 그것도 항변하는 하나의 '상태'이다. 긍정적 상태이다. 진정한 의미에 있어서는 평화도 폭력이다. 음성적 폭력이다. 그것 아래에서, 타나토스가 억압당하는데, 억압당하는 타나토스는, 수시로 무시로, 폭발할 위험성 자체인 것. 무엇보다도 문제는 그럼에도, 사람은 절대로 전쟁과도 못 살지만, 평화와도 못 사는 유정이라는 그것에 있을 테다. 무수히 되풀이 되어진 바대로, 진화의 도상에 있는

유정, 특히 인간의 그것에의 추동력이 '타나토스와 에로스'가 되어 있기의 까닭일 테다. (『雜說品』, pp. 180~81)

19) 연화존자의 견문록에서 읽어 알게 되는 바르도는, 염태가, 물질로 이뤄진 몸을 벗어, 물질로 이뤄진 세상을 떠나 체험하는 곳이어서, '시간과 공간'이랄 때의 그 공간, 분명하게 말하면 물질적 공간, 더 분명하게 말하면 '장소(場所)'라는 것이 더 이상 필요치 않게 되어 있을 것임은 용이하게 짚어지는 것. 그러자, 물질적 공간에 묶였던 '시간(時間)' 또한 거기서는, 그것의 평균성(平均性)이라는 동아줄을 끊어버릴 것도 용이하게 추측되어지는 것. 그것은 당연한, 자연적 현상이 아니겠는가? '시간의 오두(五頭)'라는, '시간의 과거, 미래, 현재,' 그리고 그 현재의 시간 속에서만 인식되어진다는, '극소의, 또는 심소(心所)의 시간,' 그리고 그것의 대체(大體)적인 것으로서의 '극대의, 또는 無의 시간'들이―'時中'은 시간이 아닌 시간이어서, 예의 저 '五頭'에 합칠 수 있는 것은 아닐 듯한데, 그것은 이제 그 모습을 나타내는 것이 보인다―그 달마의 선을 무너뜨리고, '時中' 속에로, 사태져들고, 해일해드는 것일 것이었다. 이제 거기 평균적 시간은 없을 테다. 그러자 그 시간 속에 휩싸여 있던 모든 것들이, 보자기 풀려 어지럽게 흩어질 것인데, 그 광경은, 평균성에 길든 정신들로서는, 마주하기에 극난함에 분명하다. (『雜說品』, pp. 476~77)

20) 우리들의 '기름 부음을 받은 자'가 受難하다 숨을 거둔, 第九時―때에 천지가 일시에 암흑해져버렸던, 그 三世의 時中에서, 그러나 암흑과, 공포 탓에, 그 현장의 아무도, 그때 실제로 무슨 우주적 거사가 일어났었든지, 볼 수가 없었으되, 그때 글쎕지, 무슨 일이 일어나기는 일어났던, 그 일의 白日下에서의 再生, 再現이라고 이해합습지. (『七祖語論 1』, p. 118)

21) 저 봄뜰에서는, 무엇이 수확되어져야 할 것인가 하면, 한 有情의, 특히 靈長이라고 이르는 것의, '몸'과 '마음' 사이에는, 무슨 흐르릉한 中間, "이것도 아니고, 저것도 아니며, 이것이 아닌 것도 아니고 저것이 아닌 것도 아닌데도, 이것이나 저것이 아니며, 이것이나 저것이 아닌 것이 아닌," 그런 상태, 時中이랄 것이 있는 것이나 아닌가, 하는 것이 假定, 考慮된다는 것이다. 이것이, (촛불중의 믿음에는,) '말의 영역'이나 아닌가 하는데, 여기에서 '無時'며, '時體'가 屈折을 당하는 듯하다. (『七祖語論 3』, p. 26)

22) 시간의 문제를 파악해 본다는 일은 유전(流轉)의 법칙을 이해해 본다는 일과도 맞먹으며, 유전의 법칙을 이해한다는 일은, 이 세계의 질서를 파악한다는 일과도 같으며 세계의 질서를 파악한다는 일은, 신의 역사하심을 이해한다는 일과 틀리지 않기 때문입니다. 〔……〕 언제나 같은 저 한정된 장소에 언제나 다르게 갈아들며, 언제나 다른 형태의 전이를 가능시키는 하나의 이상스러운 힘, 그것이 저 시간이기 때문입니다. 장소만 있고 시간이 없다고 할 때, 그리고 시간만 있고 장소가 없

다고 할 때도, 이 세계에서의 생멸은 끝나 버리는 것입니다. (『죽음의 한 연구』, p. 254)

23) 그래서 형태란 업으로까지 규정할 수 있는 어떤 것이라고 믿게 된 것인데, 어떤 생명이 어떤 형태 속에 일단 유형되어졌을 때, 그래서 그 생명은, 그것 자체의 근본과도 상관 없이, 그 형태가 구획하고 있는 것의 비극에 어쩔 수 없이 당하지 않으면 안 된다는 것이, 내게는 슬펐다. 〔……〕 그러고 보면, 형태라는 것이, 어디 토기장에서 구어지는 옹기 그릇들처럼, 이 세상 어디엔가 병렬해 있는데, 생명이 바람처럼 떠돌다, 그 무(無)를 당해 이(利)로서·나타나는 것이 아닌가 하는 의심도 든다. (『죽음의 한 연구』, p. 135)

24) 판켄드리야가 이룬 업적을, '자연'에 대한 '문화'라고도 표현하는 소리를 듣게도 되었었지요. 이 '문화'라는 것만이, 유정의 '자연'으로부터의 탈출을 가능케 한 것이라고 하며, (Lévi-Strauss의 *The Raw And The Cooked*라는 저서로부터, 본 패관이 천두번째 써먹는 소리지만) '자연과 문화'의 구별을, '자연'의 축(軸)은, '날것→썩기'라고 한다고 하고, '문화'의 그것은, '날것→익히기'라고 한다고 하더이다. (『小說法』, p. 196)

25) 무위자연주의자들의 환본(還本)은 그래서 그런 것인가? 그들은, 그들의 육신을 이룬 사대(地水火風) 밖에, 다른 것은 가져본 적도 없었던가? '날것→썩기'의 축에는, 허긴 그것 말고, 또 무엇이 있겠는가? 자연도에 소속된 것은 그렇게 자연으로 돌아가는 것이야 당연하다. 자연적이다. (『雜說品』, p. 423)

26) "신은 없는데도, 있다는 환상 탓에, 한 삶을 그에게 바치고, 의지해 산, 그 삶은 누가 보상하오리까?"〔……〕"그 대답은 결국 '觀門'에서 빌어오는 수 밖에 없겠군"〔……〕"신이 內在的이라면, 그런 물음은 필요가 없겠는다. 外在的 신은 환상이라 해도, 역시 그런 물음은 불필요하겠는다. 그럴 것이, 신이란, 유정의 끊임없는 진화를 통해, 도달해야 하는, 어떤 하나의 궁극이라고 한다면, 그가 존재치 않는다고 해서, 그의 진화가 멈췄다고 단정할 수 없기 때문이다. 필요한 것은, 토씨를 하나 바꾸는 것일 듯한데, '신에 도달하는' 대신, '신을 도달'한다고 마, 말이지? 그렇다면, 비슷할 듯도 싶었으나, 두 물음은 같은 것이 아니겠는다." (『雜說品』, p. 307)

27) 千頭蛇 아난타를 침상삼아, 비슈누가 잠에 들면, 한 우주가 소롯이 닫긴다. 그러다 그의 배꼽에서 蓮이 한 줄기 자라 만개하면, 한 우주가 열린다. (그 蓮꽃 안에는, 천지를 창조하는, 브라흐마가 정좌해 있다.) 그런 말로, 우리들의 이 한 우주는, 비슈누의 배꼽에서 돋아난, 한 송이 蓮—그것이다. 마야(幻,—宇宙). (『七祖語論 2』, p. 368)

28) 다음에 아담(사람)이 있었다. 그는, '눈뜨기' 시작하자마자, 보이는 것(具象)들은 물론, 보이지 않는 것(抽象)들까지도, 손짓하고 말을 걸어, 그것들 각자 각자

의 '特性'이랄 것들을 일러주려 하여, 너무도 떠들썩해, 그 心情(그리하여 아담께
는, '안/밖'이 생겼구나.)이 뜨거운 데다 터질 듯하였으므로, 보이고, 들려진 대로
'發音'해내다 보니, 저 한 '텍스트'를 다 읽어버리기에 이르렀다. 아담의 이 '읽기
(判讀)'가, 한 '우주의 존재와 사물'들에다 '이름 붙이기'로 알려진 것인데, 이상한
것은, 그 '읽기'가 끝났을 때 아담 자기가 '命名'한, '밖'의 그 한 우주가, '이름(言
語)'의 형태로, 송두리째 한 벌, 고스란히, 자기의 '안'쪽으로 移轉되어와버렸다는
그것이었다. (『七祖語論 4』, p. 444)

29) '사람'의, 자기의 '안'에서 '밖'을 끄집어내기는, 神들과는 반대편에 서 있는 것은,
'神들의, 肉聲으로 말하고 싶음'과, '아담들의 (神들의 言語에다) 이름붙이기(그
러니 神들의 言語는, 아담에 의해서만, 完成되는 것인게다.)'라는 주제로, 촛불중
이, 여러 차례에 걸쳐 고려해온 바대로이다. (神聲은, 肉聲을 다하여, 무슨 뜻을
표현하려 하면, 그 당장 그 '뜻'이, 存在와 事物을 드러내는 데[이 경우엔 '뜻〔意
味, 內容〕'이 '用' 役이며, 'signifier'이다.〕반해, 아담들은, 〔자기네 암수들끼리,
요상하게 수작하여, 같은 종류의 새끼를 한두엇 까내는 것은 제외하고 말해야겠지
만,〕이름들만을 불러낼 수 있을 뿐이다.)(『七祖語論 4』, p. 90)

30) 신은 육신을 갖추지 못했으므로 하여, 육성으로 말하지 못하는데, 그의 그 육성으
로 말하고 싶음이, 그 뜻이, 화현, 또는 어표(語表)를 입을 때, '존재와 사물'들을
들어내게 한다(라고, 주장해오고 있다). 신의 언어와 인간의 언어는, 이렇게 상반
한다. 즉슨, 신의 언어가 다름 아닌, 존재와 사물——물질적 우주 자체라면, 그 존
재와 사물들에다 일일이 '이름'을 붙여서라야만 그런 한 우주를 인식하는, 그런
'이름 붙이기'의 인간의 언어는, 신의, 저 물질적, 구상적 한 우주를 추상화해버
린다는 얘긴 것이다. (『산해기』, p. 128)

31) 그렇게, 魔들과, 그리고 神들도, 그렇다, 消滅한다, 그 이름들이 불리워지지 않을
때 그들은 사라진다. 그들을 괴롭히는 궁극적 한 악몽은, 그래서 '消滅'뿐이다. 이
말은 뒤집는다면, 그 '消滅恐怖症' 탓에 그들은, 끝없이 創造한다고 바뀌기도 할
것이다. (『七祖語論 1』, p. 395)

32) (무엇보다도 그리고, 누가 어떤 이름의 神을 믿되, '信仰'이라는 것을 賂物로 삼
아, 틈틈이 진상해오다, 필요할 때마다, 저 '큰 힘'을, 자기의 이익을 위하여 이용
하려든다면, 우주적 貪官汚吏가 생겨날 것이다.) (『七祖語論 4』, p. 468)

33) 佛者와 基督은, 前者는, '마음의 宇宙'를, 그리고 後者는, '말씀의 宇宙'를 개벽한
자들 얘기인뎁습지요, 하다못해, 그런 어디 村佛이나, 村神이 될 만큼도, 그 팔다
리에 힘이라고는 없었던 자들인지도 몰랐습지요. 그리고 그들께는, 일러온, 그런
大義名分 하나도 못 가졌었던지도 모릅습지요. 이런 말씀은입지요, 그들을 누가
'힘'의 강약으로 판단하려 든다면, 바로 그 당장, 誤尺行을 범하게 된다는 것이겠
습지요. 후, 후, 후스습지만요, 하나는, '아무 짓도 하려 하지 않으려' 상사라에

왔었으며입지요. 다른 하나는 '죽기 위해서' 삶을 입어왔던 것이었으니 그렇습지요. 그렇게 해서, 縱的 宇宙에의 베틀이 놓였던 것이라고, 이 자리에서는, 모든 걸 생략하고 말씀드리기로 하십습지요. (『七祖語論 2』, pp. 287~88)

34) '人間'이라는 畜生은, 프라브리티에 대해, 끊임없이, 변절 개종을 도모해오기로, 畜生道를 벗어나버린 까닭이다. 〔……〕'人間'은, '必然的'이랄, '運命'에다 구멍을 내고 벗어나버리거나, 또는 하나의 '必然'을, 다른 '必然'으로도 바꿀 수 있는 有情이 아닌가, 하는 것이다. (『七祖語論 2』, p. 317)

35) 모든 물질은 다 금성(金性)을 갖고 있으며, 모든 인간은 다 신성(神性)을 갖고 있고, 모든 유정은 다 불성(佛性)을 갖고 있다. (『神을 죽인 자』, p. 105)

36) "무엇이든 죽음을 겪고 나면, 자기가 天國에 누워 자며, 아랫녘 세상을 꿈꾸었다고 알게 될 것"이라고 한다. 〔……〕이런고로 畜生道에는, 神들밖에, 다른 존재란 있는 것이 아니라고 주장하는 것일 것이다. (『七祖語論 3』, p. 172)

37) 그(神)는, '꿈'을, 四大를 입은 것들의 고장의 어떤 子宮에다 꿈꿔넣는 모양이고, 그것이 촛불중에 의해 '바람 좋은 날 鳶 날리기' 禪法으로 이해된 모양이다. (『七祖語論 3』, p. 460)

38) 그(신)는, '강림(降臨)'이라고도 이르는 대로, 어디 위쪽에서라도 내려온 자가 아니라, 판켄드리야의 안에서, 무량겁의 잠을 떨치고 일어난, 이름으로도 부를 수 없어, '타트'나 '사트'라고 지칭해놓은 어떤 것이라면, 이런 신 죽이기란, '아도니스 비의'적인 것이 아니라면, (말하기로 해서 이렇게 말하외다만,) '초월적 자아 살해' 말고 또 무엇이겠소이까? (『神을 죽인 자』, p. 103)

39) 버마제비의 암컷은, 육교가 그 절정에 달해지는 때쯤, 그 수컷의 대가리를 제 입에 물어 씹는뎁습지, 그 수컷의 대가리가 수컷의 링감. 그러면 암컷의 입은 요니. 그 수컷을 씹어 삼켜 불리는 창자는, 다름 아닌 자궁. (『七祖語論 1』, p. 14)

40) 그래서 다시 보면, 송장은, 삶(生命)이 어쩔 수 없어 벗어버린, 해지고 쓸모없는 껍질이기보다는, 어느 녘엔지, 삶을 잠(睡眠)한 구근(球根) 같은 것으로나 변신을 치러놓고도 있어 보인다. 허기야 그것도 다름 아닌 '씨앗 묻기'라고 여긴다면, 매장속(埋葬俗)이란, (씨앗 묻기라는) 한 농속(農俗), 또는 농제(農祭)말고, 무슨 다른 것이기는 하겠는가? 이제 그 씨앗은, 그렇게 자궁(子宮) 속에 문혔으므로, 새로 싹을 틔우게 되어 있는데, 아도니스Adonis 비의(秘儀), 즉 식물적 윤회론(輪廻論)의 큰 한 복음은 그것이 아니더냐. (『평심』, p. 162)

41) '뚜껑 덮인 질그릇'이라고 象徵되어진 '사람'이, 獸皮와, 紅袍를 벗고, 잃게 되는 그 순간, 그러니 '질그릇'이 깨뜨려지면, 그것에 한계지어져 있었던 '空間'이, 그것 밖의, 더 큰 空間에 합쳐져버리듯, '사람'의 '안'이었던 것도 그렇게, 還元해버린다는 그것이다. 그때 觀할 수 있는 것은, '밖'뿐이다. 종차에는(이란, 그 '밖'이 모두 判讀되어졌을 때란 말인데,) 그러나, '안'이 없는데, 어찌 '밖'인들 있을 수 있

겠는가. (『七祖語論』 4, p. 192)

42) 아도니스는 글쎄, 그렇게 죽기로서, 영구히 젊어 再生한다. '輪廻'가, '몸의 우주'에서는, 삶의 모든 희망이며, 福音이며, 恩寵임이여. (『七祖語論 4』, p. 431)

43) '중단 없는 진행의, 계속적 進化'는, '肉身을 입은 것들께만 가능하다'는 주장에도 강하게 동의하여, 그 '進化의 목적〔궁극〕'은, 육신적으로는, '인간'까지며, ─그런즉 도류들은, 그 '인간'을 소비치 말거라!─非肉身的으로는, '解脫〔니르바나〕'까지, 즉슨 그때에 당해서는, 이제껏 입어온 그 육신을 此岸에 벗어두고, 彼岸에 닿기, 그 彼岸에서도 더 뛰어넘기〔가테 가테 파라가테 파라상가테〕, 그리하여 다시는 더 苦肉을 입지 않기, 까지라고 믿는다. '神'들까지도 그래서, 이런 니브리티를 성취하려면, 먼저 육신을 입어야 하는데, 그것도 人肉을 입어야 한다고 한다. 왜냐하면, 이 '인간' 하나만이, 축생도와 提婆界, 此岸과 彼岸, 프라브리티와 니브리티의 기로에 서 있기 때문이다. (『七祖語論 1』, p. 357)

44) 소자는, '이방인'들이 일찍이 개발한, 그 진화론의 신봉자라는 것을 밝혀야겠군요. 그것도, 육신, 또는 체(體)는 적자생존(適者生存)의 자연율(自然律)에 묶여 있고, 다만 정신, 또는 용(用)만이, 진화를 가능케 한다는, 그 편에 서는 진화론자입니다. 그 생각을 정리하기 위해서 소자는, 그 원의(原意)야 어떻게 되었든, 그것들을 저의 생각 속에 끌어들여 굴절, 심지어는 왜곡을 했던 것이, '아니마→지바→불(佛)'이라는 것이었습니다. 그리고 스스로 정의하여, '아니마'는 모든 유정에 편재하는 것으로서, 아직 그것만의 별개성(別個性), 또는 개존성(個存性), 보다 확백하게 말씀드리면, 자아(自我)를 갖기 이전의 것이라고 하고, 반해, '지바'는, 그것만의 별개성, 또는 개존성, 다시 말씀드리면 자아를 갖는 것이라고, 했사옵니다. (『小說法』, pp. 200~01)

45) 히브리 사람이 개벽했다고 믿어지는, '말씀의 우주'의 종교인데, '말씀의 우주'는, '말씀Logos이 성육신(成肉身)'하여 거하는, 바로 그 인간도 말고, 축생도도 아수라도도 아닐 것은 분명하외다. 〔……〕 이것은 바로 판켄드리야 자신들만의 종교던 것입네다! (『神을 죽인 자』, p. 111)

46) "基督은, 우리들 必滅할 肉身 속의, 不滅의 自我"의 상징이라고 하여, 바로 우리들 '自我'인텝숩지, 우리들이 이 '不滅의 自我'는, 우리들 필멸할 육신 속의 '말씀'으로도, ─이 '말씀'은 곧 ─ '하나님'으로도, '生命'으로도, '빛'으로도, 여러 이름을 입습지. (『七祖語論 1』, p. 60)

47) "태초에 말(vach, Skt.)씀(manas, Skt.)이 있었다." (그러니 이 '말씀'은, '소리'와 '意味〔理性〕'의 합성─體인 것이다. 여호와는 'signifier'이면, 예수는 'signified'이다. 「舊約」은 「記號」 역이며, 「新約」은 「意味〔理性〕」의 역이다. 여기 '神의 成肉身-말씀'이 있다. 이 한 言語〔말씀〕의 宇宙는 그래서, 基督에 의해 完成된다. 그래서 그는, 보디사트바였기뿐만 아니라, 붓다이다. '말씀의 宇宙를 개벽한 佛.'

(『七祖語論 3』, p. 311)

48) 이분법적 세계 내에 존재하는 이들은 그런즉, 자기부정밖에 더 도모할 것이란 없다고 하는데, 수피(獸皮)를 벗으려는 고행이겠지. 결과─神과 짐승의 중간적 존재로부터─神만 남게 되었을 것이니, 이를 人神이라고, 완성된 판켄드리야라고 이를 터이다. 그럼에도 그도 또한, 이 프라브리티로카(僞界)의 소속이어서, 그 자체로 프라브리티로부터의 탈출까지 성공시켜놓고 있는 것은 아닐 것인 것, 이 자리에 안주하려면 몰라도, 이것으로부터로 벗어나려 하면,─이란 왜냐하면, 淨土까지도 苦海 가운데의 한 섬 같은 것, 심지어는 고해 자체라고 하기 때문인데─그러면 이제, 이제껏 가꿔온, 진화의 핵이며, 추동력이었던 '자아'의 분쇄를 서두르지 않으면 안 된다고 이른다. (『雜說品』, p. 346)

49) 나라는 한 독자가 읽은 도스토옙스키나, 괴테, 니체 등은 '몸과 말씀의 우주'를 비상하는 대붕들이었음에도, 독수리까지도 어떻게 창공에 구멍을 뚫어 하늘을 벗어날지를 몰라, 저녁에는 둥지로 돌아오듯이, 예든 바의 저 뛰어난 정신들까지도 어떻게든 극복되어야 하는 그 '자아(自我)'라는 둥지로 되돌아오곤 하던 것입니다.
(『小說法』, p. 328)

50) 어떠한 난관이나 역경에서도, 他有情께 그 핑계를 돌려서는 안 되며, 그러기보다는, 도류들은, 이것을 고려해보아야 할 것이다. 라는즉슨, '自我라는 게 있지도 않은 것을, 自我라고 집착하고 있는, 이 '마음'이란 무엇인가?'라는 것. 道流들은 그러면 비로소, '마음이란 색깔이 있는 것도 아니며, (세모지다거나, 둥글다거나, 네모지다는 투의) 꼴이 있다거나, (나무라거나, 토끼라는 식의) 모습이 있는 것도 아니다'라는 것을 깨닫게 될 것이다. 그것(마음)에 근원이 있던 것이 아닌 이상, 시작부터 그것은, 이 몸의 안에도, 밖에도, 위에도, 밑에도, 아무 곳에도 있던 것이 아니다. 그렇다면 그것은, 어디로 갈 수도 있다거나, 존재키를 멈추기도 하는 그런 무슨 대상이 될 수 있는 것은 아니다. 그러면 道流들은, '마음과 몸이 한가지로 비었다. 그런즉 무엇이 이 空을 돕거나 해칠 수 있다 할 것인가,' 그런 결론에 닿게 될 것은 아니겠느냐. 이 상태에서는 아주 편안한 상태를 유지하여, 아무것도 붙들려 하지를 말지니라. 만약 道流가 그것을 붙들지 않는다면, 얼마나 많은 雜念, 雜想이 일든, 그것 스스로 스러져버릴 것이며, 남은 것은 그러면, 원초적 지혜의 퇴적이다. 도류들, 자아를 잃어버리기의, 이 '축적된 원초적 지혜'란, 그 '金' 말고 무엇이겠는가? 이것은 그러면 이제, 누구에게 '줄' 수도 있다거나, '받을' 수도 있는 것도 아닌 것인데, 그럼에도, 공기나처럼 모든 곳에 있으며, 불이나처럼, 모든 것의 中心에 또아리쳐 있으며, 물이나처럼 번성하게 하여, 大地처럼, 한 우주의 기반이 되어 있다. (『七祖語論 1』, pp. 370~71)

51) 아으 그러니깐두루, 이 늙은네는, '마음의 용'을, '체(體)'와 혼동을 해왔다는 얘기라도 되겠느냐? 그러나, 중단없이 변용하는 구름이나, 끊임없이 흐르는 물은, 그 '체'

가 동시에 그 '용'이며, '용'이 또한 '체' 자체가 아니겠느냐? (『평심』, pp. 104~05)
52) 공(空)이 만약에, '생멸거래에 변함이 없는 자리며, 선악업보가 끊어진 자리'라면, 어디에 검은 구름 휘몰아와 덮일 것인가? 허지만 사미여, 어찌하여 마음이 체(體)이겠는가? 마음이 체라면 존자여, 그 마음에 끼이는 먼지며 티끌을 털고 닦아내는, 그 함[爲]의 용(用)은 어디서 빌어오는 것인가? 만약에 마음이 체가 아니라면, 번뇌나 수심이 어찌하여 먼지나 검은 구름이 될 것인가? 번뇌나 수심은 그러므로, 체에 끼이는 먼지나 검은 구름으로 비유될 것이기 전에, 사미여, 그것은 어쩌면 유황이나 수은을 금으로까지 데려다주는, '독(毒)'이라고 보아야 할 것인지도 모르는데, 마음은 오히려 용(用)이기 때문이다. 이 독에 의해서만, 저 용은, 금이라고 불리워질 공(空)을 획득하는 것일 것이다. (『죽음의 한 연구』, pp. 426~27)
53) 공시태적(共時態的) 마음은, 흔들린다거나, 흔들림이 없다거나 할 것은 아닌 것인 듯하여, 사실 그런 것이 있는지조차 의문스럽되, 그러나 통시태적(通時態的) 마음이란 것은 부정하려 해도 안 되어, 그것의 대적인 것으로서의 공시태적 마음도 인정하지 않을 수 없었다만, 달리, 글쎄 이 통시태적 마음이라는 것은, 늘 잡념에 묶이는데, 눈은, 고운 것에 묶이고, 혀는 호식을, 귀는 지혜 있는 말을 호식으로 탐한다잖던가. (『小說法』, pp. 198~99)
54) 무엇을 두고, '마음(唯心)' 쪽에서, 하향식(下向式) 관법을 고수하면, 존재나 사물들에서 알맹이가 뽑혀져나가거나, 아예 없었던 것이 발견되어, 空이라고 부르짖게 될 게다. 이는 神話에서 實話가 조립되어진 그것의, 양말짝 뒤집기식의, 그 뒤집기가 될 것인데, 결과 實話가 神話化한다. 다시 말하면, 실제적 구상적 모든 것이, 가상적 허구적인 것으로 변한다는 그 말이 될 게다. 아니면, 구상적 이미지의 추상적 아이디어화 하기이다. 이런 자리에, 어떤 이들이 그래서 '중관론(中觀論)'을 제창하고 나섰다는 풍문이 있다. 그리고 그것은 풍문이다. 그런 것이 줍쇼라는 것이다. 눈감고 아웅하기가 그것이다. 투박하게 말하면, 모든 것이 비었다고 이르며, 빔에 도달하기가 절대적 실다움에 미치기라는 것, 비었다고 말하며, 인연을 들먹이는 것, 그런 모순당착, 그런 역설을 백 군데 기웠어도, 백 군데의 구멍이 나 있는, 中道(Mādhyama)라는 그럴싸한 헌 중우로 털이 부수수한 하초를 가리고 저것들은, 털이나 뽑고 자빠졌다. 〔……〕 진정한 의미에서 중관은, 하향식 관법으로서가 아니라, 상향식 관법, 즉 진화론에서 그 올바른 모습을 드러내는 것이 아니겠는가? 이 상향식 관법은, 몸과 말씀의 우주의 무엇 하나도, 그것이 알맹이가 없는 빈, 그래서 헛것이라고 주장하는 대신, 그 모두는 있는 그대로 보다도 더 진하고 뜨거운 데다 무거운 실다움이라고 체험해낸다. 사관유정까지는 '생명(情)'과, 그 생명의 원동력이 되는 '魄(아니마)'이, 알맹이가 되어 있으며, 그 이후의 유정에게는, '생명과 정신,' 즉 魂(지바)'과 '自我'가, 그 핵이 되어 있

음인 것! 그러는 중, 마음의 우주에 도달한 뒤에는, 그 모두는 알맹이가 없는 환이며, 그래서 실다움이 결여된 것이라고, 다시 우주를 읽게 될 것인데, 여기부터는, 우주 대신 개인이 주제가 되는 것일 것이겠습다. 십만독 해온 『心經』, 새로 처음 읽거라! 그것을 下向式으로 확대 확산하려 한다면, 예의 저 모순당착의 유사 구덩이에 떨어져, 空得을 했다고. ('空'을 '得'하다니? 그것도 그런 무슨 대상이드냐?) 공허한 울음을 울려 보내게 되는 것이, 그 결과일 테다. (『雜說品』, pp. 429~32)

55) "상상력이다, 비유다, 상징이다 이런 얘기가 나오면 몸의 우주를 떠나서 말의 우주로 진화해가는 과정인데요. 말의 우주에서 한번 더 진화해서 마음의 우주로 나간다면, 상징이나 비유가 떨어져 나가겠죠. 그래서 다시 원상으로 돌아가서, 산은 다시 산이고 강은 다시 강이 되는 것이겠죠. 말의 우주는 모든 것이 뒤섞이고, 전와되고, 그런 혼란이 있어서 그것이 아름다운 것이겠죠." (「김사인 교수의 문학편지 4」, 한국문화예술위원회 홈페이지 http://www.kcaf.or.kr/lecture/munhak/2003/030602.htm)

56) '예술'이야말로 어떤 종류의 짐승, 즉슨 우리 인간이라는 有情이, 축생도를 극복한 그 총계라는 것이, 촌승의 믿음이 돼오고 있읍지. 觀雜說. 마는, 그것은 그뿐이겠습지. '藝術'이 인간을 다시, 그들이 갇혀들게 된 人世에서, 그보다 더 높은 세계로 끌어올리는 것은 못 되거든입지. 그것을 위해서라면 우리는, '종교'라는, 새로운 주제를 거론해보아야겠습지. (『七祖語論 1』, p. 34)

57) 저 '큰비암님'이라는 宗教는, 〔……〕 '藝術'과 같이, '날것〔自然·畜生道〕'을 '질료〔원초적 질료〕'로 하여, 〔저 母胎 속에서〕 '익힌 것〔文化·藝術化〕'이어서, 〔宗教로서는 그것은 그래서〕 '物活論'인데, 거기 어디에는 그래서, 꼭이, '巫〔샤만〕'라는, 중개자가 있어야 되었을 터이다. (『七祖語論 1』, p. 258)

58) "생명이 왜 시작되었는지, 그 대답은 수피Sufi밖에 모르는데, 수피는 그러잖습니까. '신이 자신을 위해 인간을 짓고, 인간을 위해 우주를 지었다'라고 말이지요. 허긴 신은 물질적 육신을 갖지 안 했으므로 해서 장소의 필요성을 느끼지 안 했을 것입니다. 어쨌든 한번 생명이 시작되었으면, 해탈을 성취할 때까지는 죽지도 못하고 고통 속에 윤회만을 거듭하게 되었다고 이르니, 그리고 육신은 진화의 조건이라고 이르니, 유정은 하나의 목적, 고해를 벗어나려는 하나의 목적을 갖고, 해탈에로 이르는 길고도 먼 천로(天路)에 올라 있는 것이라고 이해하고 볼 일인 듯합니다. 그런 진화의 시작은 언제든 '몸의 우주,' 축생도로부터일 것입니다. 그리고부터 몇 겁이 걸리든, 아니면 돈오를 성취하든, 유정은 어쨌든, 완벽한 죽음을 성취해야 하는데, 종교라는 사닥다리를 오르기에 의해서만 그것은 가능해진다는 게, 종교에 대한 나의 이해입니다. 독신죄 콤플렉스가 깡그리 사라질 때, 인류는 참다운 정신적 자유를 누리게 될 것입니다." (「이문재와의 대담」, 『문학동네』

1999년 가을호, p. 38)

59) '性器' 하나를 위해, 거대한 '창자'를 구비해 있는 有情 — 畜生! '性器'는 神主, '창자'는 '寺院,' '배고픔'을 '知覺하는 자'는 '司祭,' 그리하여 바쳐지는 '食物'은 '祭祀' — 이 祭禮를 歆饗하고 나면, '神'은 創造에의 慾念을 일으킨다. ('먹는 자[阿耆尼]'와 '먹히우는 자[蘇摩]'로 이뤄진, 畜生道가 그러니, 송두리째 하나의 '寺院'이기뿐만 아니라, '먹게 裝置되어 있는 畜生' 하나하나가 또한 하나씩의 庵子이다. '링가'와 '요니'를 뫼셔 있는 寺院!) 畜生道에서는, 肉身的 한 삶 자체가 그런즉 宗敎인데, 陰(요니) 陽(링가) 和合의 절정이, 그 畜禪의 三昧이다. 에잉, 畜生이로고, 畜生道이다. (神이 創造한 건 '性器'였을라!) 『七祖語論 4』, p. 159)

60) 저 왕자의 믿음에는, 그것이 잠들었을 때, 그 흔들림이 멈춘 것은 아니라도 고요한 바다와, 그것이 잠 깨었을 때의 폭동적인 바다는, 두 가지 국면에서 해석을 입을 때, 그 의미가 확연해진다고 했다. 그 하나는 소승적(小乘的)이라고 이를 국면으로서, 흔들리는 바다란 다름 아닌, 일어나는 모든 상념, 느낌, 즉슨 애증이라거나, 호오, 또는 즐거움, 기쁨, 근심, 불안, 초조 같은 것들이며, 고요한 무위(無爲)의 형태를 띠어 나타나는 것 같은, 바다란, 일어났었던 저 모든 흔들림, 뿔돋음 등이, 그 모서리를 잃고 평평해졌을 때, 무위(無爲)의 형태를 띠어 나타나는 것 같은, 바로 그 마음, 다시 말하면 '평심(平心)'을 이르는 것이라고 했다. 그런 화미를 보았으되 왕자는, 이 '소승적 평심'을 두고도, ('평심이 도(道)'라고 이르는) '도(道)'의 이름을 붙일 수 있을지 어떨지는, 큰 의문이 아닐 수 없다고, 망설여왔던 것이다. 다른 하나는, 대승적(大乘的)이라고 이를 구면으로서, 모든 소승적 마음들의 흔들림을, 풍랑이 있는 날의 한 바다로 보고, 그러니까 한 주름 주름의 물살, 물결, 물어울, 물방울, 거품들은, 모든 개심(個心), 또는 흔들리는 심편(心片), 몽편(夢片) 같은 것이며, 바람이 잠들기로 고요해진 바다는, 저런 개심, 심편들에 대해, 집단적 마음, 전심(全心) 또는 '평심'이라고 했다. 그러니까 이런 '평심'이란, 어떤 개인이, 어쩌다가 한 번씩 그 상태에 잠기는, 그런 어떤 '평온한 마음'과도 같지가 않은 것은 사실이다. 〔……〕 그러므로, 대승적 국면에서, '평심(平心)이 도(道)이다'라는 명제가 성립될 수 있는 것으로, 이때의 이 '평심'은, 반복되지만, '집단적 마음'인 것이어서, 다시 말하면 '우주적 마음'인 것이어서, 종차 '도(道)'와의 구별을 할 수가 없게 되는 것을 관(觀)하게 된다. 〔……〕 고요함 속에 있는, 맥동 아닌 맥동. 그렇다면, '평심'을 성취하기가 '우주적 마음'을 성취하기여서, 한 우주가 그 마음속에 휩싸여져 들어버린 것을 알게 된다. 그런이라면, 용(龍)을 불러 타고, 어딘들 주류치 못하랴. 마음의 '체'에 걸터타고, 마음의 '용'을 어거한다면, 그가 그 한 우주의 군주이지 뭣이겠나. '체'가 동시에 그 용이며, 용이 또한 체 자체인 것을—? 〔……〕 〔무엇이 여전히 문제인가 하면, 바람 잔 날, 잔잔해진 바다를 보고도 말이지만, 누가 평심(平心), 전심(全心),

집단적(集團的) 마음이라는, 그 대승적(大乘的) 마음을 성취했다 해도, 그 마음은 아직도, 프라브리티를 벗어나 있지는 못하다는 거기에 있음인 것. 프라브리티를 벗어난 마음이 있다면, 그것은 이젠 마음을 벗어나버려, 더이상 마음이라고는 부를 수도 없을 터이지. 그래서 그것을 '공(空)'이라고 이른다, 라는 식의 수사학적(修辭學的, 이름의, 또는 말의) 허무(虛舞)는 허무(虛無)할 터인가!〕(『평심』, pp. 114~17)

61) 그래서, 아도니스의 우주는 영구히, '바르도/逆바르도'라는, 양면적, 그리고 횡적 프라브리티에 그 초석을 둔 데 반해, 基督의 우주는, 말씀/마음(空)의, 단면적, 종적 프라브리티를, 그 '생명의 나무' 또는 '순환의 나무' '우주 나무'로 삼고 있습지. 그 탓에, 축생도 또는 '붉은 龍'—아도니스의 손아귀를 벗어나려 노력하는 모든 정신, 또는 자아들은, 저 十字로 교차된, 우주적 일점에서, 縱으로, 橫으로, 찢김을 당하지 않을 수가 없을 것인뎁지, 그 일점에 있는 꼭 한 有情의 이름은 '사람'입습지. 觀雜設. (『七祖語論 1』, p. 70)

62) "그런고로, '人間'이라고 할 때의, 그 '人' 쪽에서 말하면, 소아(小我, Atman, '아들')가 즉 대아(大我, Brahman, '아버지')며, '間' 쪽에서 보면, 색(色, 아트만의 體)이 공(空, 브라흐만의 體)과 다르지 않다고, 비약을 겪기로 하면, 상사라와 니르바나가 같은 것 말고, 다른 것이 아니라는 설법을 하게 되는 것일 게다. 유정의 진화의 완결, 위대한 승리, 자야(Jaya) 자야(Hail) 자야(만세)!" (『神을 죽인 자』, pp. 226~27)

63) 빛에 가득찬 하늘은, 그래서 그것 자체가 解脫이다. 모든 것을, '다 하여 남김이 없이,' '밖'이라고 보며 그 정신은, 그 편안함을 누리기만 하면, 그런 어느 대목에서, 그 자신도 모르는 새, 그 '밖'이 '안'이 되어 있음을 알게 될 것인데, 이 '안'은, 해도 하나, 달도 하나, 별도 여럿을 싸아안고 있는 그런 것이다. 왜냐하면 하늘은, 예를 들면, 내어다보는 들이나 바다와 달리, 내어다보기로 들여다보는 데에 이르러버리기 때문이다. (『七祖語論 2』, p. 42)

64) 패견에는, 변강쇠 달마보디(보디시트바들이란, 우주적 의미에서의 변강쇠들인 것들!)가, 동쪽으로 간 까닭은, 〔……〕 아마도, 중원에 '道'라는 절세가인 옹가년(道의 女性的 국면의 '玄牝'은, 萬雄을 다 싸아안는 恋女거니! 〔……〕)이 있다는 소문을 듣고, 그녀 찾아떠났던 듯하다. 이러자, 그의 '面壁九年'의 비밀이 밝혀진다. 그야 그년 더불어 살림하느라 그랬을 터인데, 그래서 얻은 자식이 '禪'이란 것이었음은, 아는 이들은 안다. 앞서 어디서 인용한 '性卽是心, 心卽是佛, 佛卽是道, 道卽是禪'이 그것인데, 이(禪)는 그래서, '佛과 道'의 야합의 자식이 분명하던 것이다. (『小說法』, pp. 297~98)

65) 老·莊子들은, 道는 잘 이해했으나, 인간심리에 관해서는 잘 이해했었다는 믿음이 들지 않는다. 물론, '常使民 無慾'의 治道를 한번 뒤집어본다면, 저들은, 인간

심리 중에서도, '욕망'이 다스리기에 그중 어렵다고도 안 듯하지 않은 것도 아니다. [……] (공자는, 自然에 대한 文化를 중시했던 文化人이었다는 것, [……] 그가, 돼지에게 禮를 가르치고, 이리에게 仁을 설했다는 소리 들어보았는가? 그럼에도 老·莊들은, '사람'에게 無爲를, 無知 無慾을 설했더라 말이네) 稗見에는, 중원의 몇 늙은네들(老子)은, 人種이 어렵게 성취한 판켄드리야를, 시간을 되돌려, 카투린드리야, 그리고 그 이전의 상태로 되돌리려, 매우 바람직하지 않은 노력을 바쳐왔던 듯한데, 自然의 법칙이 됐든, 또는 이름으로 부를 수 없는 무엇이 되었든, 아무튼 '道'라는 것이 있다는, 상정만으로 충분한 것이 아니었는가? (『小說法』, pp. 292~93)

66) (그리고 물론, 어떤 철은, 어떤 철에 비해 많이 고단한데, 그것은 易帶의 형편이 그래서 그런 것이다. 이것을 아는 자는 그러면, '無爲之道'를 說하게 되지만, 그러면 有情들의 '進化'가 더디게 되거나, 멈추기가 쉽다. 왜냐하면 저 '無爲'는, ─모험을 찾아 떠난, '세 王子' 중의─첫째나 둘째 王子가 접어든 길 같아서, 誤導된 니브리티라 그렇다. 그것이 '誤導'라는 것은, 저것도 '니브리티'가 아닌 것은 아니라도, '프라브리티'라는 소용돌이[暴風] 속에 끼인 '니브리티'[暴風의 눈─ 無風帶]가 돼서 그렇다.) (『七祖語論 1』, p. 308)

67) 중원인들의 생각의 강 줄기는 모두 '실용성(實用性)'이라는 바다에로 모두어진다는 의견에, 패관도 동의하고 있는데, 그런즉 '道/無爲' 등이, 아무리 초월적 형이상학적 주제라 한다 해도, 어만데, 예를 들면 비위계(非爲界, 니브리티) 같은 데로라도, 수로(水路)를터 나갈 리가 없었을 것이었다. 저들(특히 老·莊과 그들의 兒孫들을 가리켜 말이지만)은 그것을 백성의 생활규범으로까지 삼으려 하기뿐만 아니라, 치세도(治世道)로까지 확장하는데, 『老子』 제三장에는, 이런 도설(道說)이 있어, 접해본 이를 감동케 하다가, 경악케 하고, 종내 절도케 한다. '……고로 성인의 다스림은, (꺼꾸러질녀러! 治世에 성인이 나서는 것 보았느냐? '권세'라는 꽃 한송이를 꺾어놓고, 野狐들 靈山會합한답시고, 老論/少論, 南人/北人 패 나누어, 저 한 송이 꽃을, 물고, 찢고, 밟아 묵사발을 만드는 짓이 爲政이라잖느냐? 聖人이라도 治世에 콩콩 짖기 시작하면 '佛性'이 없는 것을! 새우들 등쌀에, 백성이라는 애먼 고래만 등 터진다) 백성의 마음을 비우고(是以聖人之治 虛其心) 배는 채워주며(實其腹), 뜻은 약하게 해야 하지만(弱其志), 그 뼈대는 강하게(强其骨) 해할 뿐만 아니라, 알지 못하게 해야 하고, 욕망도 없이 해야 한다(常使民 無知無欲)'라고 하고 있다. 하기야, 백성을 저렇게 만들 수(使民)만 있다면, 성인들이 구현하려는 태평성세가, 어찌 저만큼에 있다 하리요? 마는, 썩 재미있다고 해알 것은, 한다하는 식자들이, 진시왕의 갱유분서(坑儒焚書)를 두고는, 그 부당함을 들어 말하기는, 썩은 생선을 반찬해 먹은 입으로도 부족하여, 입술에 된장까지 바르고 침을 튀기되, 老子의 治世道를 두고는, 향긋한 차를 마신 입으로도 부

족하여, 입술에 꿀까지 바르고, 분향한 뒤, 무릎 꿇어, 받들어 설(說)한다는 그것이다. (稗官은 이를 들어, 稗笑를 금치 못하노라) (『小說法』, pp. 289~90)

68) 見性, 또는 解脫과 관련된, 그렇다, 禪家네 나비는, 天鳥(가루다)라든, 龍, 그리고 (巫家네 나비로서는) 쇠로 된 부리나 날개와 발톱의 독수리나, 白鳥 등으로 나타난다. (이렇게 되면, '나비'와 '原型性'이라는 문제도 고려하게 하는데, 마음을 너무 좀 헐하게 써버린, 莊子公의 저 '나비'의 위험성은, 그것이 '原型性'을 획득하지 못한 데 있어 보이며, 그래서 그것은 詩學에 머문 듯하다.) 〔……〕 詩學的 解脫. (『七祖語論 3』, p. 23)

69) 작은 마음을 크게 한다는 일이란 어려운 게 사실이다. 그러니 그저, 붙매이지 않고, 자꾸 변절하고, 자꾸 받아들이고, 자꾸 떠나는 일 밖엔 없다구. 글쎄, 한 질료가 금이 되기까지는, 열두 번이나 일곱 번의 죽음, 뭉뚱그려 세 번의 죽음을 완전히 치르지 않고는 안 되거든. 변절 말이다. 개종(改宗) 말야. (『죽음의 한 연구』, pp. 20~21)

70) 안포-타즈라는, 한 성배지기의 불치의 병을 치유하기로써, 그 성의 황폐를 수복하려 하기보다, 그 성의 황폐를 극복하기에 의해, 안포-타즈의 병도 회복되기를 바라는 대로, 대상과 목적을 바꾸기 같은 것일 것이다. 〔……〕 시동 자신은 알 수가 없었을 것이었지만, 그가 아비의 문장을 교정한 그 순간, 아비와 자식 간의 이어져 있던 배꼽줄이 탁 끊겨버린 것일 것이었는데, 한 뚤파(Tulpa, Tbtn.)가, 그것대로 독립해버렸다고 해얄 것이었다. 이것은, 안포-타즈의 뚤파로서만, 그가 먹인 기(氣)에 의존해 존재해왔던, 시동이라는 뚤파의 자주(自主), 당당한 한 승리가 아니었겠는가. 人間이 再臨했도다! 역사의 강 위를 떠 흘러온 바구니 속에서, 한 영아가 成人으로 태어난 것이다. 어미는 아직도, 새끼를 낳을 준비로, 자궁에 기름을 덕지덕지 얹고 있는데, 아비가 늙고 쇠약한 노새여서, 저 기름진 전원을 황폐케 하고 있으니, 자식이라도 어찌 歸去來辭를 읊지 않을 수 있으리오? 아비에 대한 모반을 감행하기를 통해, 분명히 시동은, 세번째로 동정(童貞)을 떼인 것일 것이었는데, 첫번째는, 남근을 구비해 어머니 하문을 나섰을 때, 두번째는, 이것은, 할례로도, 성인제(成人祭) 치르기로도 보이는데, 한 여성의 자궁에 새로 들기로서, 세번째는 그리고, 이것은, (유다로서가 아니라, 오이디푸스로서) 아비를 거부하거나 살해하기라는 행위를 통해, 어미를 마누라 삼기로써 그런 것이다. 이 '어미-마누라'가, 다름 아닌 시동의 '광야'라는 것까지도 일러주랴? 〔……〕 이것이, 한 무명의 고행자의 전기(傳記)의 전 내용이다. 광야가, 황폐가, 정적과 무음이, 그의 강보가 된 것이다. 재나무가 그렇게 告知한 문잘배쉐의 탈리에신이, 광야에 태어난 것이다! (『雜說品』, pp. 458~59)

71) 패견에는 이렇다. 『랑카바타라』와 『프라나파라미타』는, 그 목적은 같되, 그 수행 방법을 달리하고 있는, 두 다른 법설이다. 까닭에, 申秀的 수행이 더 적합하게 여

겨지는 이는, 신수적으로 하는 것이고, 慧能的인 것에 끌리는 이는 그렇게 하는 것이어야 되잖겠는가? 그러고도 닿는 경지가 같다고 하면, 거기 무슨 우열이 있겠는가? 그리고 같은 것이, 하나는 살로, 하나는 말로 나타나 있어, 그 둘을 아주 즐겁게 예 들고 있는 바이지만, 부탁컨대, 할 수 있으면, '한 손가락 뻗쳐 올리기'나 'Only don't know'라는 투의 설법은, 道流네 사촌들께만 한정하고, 패관 같은 무지의 俗物의 귀에는 닿지 못하게 함에 法惠가 있다고 할 것이다. (『小說法』, p. 147)

72) 12:1 하늘에 큰 이적이 보이니 해를 입은 한 여자가 있는데 그 발 아래는 달이 있고 그 머리에는 열두 별의 면류관을 썼더라
12:2 이 여자가 아이를 배어 해산하게 되매 아파서 애써 부르짖더라
12:3 하늘에 또 다른 이적이 보이니 보라 한 큰 붉은 용이 있어 머리가 일곱이요 뿔이 열이라 그 여러 머리에 일곱 면류관이 있는데
12:4 그 꼬리가 하늘 별 삼분의 일을 끌어다가 땅에 던지더라 용이 해산하려는 여자 앞에서 그가 해산하면 그 아이를 삼키고자 하더니
12:5 여자가 아들을 낳으니 이는 장차 철장으로 만국을 다스릴 남자라 그 아이를 하나님 앞과 그 보좌 앞으로 올려가더라 (「요한계시록」, 12장)

73) 그러던 어떤 날, 그는 자기 나름으로 그 바다를 이해해놓고는 있었는데, 이러했다. 라는 그 바다는, 뭍을 임신한 어미 당자였으며, 그뿐만 아니라, 저 뭍을 저 어미의 자궁에다 임신케 한 그 아비 당자, 그리고도 그뿐만 아니라, 그 어미로부터 그 자식이 분만되어지는 대로, 냉큼 집어삼키려 벼르고 기다려 있는 붉은 용 그 당자이기도 했다. 그리고 이 붉은 용이 다름 아닌 저 모태에다 뭍을 임신케 한 그 아비 당자라는 것은 첨부해둘 필요가 있는 듯하다. 까닭에 일러 그것을 고해(苦海)라고 하는 것이었을 테다. 〔……〕 이 왕자는 그리고, 얼마 오래되잖아, 자기의 '바다에 대한 이해'가, 어쩌면 다름 아닌, '프라브리티의 구조'일지도 모르겠다고 보태 이해하게 되었는데, 클클클, 그가 사고(思考)하기 시작하자마자, 저 엄연한 바다까지도, 그것의 객관성을 잃기 시작하고 있어 보인다. 그리고 그는, '마음'이라는 것이 있어, 그것대로 물상(物相)을 입는다면, 그것은, 간단없는 일렁임의 '바다' 같은 것일 것이라고, 그렇게 발전시켜나갔다. 바다는, 아무리 풍랑이 잠들어 잔잔하고 고요한 날이래도, 그 어떤 닿을 수 없는 깊이에서 일어나는 흔들림(프라브리티)을, 신(神)들이 춘다는, 창조와 파괴의 춤, 그 율동에다 배꼽줄을 이었거나, 우주의 맥박에다 그 혈맥을 잇고 있는 듯하다. 들여다보면 그리고, 그 끊임없는 흐름을 좇아, '마음'이 처르륵 철썩 '니브리티(不動)'의 해변에 부딪히고 있는 것이 보이고, 들린다. (『평심』, pp. 111~12)

74) 道流들, 이 늙은네 같은 進化論者에게는 이 '훼방꾼'까지도, 그냥 장애라거나, 저주만은 아니며, 목적을 갖고 있다고 보게 된다. 그래서 정작으로는, 이 '훼방꾼'

이, 그 '붉은 金'을 이뤄내는, 鍊金術師 당자던 것이다. (『七祖語論 1』, p. 364)
75) 한 가정을 꾸미고, 꾸려나간다는 일은, 종교적 고행과도 맞먹음이 분명하다. 가정을 꾸려나가는 자의 은총과 비극은 아마도, 그네들은, 자기만의 삶 대신, 한 공동체의 삶을 살고 있다는 그것이 아니겠는가. 그래서 그것의 '비극'적인 데에 시선을 묶고, 어떤 '의미' 찾기를 도모하려 한다면, 들어뒀던 이런 얘기 한마디는 부언해 둘 수 있을 것 같다. '여기에 없는 것은 아무 데도 없으며, 저쪽에 있는 것은 여기에도 있다.' 여기 어디에서 그러면, '생활'과 '삶'이 합치되는 것을 보게 되지는 않을라는가? (『평심』, pp. 135~36)
76) 나는 초인을 한 번도 성취해본 것 같지 않소이다. 초인이란 연금술사들에게 있어서의 '금(金)'의 개념과 대단히 비슷한 것이라는 생각만 갖고 있구려. 분명한 실다움이로되, 성취될 수 없는 실다움. 연금술사들의 금은 그러자, '목적'인 것으로부터, '과정'으로 변모를 치르지 않을 수 없었을 것이고, 그들의 치열한 화학적 실험은 그러면서, 그들 자신 신이 되려고 했던, 그 신들의, 신 없는 종교적 고행으로 바뀌었을 터이오. 〔……〕 그러나 연금술사들의 '금'의 신앙이 아름다운 것이라면, 이것도 아름다운 것이외다. 끊임없이 자기를 초극하려는, 이 고행은 눈물겹게 아름다운 것이었소이다. (『神을 죽인 자』, pp. 375~76)

제2부 상징

1) "저는 진화론자입니다. 자이나교에서는 하나의 감각기관을 가진 것이 둘, 셋, 넷, 다섯의 감각기관을 가진 것으로 진화하는 것이 경전에 나와요. 하나에서 둘까지 가려면 몇 억만 년이 걸리는지 몰라요. 제 생각에 육신적인 진화는 오관까지예요. 근래에 자이나교의 용어로 하자면 '판켄드리아'라고 하는데, 오관을 구비하는 데까지는 육신적으로 진화를 하고, 그것이 육신적인 진화의 마지막 단계인 것 같아요. 그 다음부터는 정신적으로 진화를 성취하는 것인데, 그래서 무슨 말씀을 드리려는 것이냐 하면, 오관을 가진 유정(판켄드리아)이 개발한 여러 가지 좋은 것들이 있는데요. 형이상학이라든지 추상이라든지, 구상에 대한 추상, 사실에 대한 초현실, 초현실에 대한 초현실, 그런데 보다 더 높은 것을 넘겨다볼 수 있는 도구를 판켄드리아가 개발을 했는데, 그것이 상징과 비유라는 생각이에요." (「김사인 교수의 문학편지 4」)
2) "空中에도 아니고/色中에도 아니다/水中으로/그럼에도 젖지 않는 小路를/통과해 내려가면, 純化를 통해/그러면 그대/숨겨진 돌을 찾을 것이다." 〔……〕 탁 깨놓고 말한다면, 저 '돌'이란 무엇이겠는가, '自我', 그렇다, '엄지손가락' 크기의, 빛이며 불멸인, 自我[푸루샤] 말고, 또 무엇이겠는가? 〔이 '小我[아트만]'가 '大我[브라

호만〕'에 歸依 숍—할 때 드러나는 것이 혹간, '空〔순야타〕'은 아니겠는가? 꽉 채워진 비임.〕 그런고로, 저 '돌'은 한번도 감춰져진 일이 없음에도, '無明' 탓에, 有情들이, 그것을 못 보는 것일 것이다. 그렇다면, '빛〔은 그리고 돌〕'인 自我〔도 그리고 돌〕-用-意味'에 대해서 '無明-體-記號'란 무엇이겠는가, 밝혀내야 하는 어두움, 또는 깨워내야 하는 잠, 다시 말하면 그것은, '無意識'이 아니겠는가?)(『七祖語論 3』, pp. 66~67)

3) 자네 有情은, 이승이든 저승이든, 어디에다, 다 깨이지 않은 잠을 뉘어놓고, 夢身만 오그려 싸아, 떠났었더라는 그것이다. 글쎄, '꿈'이 어디어디까지라도 가서, '밝이달아래' 행망부리다 돌아오는 곳은, 이 '잠'이라는 六道밖에는 없기 때문이다. 그리고 또, 꿈들의 母胎는 잠 말고는 없기 때문이다. 그래서 다시 반복되거니와, 한 有情이 떠난다고, 이승을 떠난다고 떠났는데도 돌아와져 있음은, 그, 글쎄지, 그 有情은, 어디엔지 벗어 뉘어놓은, 자기의 잠을 다 깨워내 걸쳐 입지를 안 했던 까닭이다. 만약 어떤 有情이, 자기의 모든 잠을 다 깨우고 난 뒤, 그리하여 이승을 떠나버렸더라고 한다면, 이제 그 有情은 돌아오고 싶어 한다 해도, 돌아올 곳이 없어, 돌아오지를 못한다. 헤매다. 돌아올 잠을 남기지 않은 꿈, 그런 꿈은 이제, 더 이상 꿈도 아니다. 꿈은 아니다. 비어버린 것, 철저히 비어버린 것? 것. 것! (이것을 일러, '中道〔마디야미카〕'의 反極이라고, 이를 수 있는 것은 아니겠는가?)(『七祖語論 2』, p. 68)

4) 헌데 그 大力은, 떨치고 일어나는 대신, 편안히 누워(이래서 '神은 非化現'이라고 이르고, 얼굴은 '검다'고 이르는데, '非化現'의 색깔로 '검〔黑〕'기 때문이다.) 꿈꾸는 잠을 잔다고 이른다. 그리하여 그는, '꿈'을, 四大를 입은 것들의 고장의 어떤 子宮에다 꿈꿔넣는 모양이고, 그것이 촛불중에 의해 '바람 좋은 날 鳶 날리기' 禪法으로 이해된 모양이다. (『七祖語論 3』, p. 460)

5) '장자의 나비 꿈' 개요: 어느 날 장자는 제자를 불러 이런 말을 들려주었다. "내가 어젯밤 꿈에 나비가 되었다. 날개를 펄럭이며 꽃 사이를 즐겁게 날아다녔는데, 너무도 기분이 좋아서 내가 나인지도 잊어버렸다. 그러다 불현듯 꿈에서 깨었다. 깨고 보니 나는 나비가 아니라 내가 아닌가? 그래 생각하기를 아까 꿈에서 나비가 되었을 때는 내가 나인지도 몰랐다. 그런데 꿈에서 깨고 보니 분명 나였다. 그렇다면 지금의 나는 정말 나인가, 아니면 나비가 꿈에서 내가 된 것인가? 지금의 나는 과연 진정한 나인가? 아니면 나비가 나로 변한 것인가?" 알쏭달쏭한 스승의 이야기를 들은 제자가 이렇게 말했다. "스승님, 스승님의 이야기는 실로 그럴듯하지만 너무나 크고 황당하여 현실 세계에서는 쓸모가 없습니다." 그러자 장자가 말하기를, "너는 쓸모 있음과 없음을 구분하는구나. 그러면 네가 서 있는 땅을 한번 내려다보아라. 너에게 쓸모 있는 땅은 지금 네 발이 딛고 서 있는 발바닥 크기만큼의 땅이다. 그것을 제외한 나머지 땅은 너에게 쓸모가 없다. 그러나 만약 네가 딛고 선 그

부분을 뺀 나머지 땅을 없애버린다면 과연 네가 얼마나 오랫동안 그 작은 땅 위에 서 있을 수 있겠느냐?" 제자가 아무 말도 못하고 발끝만 내려다보고 있자 장자는 힘주어 말했다. "너에게 정말 필요한 땅은 네가 디디고 있는 그 땅이 아니라, 너를 떠받쳐주고 있는 바로 네가 쓸모없다고 여기는 나머지 부분이다." (필자)

6) 그렇걸랑은 촛불중을, 촛불중임세여, 道流의 도끼날 아래 살해된, 道流의 저 친구 하나를, 道流의 어떤 한 '自我의 轉置,' 그러니까 '轉置된 自我'라고, (莊子의) '나비' 化하면 되는 것은 아니겠는가? 〔……〕 '俗'이 '出家'의 조건이듯이, '畜生道'야 말로, '마음,' 또는 '自我'를 우주적으로 '나비'하는, 풍요한 잠, 즉슨 飛翔이나 解脫의 跳躍臺인데, (『七祖語論 4』, p. 180)

7) 춤(舞)은 늘, 重力에 거슬러, 살을 발판으로, 그것으로부터 타오르려는, 허물 벗기, 뱀의 욕망, 그것이다. 쿤다리니―그 뱀이 그 허물을 다 빠져나가버리면,
잉걸불에서는 불이 빠져나갔으며,
달 지고 난 뒤의 호수,
남는 것은 그리고는 껍질뿐인가.
〔……〕 도대체 그 춤(舞)들은, 그리고 타오르던 불은, 피어오른 뒤에는 어디로 스러지느냐. (『七祖語論 3』, p. 132)

8) '길(道)'이 신은 신발은 '無爲'라고 하여, 그것도 닳아진다거나 해질 수 있다고는 아무도 말하지 않는데, 헌데도 그 길을 걷는다는 자들마다, 신발창에 구멍을 내야 하는 까닭은 무엇인구, 마는, 혹간 그 길(道)이, 그 無爲라는 발에다 空을 신발로 꿰어신고, 空의 꿈의 뿌리가 따뜻이 묻혀 있다는, 그 '꿈을 애밴 여자' 속으로 내려가, '온가지살살레꽃' '금가지피살레꽃' '금강석가지숨터출꽃'들이 피어 있다는, 숲의 소로를 따라, '살살레물' '피살레물' '숨터출물'의 호수를 건너, 꿈들의 무도회장(프라브리티)에 가, 춤에 너무 취해, 봄뜰을 너무 날아버린 것인가, 아니면 또, 그 춤(舞)은 자는데, 발만 깨어 일어나, 그 춤을 찾는다고, 너무 헤맸던 것은 아닌가, 束縛(苦菌)이 꾼, 自由(解脫)에의 꿈. 까지도 그렇다면, 몸이 무거운 자여, 꿀일은 아니다. (『七祖語論 1』, pp. 189~90)

9) '變化'란, 근본적으로는 있는 것이 아니라는 것이다. 그럼에도 무엇이 있는 듯이보이는 것은, 그렇다면 '幻' 말고, 또 무엇이나 되겠는가. 〔……〕 어떤 '꿈'속에 나타난 것들끼리는, 서로가 서로에게 진한 '실다움'이듯이, 幻이 幻들 당자들에게는 진한 '실다움'으로 여겨질 것은 당연하다. (『七祖語論 4』, p. 399)

10) 어느 몸을 디뎌 神이 내릴 때는, 그 몸속의 人間의 '魂은 자리를 비켜줘야 된다고 한다. (이 '魂 없는 몸'은 '좀비Zombi'라고 이른다고 이르는데, '부두'의 사제들은, 갓 죽은 '송장'을 불러 일으켜세워서도, 神 내림을 맞는다고 한다.) 「處容歌」가 '巫歌'일 수 있다면, 바로 저런 관계(내림神-處容 각시〔좀비〕-處容〔몸 잃은 魂〕)에 의해서가 아닌가 하고 여겨지는데, 「處容歌」의 경우는, 男巫(覡)께 男神

내리기가, 淫辭의 형태를 띠어 있는 듯하다. (覡-處容의 '魂 없는 몸'이, '處容 각시'로 이름되어져 있다.) 淫邪스러움이, '巫'俗의 한 특징이기도 해 보이는데, 초월자와 필멸할 有情간의 交通, 靈媒에 대한, 저들의 저런 이해는, 두렵도록 깊어 보인다. 神들과 人間이, 실제로 저렇게 性交하다니! "有情은 神에 대해서 그리고, 언제나 암컷이다!"(「處容歌」에서는, '巫〔覡〕' 자신이, '좀비' 役을 담당해 있다는 것이 달라 보인다. 羑里에서는, 저 '좀비'가, '骸骨'과 相似하는데, '九祖〔태어나지 않은, 八祖의 어미〕'의 중요성은, 바로 저 '좀비', 즉슨 '살아 있는 祭壇'이 되어 있다는 그것일 것이다. 그 옌네가 羑里이다.) (『七祖語論 4』, pp. 467~68)

11) 필멸할 살을 태어 내놓는 母胎(프라크리티)와 달리, 이 '불멸'은, '해골' 속에서 날아나옴. 프라크리티에 대한, 푸루샤의 승리. (『七祖語論 1』, p. 84)

12) 鍊金術師들의 'prima materia'에 대한, 상징적 도식은 저러하다. 그것의 陽性의 국면은, '생명나무'를 아랫도리(동산의 중앙)에 돋과낸 '아담'으로, '해골'을 얹은 祭壇 아래 비스듬이 누워 있고, 陰性의 국면은, 그 같은 나무를, 머리에다 돋과낸 '하와'로, 역시 그 같은 祭壇 아래 누워 있는데, 祭壇 위의 '骸骨'은 다름아닌, 그 여자의 요니, 또는 子宮인 것은, 의심할 여지가 없다. 이 '해골'은 동시에, 'prima materia,' 'philosopher's stone,' 또는 '金' 자체의 상징이기도 하다. (『七祖語論 2』, p. 370)

13) '알맹이'라고 고수해왔던 自我 또한, 다름 아닌 '用役의 體,' 또는 '體의 用'에 불과했던 것이 아니었겠는가 의문하게 될 것인데, 自我도 또한 '알맹이'는 아니었다는 것이 밝혀진 것이렸는다. 요기들에 의하면, 마음에 알맹이가 없다고 부정하면서도, 그 마음에 '프라나prana 마음'이라는 것이 또 있다고 이르듯이, 自我라는 것도 그래서 보면, '人間'이라는 體 속의 '프라나,' 즉 用 役을 담당해왔던, 그러나 그것 또한 알맹이가 아닌 體에 불과했다는 것을 알게 될 것이겠는다. (『雜說品』, p. 473)

14) (「신데렐라」 얘기를 그 이론적 바탕을 삼아서) '신발'이란, 諸論이 說破하고 있는 바와 같은, 그런 성격들을 갖지 않은 것은 아니라도, 지금이라도 탁 깨놓고 말하면, 그것은 무엇보다도, '玉門'의 상징이라는 것을 잊어서는 안 된다는 그것이었음시다. 그런 견지에서는 그러니, '해진,' 그래서 '벗기워져, 버려진 신발'은 비유로 말한다면, '落花'나, '落葉' 같은 것이람시롱 갖다가시나, 이 비유를 다시 다른 비유를 들어 비유한다면입지, 그것은 계집의 사태기를 시나브로 흘러내리는, 월후나, (사내 치른 경험이 있는 여자에게 있어서라면) 정액 같은 것이렸슴니다. (『七祖語論 3』, p. 357)

15) 불려나갔던(發音) 소리의 귀환―默. '骸骨' 속에 뎅그마니 놓인 '신발' 한 짝. ('신발'은, 신겨졌을 때, '動' 자체로서, 신은 자의 수레〔車〕, 또는 그 바퀴가 아니냐?) 喝! 그런 것 말고, 禪이 또 다른 무엇이든고? ('骸骨'과 '棺槨'은, '마음의

228

우주'의 '신발,' 또는 '수레'일 터인데, '말씀의 우주'의 그것은, '숨,' 그리고 〔密教
的으론〕 '침?') (『七祖語論 4』, p. 65)
16) 이 자리에서는 이제, (六祖에 의해) 이제껏 두 번 되풀이되어진 것으로 밝혀졌으
며, (촌승깨는) 한 번 더 되풀이되어질 것으로 믿기워지는, 그 「處容歌」의 구조,
또는 구성을, 보다 더 면밀히 살펴보기로 하십습지. 「處容歌」의 구조는, 누구나
아는 바대로, '二陽一陰'인뎁지, 六祖의 法意인즉은 그렇다면, 化現과, 進化, 逆化
現이라는 우주적 密事도, 다름 아닌, 이 定型律에 의존해 있다는 그런 것이 아니
겠는갑? 그리고, '촛불중'이라는 法名의 그의 사미도, 물론 그에게 동의하고 있는
바입습지.
　이 定型을 염두하고, 「處容歌」其一曲을, 새로 정리해본달작시면, "아담과 하
와는, 장차 부부가 될 사이"인뎁, 그러니 그들은, 몸을 입었기도 전에 이미, 그들
께 몸을 부여한 神의 意中에서부터도 '定婚'의 관계인뎁, 이 자리에다. 저 최초의
아낙네를 유혹해 넘겼다는, 그 '간교한 뱀(陽)'을 등장하게 하여, 그 각본에 좇아
접붙여보기로 한다면, 이제 이런 도식이 추출되는 것은 당연한 귀결이랄 것이겠
습지.
　'아담＋하와＋간교한 뱀' ＝ '陽＋陰＋陽' (물론, 이 '뱀'의 性別이 확실히 밝혀
진 대목은 없으되, 우리들의 상상력 속에서는 그것〔뱀〕이, '四元素' '세월' '男根'
등의 原型性을 띠어 있는 데다, 그 '유혹'의 손이, 여자에게만 뻗친 것을 함께 고
려하면, 그 '간교한 뱀'의 성별이 저절로, 그리고 확실하게 밝혀집습지.) 헌뎁지,
이제 이것이, 그 두번째 되풀이된, 그러니 그 第二曲이 되겠습지만, "요셉과 마리
아도 定婚한 사이"인데, 어느 밤의 마리아의 꿈속으로, '聖靈(男)의 내방'이 있었
다는 기사는 또한 '요셉＋마리아＋聖靈'의 관계로, 다시 '二陽一陰'의 「處容歌」를
이룬다는 것을 절시하게 됩습지. (이 '聖靈'은 그 性別을 의문치 않아도 될 것인뎁
지, 뭣보다도 그는, 우주적 陽力 '三位一體' 중의 '一位'인 데다, '어머니魂' '아버
지靈'이라거든입지. '魂'은 그런즉, 大地의 속성이라는 의미겠습지. 〔……〕 우리가
저 「處容歌」의 도식을, 우리의 귀에 익숙한 방언으로 환치해본다고 하면, 다만 그
'이름'이 바뀐다는 이유로, 한 우주의 체계가 바뀐다는 것을 발견하고, 경악하게
될 것이라는 것입습지. '覺＋道＋色' ＝ 巫, '覺＋道＋空' ＝ 禪. 이 '道'가 이 도식
에서는, '女性〔陰〕' 化해 있음에 주목하십시고, 과연 '道'란, '魂'과 마찬가지로, 大地
〔프라브리티〕의 속성이 아니겠는가를, 고려해보십습지. 그리고, 모든 돌출한 것,
그리고 나타나게 하는 것〔signifier〕이 '男根'이라면, '色〔化現〕'은 그것이며, '道'를
중심으로 한, '色'의 정반극에 '空'이 있겠잖습갑?) (『七祖語論 1』, pp. 101~02)
17) 헌데 羑里에서는 오늘, 저런 어떤 한 處容歌가 거꾸로, 그러니 정반대로 이뤄지고
있는 것을, 절시케 된다. '각시-客鬼-處容'이라는, 處容歌의 도식을, 그것이 逆의
으로 이뤄진 데다 적용해보기로 한다면, 그 도식에는 변화가 없음에도 '각시'(장

미주　229

로의 손녀)-客鬼(촛불중)-처용(六祖), 그 내용상에 있어, 역현상이 일어나는 것을 간과할 수 없게 된다. 왜냐하면 이 경우에는, '客鬼'가 實物役이며, 實物役이어야 될 '處容'이, 鬼神이 되어 있기 때문이다. 저 巫女는 그래서, 오래 전에 죽은 낭군과 肉交를 하고 있는데, 산 '客鬼'가 無濕한 자리에다, 습기(불의 방울)를 떨어뜨려준 것이다. 그러나, 業을 지어본 일이 없이 태어난 생명은, 바르도/逆바르도 중 어디로 갈 것인가? 저런 肉交는 그래서, 巫交化한다는 것은, 여러 말 할 필요도 없을 것이다. 한 요니가, 한 宗家의, 三代에 걸치는, 複數의 男根을 수용하고 있음. 동시에, 저 한 요니의, 세 가지 轉變도 관찰되어진다. 八祖에 대해 저 여자는, 아담의 어미-大地 같은 것인데, (그래서 흙으로 지어진 아담은, 흙에서 태어나온 바가 없다.) 六祖에 대해서는 하와여서, '태어나본 적도 없는 아담-八祖'의 어머니인 때문이며, 七祖에 대해 저 여자는, 자기의 '불씨'를 받아 '죽음'을 分娩한 여자라는 점에서, '해골의 골짜기,' 즉슨 '해골' 자체이다. 大地-女子-骸骨. (『七祖語論 2』, pp. 370~71)

18) "어머니들의 胎夢과, 실제적 아버지들, 그리고 (저 어머니들의 胎夢 속으로 처든) 우주적 客鬼"들과 관련된, 處容歌에 관해서는, 앞서 촛불중이 누구이 말해온 바이거니와, 그것은, 우주적 意味(signifier? signified?)가, 어떻게, 畜生道的 살(signified? signifier?)을 성취하는가의, 그 과정을 소상히 밝힌다고, 촛불중도 이해해온 것이다. 어떤 출산이든 헌데, 바르도에 처한 넋들의 귀환을 염두컨대, 그 어머니가 胎夢을 꾸었거나, 아무 그런 꿈을 꾼 일이 없다는 경우도 마찬가지로, (후자의 경우는, '꿈과 실제' 사이의 경계가 매우, 흐려 보인다.) 모두가 處容歌的이다. (『七祖語論 2』, p. 370)

제3부 문체

1) 나는, 물론 英譯本을 통해서지만, 드디어, 티베트인들의 몇 책을 접하게 되고, 그리하여 나는, 이것이야말로, 말로, 宇宙的 言語가 아니면 무엇이겠느냐고, 들뜬 소리를 드러내기 시작했었다. 과연 英語를 통해서 나는, 티베트語를 읽었다.(英語란 이때, '記號'의 역할일 것인가?) 그렇다, 그것이 宇宙的 言語던 것이다. 그리하여, 이제껏 宇宙의 言語이던 英語가, 티베트語에로 轉身을 치러버리던 것이다.(그리하여, 한 '촌쟁이'로부터, '周邊 콤플렉스'의 呪術이 탁 끊겼음!) 〔……〕 (이것은, 巫家의 '超人'의 탄생의 과정에서, 그 극명한 설명을 얻을 수 있을 듯하다. 한 판수에게 내린 超力이 있다면, 그때는, 그 "超力이 인간에로 떨어져내리는 것이 아니라, 그 인간을, 인간 이상인 존재로 끌어올린다."고 이르며, 그래서 '超人'이 나타난다고 하는 것 말이시.) 〔……〕 그렇다, 그 '무엇'이 '어떤 方言'을, '宇宙的 言語'로 들

어올리는 그 힘 (예든 바의 '超力') 이런 것이다. (『七祖語論 2』, p. 21)
2) 김사인: 박상륭 선생님께서 문학에 대한 우리의 통념의 뿌리를 흔드시는 말씀을 해주셨는데요.
박상륭: 박 모의 소설이 이런 식으로 얘기가 나오고, 줄거리가 없다, 이런 것도 소설이냐는 질문(의문)에 대해 제가 대답을 할 수 있다면 그런 대답밖에 없습니다. 왜 우리는 고전적인 방법을 고수해야 하는가? 그렇다고 해서 제가 고전적인 방법을 깨트려본 적은 없습니다. 자세히 살펴보면 거기에 다 있습니다. 그래서 고전적인 눈으로 모든 것을 해석하고 정의를 수립하고 진리를 찾으려는 태도가 반드시 옳은 것만은 아니라는 것이죠. (「김사인 교수의 문학편지 4」)
3) 『七祖語論』 전4권의 작품 목차는 다음과 같다.
제1부 中道〔觀〕論(Madhyamika)
- 煙色(연색) : 1~3장(이상 1권), 4~9장(이상 2권)
제2부 進化論(Pravritti)
'序' 童話 한 자리
- 綠色: 1~5장, 배꼽 만지기 頌-3, 제6장 觀音品
- 黃色: 제1장 觀夢品, 제2장 觀語品(이상 3권), 제3장 觀性品
- 靑色: 제1장 空化色品, 제2장 色化空品, 제3장 凹品, 제4장 凸品
- 赤色: 제1장 茶飯品, 제2장 符命圖品, 제3장 默品, 제4장 識品, 제5장 續·默品, 제6장 冥品
- 間場
제3부 逆進化論(Nivritti)
- 煙〔黑〕色 : 제1장 屍蜴品, 제2장 흰 거북品, 제3장 검은 거북品
- 色相品
- 空相品(이상 4권)
4) "그게 우리의 정한과 관계되는 걸로 생각하는데요. 사실은 자기의 작품이라고 하더라도 예전에 썼다가 뒤늦게 읽어보면, 『파이드로스』에 있잖아요? '토해진 연설이나 쓰여진 글은 고아나 같다'구요. 그래서 자기가 쓴 글이라고 하더라도 오래전에 쓰여진 글을 새로 볼 때는 잃었던 자식을 다시 보는 것처럼 객관적인 눈을 갖게 되는데요. 김교수께서 물어보는 것은 각자가 해석의 나름이겠고요. 제가 정한이라고 말씀드리는 것은 아마도 제가 견문이 좁아서 그렇겠지만, 이 소설이 우리 한국어로 쓰여진 처음부터 끝까지 사투리로 된 최초의 소설이 아닌가 싶은데요. 그러면 표준어를 썼어야 함에도 불구하고 왜 하필이면 사투리를 썼어야 되느냐? 이런 것이 문제가 되죠. 제 생각에는 특히 정보화 시대의 표준말은 말할 수 없이 바쁘게 바뀌죠. 그래서 정보화 시대의 표준말 속에서는 우리의 정한을 찾기가 힘들죠. 조금 유식한 말을 쓰자면, 표준말이 통시체제의 언어라면, 그 시대에서 덜 바뀌는(변화하는)

언어, 그러니까 한쪽은 살아 있는 언어임에 비해서, 사투리는 일종의 사어처럼 잘 바뀌지가 않고, 바뀌어도 정적으로 바뀌는 탓에 우리의 정한의 문제를 따지려고 할 때는 표준말 속에서 찾아지지가 않고, 잘 변하지 않는 사투리 속에서 우리의 정한의 문제가 찾아지는데, 그때 우리 민족의 정서나 정조가 한이라는 얘기를 하죠. 그런데 제 생각으로는 '한'만으로는 충분치가 않고, '한'은 해소되지 않을 때 '원'으로 발전할 부정적인 변화가 보이는데, 정한의 경우에는 그것이 슬프고 짠하고 아름다운 것이어서, 풍류 쪽으로도 바뀌어질 수 있는 소질이 있는 것이죠. 그래서 우리에게는 풍류라는 것이 있고, 정한이라는 것이 있는데, 가장 우리 민족다운 것의 본모습을 찾을 수 있는 곳은 표준말 속이 아니고, 어떤 종류로 사어화했기 때문에 잘 변하지 않는 사투리 속에서 찾아진다. 그러므로 사투리 소설을 시도해본 것이죠." (「김사인 교수의 문학편지 4」)

5) '變身(遁甲)術(요가)'을, 티베트인들은, "pho-wa"(티베트인들은 "ph," 또는 'th' 등은 'ㅍㅎ' 'ㅌㅎ'로 발음한다고 한다.)라고 이르는 모양이며, 누가 넋을 잃었거나, 백일몽에 잠겼다거나, 假死 상태에 처했다는 식으로, 虛를 드러낼 때, 「處容歌」에서 보이는 바대로, 어떤 요기가 客鬼가 되어, 그런 어떤 몸을 차지해드는 요가는 "Thron-jug"이라고 하는 모양이다. (『七祖語論 4』, p. 407)

6) (* 이왕에, 'ㅍㅎ' 'ㅌㅎ' 같은, 中年에 脫落되어진 글자들을 썼으니, 필자의 소견을 밝혀두기로 하자면, 오늘날처럼 여러 다른 '혀'들이 뒤감기고, 거품을 일궈낸 시절도 없는 데다,〔이것은 '바벨탑 쌓기'와는 판연히 다르거니.〕 또한 '言語의 移民, 定着, 土着化로 미증유의 현상이니, 필요하기만 하다면, 옛날에는 있었으나, 中年에 脫落해버린 것들이라도, 새로 들춰내어, '먼지 털고, 끈 달아' 쓰는 것에, 무슨 害가 있는가, 하는 것이다. 현재 쓰여지고 있는 發音記號만으로 반드시 충분치가 않다면, 더 계발해내기도 하려 해야거니와, 이왕에 있는 것을 쓰지 말아야 할 이유는 나변에 있는가. 이것은 덧붙이는 얘기지만 그리고, 言語도, 宗敎와 마찬가지로, 여러 가지 것들이 섞여, 하나 속에 溶解될 때,〔한 宗敎나, 言語가, 그만큼의 溶解力도 없다면, 그것은 반드시 월등한 것들이랄 수는 없을 것이다.〕 그 言語를 쓰는 정신을, 그 言語가 고양시키고, 확장하게 한다. 그만쯤은 돼야, 한 우주를 앞장서 운영한다고 나설 수 있게 된다.) (『七祖語論 4』, p. 439)

7) "내 언어는 대단히 토속적이고 시적(詩的)이다. 어렵다는 평을 오히려 이해할 수 없다. 또 내가 다루는 (죽음이란) 주제도 아담 이래 인간에게 계속돼온 것이 아닌가." (「이문재와의 대담」)

8) "내 문장 속에는 운율이 있다. 죽은 김현이 그 사실을 가장 먼저 알아냈다. 눈으로 읽는 문장만 있는 게 아니다. 소리를 낼 때 마음속으로 박자 맞춰 이해되는 문장도 있는 것이다. 쉼표는 운율에 맞춰 쉬라는 뜻이다. 토씨와 쉼표가 한국어를 고급하게도, 땅바닥에 떨어뜨릴 수도 있다." (「이문재와의 대담」)